未名创新

全国职业教育规划教材·通识课系列

商务礼仪

（第二版）

主　编　尹喜艳　熊　畅

副主编　刘朝晖　史杰君　樊　冰

　　　　黄　萍　周　炫　舒　畅

参　编　王志刚　方莉玫

　　　　徐乐军　周　瑾

北京大学出版社
PEKING UNIVERSITY PRESS

图书在版编目(CIP)数据

商务礼仪/尹喜艳,熊畅主编.—2版.—北京:北京大学出版社,2014.11
(全国职业教育规划教材·通识课系列)
ISBN 978-7-301-25063-1

Ⅰ.①商… Ⅱ.①尹…②熊… Ⅲ.①商务—礼仪—高等职业教育—教材 Ⅳ.①F718

中国版本图书馆CIP数据核字(2014)第256224号

书　　名:商务礼仪(第二版)
著作责任者:尹喜艳　熊　畅　主编
责 任 编 辑:吴坤娟
标 准 书 号:ISBN 978-7-301-25063-1/C·1064
出 版 发 行:北京大学出版社
地　　址:北京市海淀区成府路205号　100871
网　　址:http://www.pup.cn　新浪官方微博:@北京大学出版社
电 子 信 箱:zyjy@pup.cn
电　　话:邮购部62752015　发行部62750672　编辑部62756923　出版部62754962
印 刷 者:三河市北燕印装有限公司
经 销 者:新华书店
787毫米×1092毫米　16开本　14印张　332千字
2009年9月第1版
2014年11月第2版　2016年11月第2次印刷(总第7次印刷)
定　　价:32.00元

第二版前言

《商务礼仪》自 2009 年正式出版以来，被很多学校选作教材，我们对此深感荣幸。为了将第二版做得更好，我们仔细分析了第一版存在的不足，征求了一些读者的意见，并在宏观上深入把握了近几年来教育部对高等职业教育改革和发展的若干指导精神，对教材进行了认真细致的修订，具体的修订措施如下。

1. 校企合作，共编教材。第二版在编写的过程中邀请了企业的专家共同参与，以企业的真实工作任务以及工作过程为依据，整合教材内容，设计实训项目，努力实现教、学、做相结合，理论与实践一体化。

2. 对第一版中的部分任务进行了整合。例如，将第一版的形象塑造项目的三个任务——体态塑形、化妆造型、表情礼仪，整合成第二版的形体礼仪项目中的两个任务——体态礼仪、形象礼仪；将第一版的商界职场着装项目的四个任务——场合与着装、商界职业男士着装、商业职业女士着装、搭配服饰与饰品，整合成第二版的服饰礼仪中的三个任务——男士着装礼仪、女士着装礼仪、饰品礼仪。

3. 添加了相关插图，使教材图文并茂，形式更加生动。

4. 调整了教材体例，将第一版中的“任务背景”调整为“案例导入”，力求给学生以更直观的启示。

5. 修改了练习形式，增强了技能训练环节，使实训活动更有针对性。

众所周知，教材是体现教学内容和教学要求的知识载体，是进行教学的基本工具，是提高教学质量的重要保证。第二版在第一版的基础上有了较大改进、修正，但仍可能会有疏漏，需在教学中反复检验，恳请广大师生在使用后，不吝赐教，使本教材不断修正、补充，日臻完善。

本教材在编写过程中，参考和借鉴了许多相关书籍，引用了许多实例，在此谨向它们的作者表示衷心的感谢。

编　者

2014 年 10 月

目　　录

绪　论

案例导入

礼仪在我们的现实生活中无处不在，可很多人却常常忽视礼仪的存在。

在一场芭蕾舞演出中，人们正沉浸在美好的艺术氛围里，欣赏着台上洁白、美丽的“白天鹅”优美的舞姿。为了留住这精彩的瞬间，一个年轻人拿出照相机“咔嚓，咔嚓，咔嚓”不停地拍照，拍完照，他又和身边的女朋友边聊天边吃爆米花。

在一次涉外宴请中，主人为了表示对客人的欢迎，不停地劝酒、夹菜。客人实在是喝不下了，可是主人却还是继续劝酒。最后这位客人喝醉了酒，酒后失态，弄得宴会场面非常尴尬。

以上案例中的失礼之处有哪些呢？

相关知识

一、礼仪的内涵

中国是世界四大文明古国之一，自古以来是一个讲究礼仪的国度，素以“礼仪之邦”著称。礼仪是中华传统文化非常重要的一部分。《荀子・修身》说“人无礼则不生，事无礼则不成，国家无礼则不宁”，足见礼仪的重要性。当今社会更是一个注重礼仪的时代，礼仪不仅体现了一个人的修养，而且影响着一个人的发展，在人的一生中起着举足轻重的作用。

如今各行各业的人们越来越重视礼仪，商务人员作为服务社会的人群，自然同礼仪有着密切的关系。重礼、知礼、行礼是商务人员必备的重要素质。我国先秦时期《周礼》《仪礼》《礼记》三部著名的礼典，可以说是礼仪方面的百科全书，涵盖了当时“礼”的基本内容。常用的与“礼”相联系的词语还有：礼貌、礼节、礼仪。它们的含义有相通的地方，也有互相区别的地方。有时候，人们也常常将它们混为一谈，在学习礼仪之前，我们有必要了解它们的含义和区别。

（一）礼

关于“礼”的含义，自古以来已有很多字典或词典给它下过定义。

"礼",《说文解字》中的解释为：礼，履也，所以事神致福也。

"礼",《现代汉语词典》(第6版)的解释为：① 社会生活中由于风俗习惯而形成的为大家共同遵守的仪式，② 表示尊敬的言语或动作，③ 礼物，④ 以礼相待。

从以上的对照中可以得知："礼"本意为敬神，起源于祭祀活动，由古代的表示祭祀活动的敬神，引申到今天也用来敬人。"礼"是表敬意的仪式、语言、动作、礼仪、礼物等，是表示敬意的通称。

(二) 礼貌

"礼貌",《现代汉语词典》的解释为：言语动作谦虚恭敬的表现。我们认为：礼貌指的是人们用动作、语言文字、表情表示对他人的尊重与恭敬的一种行为，它是指一个人在待人接物时内在的良好教养和道德品质的外在表现。它可以指礼貌的动作、礼貌的语言、礼貌的表情。例如，在上下楼道时，宾馆服务人员向迎面走来的客人侧身微笑，并说声"您好"。这一系列的反应就包含了三个方面：礼貌的动作——向客人侧身表示关注；礼貌的表情——面含微笑表示欢迎；礼貌的语言——"您好"是得体的问候。

(三) 礼节

"礼节",《现代汉语词典》的解释为：表示尊敬、祝颂、哀悼之类的各种惯用形式，如鞠躬、握手、献花圈、献哈达、鸣礼炮等。我们认为：礼节是指待人接物的行为规则，是礼貌的具体表现形式；没有礼节，就谈不上礼貌，礼节也就失去了存在的依托；没有礼节，礼貌的内涵也无法展现出来；有了礼貌，就必然需要相应的具体的礼节来体现。各国各民族都有自己的礼节，不过各自的礼节有所不同，而且不是一成不变的，它是随着时代的不同而有所变化的。比如见面礼，中国古代多用打躬作揖礼、跪拜礼等，今天中国人的见面礼则多用握手礼等。

(四) 礼仪

礼仪，是个复合词语，由礼节和仪式两部分构成。礼仪是社会约定俗成的用来律己敬人的行为规范体系，这种行为规范体系往往会因为交往对象的社会地位、交往环境、时间等因素的不同而有所区别。礼仪是一系列的、具体的表现礼貌的礼节所构成的，是一个表示礼貌的系统和完整体系。礼仪的最基本的功能就是规范人类的行为。行为是人类所特有的生存方式，是在理智、情感、意志的支配下产生的活动。生活在社会中的人，其行为活动不可避免地要受到社会的影响，同时也会对社会产生一定的影响。人类的社会活动，包括商务活动，只有遵循一定的规范、准则，才不会陷入混乱。如举行签约仪式、招待来访客人、参加商务宴会等都有相应的礼仪规范。礼仪的内涵有以下几点。

(1) 礼仪是行为规范的体系。它是一种程序，有一定的套路，表现为一种准则，只有遵守这种规范，才能实现人们之间的有序交往，才能够营造和谐美好的环境。

商务人员如果想在交际场合表现得落落大方、彬彬有礼，就必须遵守礼仪规范。

(2) 礼仪作为行为规范的体系，必须是约定俗成的、大家共同认可的。任何人不能任意地另起炉灶，搞一套新的礼仪体系。当然，我们必须承认某些个人在礼仪的形成、发展过程中确实发挥过重要的作用，但是不论个人在礼仪的产生过程中发挥的作用有多大，如果得不到其他成员的认可和共同遵守与维护，这种礼仪也只能是形同虚设，没有任何实际意义。

(3) 礼仪以表达对他人的尊重与恭敬作为出发点，以构建和谐美好的环境为宗旨，礼仪的本质就是尊重人、体贴人。

(4) 礼仪往往会因为对象的不同、环境的不同以及时代的不同而表现出一定的差异。例如，公司主管在向上司汇报工作的时候和在向下属布置工作时，其说话的语气和措词会有很大的差异。又如，主人在迎接客人到来时，往往会先向客人伸手并与之握手以示欢迎；但当客人提出告辞时，主人如果立即伸出手与客人相握，这时所传递的就有逐客之意了。可见，礼仪作为一种规范和准则，它要根据对象、环境、时间等的不同而有所变化，因人、因事、因时、因地，礼仪会体现出一定的差异性。

另外，我们也可以从不同的角度来认识礼仪。从交际的角度来看，礼仪是人与人之间交际的艺术，是人和人之间相处的一种润滑剂。从修养的角度来看，礼仪是一个人的内在修养和素质的外在表现，个人的素质体现于对礼仪的掌握和应用。从民俗的角度来看，"礼出于俗，俗化为礼"，不少礼仪就和民俗有十分紧密的联系。例如，春节是中华民族最隆重的传统佳节，春节期间花灯满街，游人满街，热闹非凡。节前扫尘、除夕守岁、节日期间晚辈给长辈拜年、大人封给小孩压岁钱，这些过年的习俗也和我们的节日礼仪紧紧地结合在一起。从道德的角度来看，礼仪可以理解成为人处世的行为规范、行为准则、标准做法。

我们今天所说的"礼仪、礼节、礼貌"，从交际的角度上看，就是一种交际的通行证，或者说是人与人交往的润滑剂。礼貌是礼仪的基础，礼节是礼仪的基本组成部分，礼仪在层次上要高于礼貌、礼节，其内涵更深广。礼节是一种行为的规则，礼仪则是表示礼貌的礼节的系统。礼仪也可以说是由一系列的具体表现礼貌的礼节所构成的。总之，礼貌、礼节都是礼仪的具体表现形式，它们之间互相联系又互相区别，形成了一个有机的整体并相互影响。

在西方，礼仪一词最早见于法语 etiquette，原意是一种长方形的纸板，上面标明了进入法庭所应遵守的规矩、秩序，这种纸板实际上就具有"法庭通行证"的性质和作用。后来，礼仪一词进入了英文，这个词义又进一步引申为"人与人之间交往的通行证"的意义。西方各国都非常重视礼仪，认为礼仪是一个人通向文明社会和主流文化的通行证，是人们和谐相处和愉快生活的重要保证。

总之，不论是在东方，还是在西方，礼仪都有着悠久的历史，是人类社会的宝贵财富。随着社会的发展，人与人之间的联络越来越方便，也越来越频繁，人们也越来越深刻地认识到礼仪的重要性；随着世界各国交往的日益增多，人们也越来越多地认识到学习不同国家、不同民族礼仪的重要性。

二、礼仪的特点

礼仪作为人们在社会生活中约定俗成、共同认可的行为规范和准则，具有十分鲜明的特点，了解礼仪的具体特点有助于我们准确地把握礼仪的完整含义。

（一）广泛性

礼仪在整个人类社会的各种交往活动中广泛存在，并且得到了大家的共同认可。礼仪的广泛性体现在：礼仪在人类发展的历史进程中时时存在，总是伴随着人类社会的发展而不断发展。不论是什么国家、什么民族，都会有自己相应的礼仪规范。总之，凡是有人类生活的地方，就存在着各种各样的礼仪规范，礼仪的内容渗透到社会的方方面面，从政治、经济、文化领域，到人们的日常生活，礼仪广泛地存在着。

（二）规范性

礼仪就是人们在交际场合应当遵守的行为规范，这种规范因为得到了全社会的共同认可，它对于全体社会成员而言具有一定的约束作用。礼仪告诉人们什么可以做、什么不可以做，人们把礼仪作为衡量他人、判断是非的标准和尺度。礼仪不但要解决什么可以做、什么不可以做的问题，还要解决应当怎么做、如何做的问题。作为一种规范、一种准则，礼仪在实施的过程中不允许各行其是、我行我素，而是必须无条件地加以遵守。例如，人们见面时行握手礼，谁先伸出手来与他人相握、握多长时间、使用多大的力度，这都有一定的规范。只有符合这些规范，才称得上符合礼仪的要求，才能被交往的对象接受和理解，才能给交往的对象以尊重之感；反之，则会被他人视为无礼。

（三）继承性

礼仪并不是无源之水、无木之本，不是突然就出现在人类社会之中的。礼仪是一个国家、民族传统文化的重要组成部分，礼仪是人类社会在漫长的发展过程中逐步形成的，并在形成的过程中不断发展、变化。任何国家现代的礼仪都是在本国古代礼仪的基础上发展起来的，这其中有继承，也有在继承基础上的发展。礼仪是人类的某种生活习惯或是常规做法的不断积累，当这种积累达到了共同认可的程度，它就渐渐形成了一种固定的程式。当然，我们也应当认识到礼仪的这种继承性，并不是对古代礼仪的全盘接收，它是在继承中又有所发展。例如，封建社会中与现代生活节奏不符的各种繁文缛节都删减了；可是体现现代文明的礼仪内容又有所发展与增加，如涉外礼仪、电话礼仪等。

（四）差异性

礼仪是人们在社会生活中形成的，不同国家、不同民族、不同的社会生活就会形成不同的礼仪。我们在介绍礼仪的内涵时就讲到了礼仪会因为交往对象、环境、时间的不同而有所改变，其实这也正是礼仪的差异性的体现。礼仪的这种差异性其实是对内的统一性与对外的差异性相结合的。不同民族礼仪的差异性以民族内部礼仪的统一性为基础。中国人以谦虚为美德，西方人则认为谦虚是不自信的表现；称赞女士长得漂亮，中国女士往往会谦虚地回答“哪里！哪里！”，而美国女子则会微笑着回答“Thank you”。这是不同国家、不同民族礼仪差异性的具体体现。

礼仪的差异性还体现在因时代的不同而有所区别。原始社会时期，生产力水平十分低下，人们对许多自然现象无法解释，于是人们就对“天”“神”等产生了敬畏之感，并通过一定的仪式来祈求上天的保佑。奴隶社会的礼仪被打上了阶级的烙印，礼仪成为奴隶主阶级统治人民的工具。到了封建社会，礼仪仍然被统治阶级当做统治工具，儒家的礼治主张对中国人的文化心理产生了深厚的影响。到了新中国成立，人与人之间逐渐建立了平等互助的和睦关系。时代在变，许多礼仪的具体形式也发生了很大的变化。例如，中国古代人们见面多行打躬作揖礼，今天则多采用西方的握手礼。我国西藏在和平解放前实行农奴制，那时主人上马前，农奴要跪伏在地上当“马凳”，这种行为在当时被认为是天经地义的“礼仪”。农奴制被推翻后，这种“礼仪”也就随着农奴制的消亡而消失了。

三、礼仪的分类

讲到礼仪的分类问题，我们首先有必要理解礼仪的构成要素。

（一）礼仪的构成要素

礼仪是社会约定俗成、共同认可的行为规范体系，它不可避免地涉及社会生活的各个方面，如服饰礼仪、宴请礼仪、接待礼仪、舞会礼仪、电话礼仪、婚庆礼仪等。不论这些具体的礼仪的礼节形式有多大差别，我们都会发现，它们的构成要素是相同的。礼仪的构成要素有：礼仪的主体、礼仪的客体、礼仪的媒体、礼仪的环境。

1. 礼仪的主体

礼仪的主体指的是礼仪行为活动的实施者、操作者。礼仪行为的主体可以是单个的人，也可以是一个团体或一个组织。例如，公司秘书为到访的客人奉上一杯热茶，那么，这次行为活动的实施者——秘书就是礼仪的主体。有时候，礼仪的主体由一个团体来充当，而这个团体可以是临时组建的一个代表团，也可以是在一个较长时间内存在的固定的团体或组织。例如，广交会期间，不少宾馆都会在宾馆大门入口处摆放欢迎牌并且悬挂欢迎来宾入住的横幅，那么，宾馆就是此次活动的实施者，它以团体的形式成为礼仪的主体。

现实生活中有时会以个人代表他人或以个人代表整个团体来实施相应的礼仪活动,而有些规模比较大、规格比较高的礼仪活动会选择由代表团来代表整个组织实施整个礼仪活动的操作。在选派代表或代理人的时候应注意：① 代表或代理人应当具备相应的资格和能力,能够代表他人或团体圆满地完成特定的工作;② 所选派的代表要为礼仪的客体所接受或认可。只有选择了合适的代表,才能够保证礼仪目标的实现;如果代表选择不当,不但不能实现既定的礼仪目标,而且有可能会损坏礼仪主体的形象、伤害礼仪客体的感情。

当然,有时礼仪的主体是多项的。例如,某餐馆的服务人员对顾客态度友善、服务周到,那么,我们可以说这位服务员是礼仪的主体。此外,服务员也代表着餐馆的形象,所以我们也可以理解为整个餐馆也是这次礼仪活动的主体。

2. 礼仪的客体

礼仪的客体,即礼仪行为活动所指向的对象,它是礼仪活动的承受者与接受者。礼仪的客体是相对于礼仪的主体而言的,在礼仪的主体看来,具备真、善、美的东西都可以成为礼仪的对象。礼仪的对象可以是人,也可是物;可以是有形的,也可以是无形的;可以是物质的,也可以是精神的;可以是美好的,也可以是丑恶的。售货员向顾客致以真诚的微笑,那么顾客就是此次礼仪活动的客体。海外游子,常常托家乡人给自已带来一些故乡的水、土,每当思念故乡之时,就捧出这故乡的水、土,故乡的水、土,便成为礼仪的客体。拜金主义者认为金钱至上,一切从金钱的角度出发,那么金钱就成为他们礼仪的对象。

礼仪的主体和客体是相对的,两者相互依存,在一定的条件下,二者是可以转化的。例如,主人向客人微笑问好的同时,客人也会向主人献上礼物并向主人问好,那么,前者,主人是礼仪的主体;后者,客人就成为礼仪的主体。我们常常说“礼尚往来”,一往一来,礼仪的主体和礼仪的客体就常常在转化的过程中。只有“往”,没有“来”,这样的礼仪也是不能持久的,一味地付出或是一味地索取,都是不符合礼仪之道的。

3. 礼仪的媒体

礼仪的媒体指的是礼仪活动所依托的一定的方法、手段、介质。礼仪的媒介千变万化,现实生活中,任何的礼仪行为和礼仪活动都不可能凭空进行,它必须依托一定的媒介来实现。礼仪的媒体可以分为三类：人体礼仪媒体、物体礼仪媒体、事体礼仪媒体。

人体礼仪媒体,是指通过人体自身的言语、态势及各种关系来传达礼仪信息的媒体。例如,迎接客人时,主人热情的笑容;观看演出时,观众热烈的掌声;探望病人时,温暖的安慰语言……这些都是人体礼仪媒体。

物体礼仪媒体,是指通过物体的各种状态来传达礼仪信息的媒体。例如,便于联络使用的名片、代表不同寓意的花卉、具有不同含义的礼品等。

事体礼仪媒体，是指通过各种有关的事体来传达礼仪信息的媒体。例如：宴请、电话问候、舞会等。

在现实的礼仪活动中，礼仪媒体往往会被综合使用，并不限于只使用某一种礼仪媒体。为了巩固新老客户的关系，增进相互之间的友谊，某公司举办周年庆典活动，那么举办庆典活动就是一个事体媒介；发放的请柬、送给客户的礼品就是物体礼仪媒介；在庆典活动中对新老客户的感激性的语言、得体大方的服饰等就是人体礼仪媒介。

4. 礼仪的环境

礼仪的环境指的是礼仪活动得以实施、进行的具体的时间、空间，可以指自然环境，也可以指社会环境。具体使用哪一种礼仪、如何实施这种礼仪等，都要考虑到礼仪的环境。例如女士的服装问题：参加晚宴，女士应当选择晚礼服或是旗袍；参加商务谈判，端庄的商务套裙是最佳的选择；参加户外锻炼活动，最好是穿上宽松休闲的运动装；睡衣或居家服就只能是在自己的家里穿，而不能穿着出去买菜甚至是会客。可见，礼仪的环境是影响礼仪的重要因素，在实际实施操作的过程中，一定要结合具体的礼仪环境。只有这样，才能准确地运用礼仪的规则，并获得理想的效果；如果不考虑环境因素，只是按照个人的喜好随心所欲，必然会受到众人的嘲笑。

(二) 礼仪的分类

由礼仪的主体、礼仪的客体、礼仪的媒体、礼仪的环境四项基本要素共同构成的礼仪，从不同的角度可以进行不同的分类。

(1) 从礼仪适用的对象和范围，我们可以把礼仪分为：政务礼仪、商务礼仪、教师礼仪、服务礼仪、社交礼仪、涉外礼仪等。

政务礼仪：指的是国家公务人员约定俗成，用来律己敬人，因对象、环境、时间等因素的不同而有所区别的行为规范体系。它主要适用于政府组织。

商务礼仪：指的是公司或企业的商务人员在商务活动中约定俗成，用来律己敬人，因对象、环境、时间等因素的不同而有所区别的行为规范体系。它主要适用于企业组织。

服务礼仪：指的是服务人员约定俗成，用来律己敬人，因对象、环境、时间等因素的不同而有所区别的行为规范体系。它主要适用于服务界人士。

教师礼仪：指的是教师在教育活动中约定俗成，用来律己敬人，因对象、环境、时间等因素的不同而有所区别的行为规范体系。它主要适用于教育界人士。

涉外礼仪：指的是在涉外场合中约定俗成，用来律己敬人，因对象、环境、时间等因素的不同而有所区别的行为规范体系。它主要是用来同外界人士打交道时使用。

社交礼仪：指的是人们在一般性的交际应酬中所应当遵守的约定俗成、为大家共同认可的行为规范体系。它适用于人际交往、社会交往活动。

以上列举的这些目类，并没有穷尽，每个类别还可以继续细分。比如商务礼仪，还可以分为秘书礼仪、销售人员礼仪、职业经理人礼仪等。

(2) 从礼仪所涉及的具体内容,我们可以把礼仪分为迎送礼仪、宴请礼仪、舞会礼仪、服饰礼仪、婚丧礼仪、电话礼仪、仪式礼仪、拜访礼仪等。

迎送礼仪,指的是人们在迎来送往的过程中所应当遵守的约定俗成、共同认可的行为规范。

宴请礼仪,指的人们在各种宴请活动中所应当遵守的约定俗成、共同认可的行为规范。

舞会礼仪,指的是人们在参加各种舞会时所应当遵守的约定俗成、共同认可的行为规范,等等。

四、礼仪的学习途径

学习礼仪,不应当只是走走形式。有些人把礼仪等同于客套,其实这两者有着本质的区别。礼仪的本质在于律己敬人,礼仪的律己敬人是发自内心的真诚的道德的体现;而客套则是虚情假意的表演,是表里不一。所以,学习礼仪时要更加注重习惯的养成,礼仪不是装出来,也是装不出来的。古人强调通过"慎独"的方法来进行自我修身,即使在独自一人的情况下,也不能够放松对自己的要求,而应当努力地使自己的行为符合礼仪道德的规范,做到暗室不欺。关于学习礼仪的途径和方法,以下几点可以作为参考。

(一) 重视礼仪理论的学习,掌握礼仪的主要原则

重视礼仪理论的学习,主要包括两个方面,一是重视与礼仪相关学科知识的学习。礼仪是一门综合性较强的学科,它与民俗学、美学、管理学、心理学、人际关系学、文学等学科都有着一定的联系。"腹有诗书气自华",礼仪的学习不能仅仅停留在礼仪学的范围内,而应当结合其他有关学科、文化知识的学习,只有这样,才能够全面提高个人素质,更好地掌握礼仪、运用礼仪。二是注重对礼仪原则的理解与掌握。礼仪作为一套行为规范的系统,不管它有多少个分支,都是有一定的基本规律可循的。礼仪的根本出发点就是为了表达对他人的尊重和友好,在这个根本的出发点之上,礼仪的学习者还应当掌握礼仪的主要原则,只有掌握好了这些原则,学习礼仪才会事半功倍。

1. 相互尊重的原则

礼仪最基本的原则就是律己敬人,包括两个方面:尊重他人与尊重自己。若要他人尊重自己,自己首先就要尊重他人。一个人希望他人怎么对待自己,自己就应该首先那样地去对待他人;他人希望你怎么对待他,那么,就请你在合法的前提下尽量地满足他。可见要做到相互尊重,只有自己首先向对方表示尊重,才能赢得对方的真诚回报。孟子说过"爱人者人恒爱之,敬人者人恒敬之"。在交往的过程中,敬

人之心常存，处处尊敬、重视他人，处处维护他人的自尊心，这是构建美好和谐关系的基石，更是为自身赢得尊重的必要条件。

2. 宽容自律的原则

宽以待人，这是对待他人的态度；严于律己，这是对待自己的要求。一方面，“己欲立而立人，己欲达而达人”“己所不欲勿施于人”。宽以待人，就是凡事不要对他人求全责备，跟他人锱铢必较。也许你和他人民族不同、宗教信仰不同、性格不同、意见不同……但请不要剥夺他人按照自己的信仰、自己的风俗习惯处世待人的权利，不要把自己的意见、自己的风俗习惯强加给对方，应当给对方充分表达自己、表现自己的权利。要做到宽以待人，应当设身处地为他人着想，换位思考，多多体谅他人的难处，做到心胸豁达。“世界上最广阔的是大海，比大海更广阔的是天空，比天空更广阔的是人的心怀”，有时候，我们退一步海阔天空，那又何乐而不为呢？

另一方面，宽以待人的同时要严于律己。严于律己强调的是要从严要求自己，将礼仪作为一面镜子，通过对照，发现自身在思想品质、行为举止等方面存在的不足，通过不断的自我监督、自我控制，逐渐提高自我约束、自我控制的能力。

3. 公平对等的原则

礼仪的公平对等的原则要求与他人交往时，不能根据对方的相貌、学历、财富、性格等的不同而区别对待，应当对任何的交往对象一视同仁，给予同等程度的礼遇。平等是人与人交往时建立良好情感的基础，也是保持良好人际关系的诀窍。要做到平等，就不要厚此薄彼。

4. 从俗适度的原则

从俗的原则就要求我们做到入国问禁、入乡随俗、入门问讳。由于国度、民族、文化背景、时代等的不同，礼仪会表现为一定的差异性。到了什么山头就要唱什么歌，而不能处处以自身的礼仪规范作为标准。不要目中无人、自以为是，在使用礼仪时要根据具体的情况具体分析，因人、因事、因时、因地进行恰当的处理。

应用礼仪时特别要注意适度的原则，要知道“过犹不及”。例如，见面时向他人行鞠躬礼，在中国与韩国就不一样，身体向前倾的度数不同。中国人行鞠躬礼，往往身体前倾的度数在30°左右，韩国的晚辈见到长辈行鞠躬礼则上身有时候弯到90°，甚至大于90°。在中国，如果一方向另一方行一个90°的鞠躬礼作为见面礼，一定会让对方感到不自在。又如，在行握手礼时，老朋友或是多年未见的熟人，握手时往往会加大力度并且双手相握；但对于初次见面的女士，男士若是力度控制不当，不但不能传递热情，反而会引起对方的反感。适度的热情能使人感受到春天般的温暖；但是过度的热情，有时候会适得其反，让对方感觉不自在、不舒适。

5. 诚信真挚的原则

“一言既出，驷马难追”“言必信，行必果”“一诺千金”，这些都反映出古人非常重诚信。礼仪学上强调真诚、守信，要求在人际交往中要以诚待人、诚心诚意，言行一致、表里如一。礼仪上强调一个人如果做了承诺，一般就不能轻易地变动，而应想方设法做到。如果实在是不得已，自己办不到了，也必须提前给对方做出解释，并让对方做好相应的准备，尽量减少给对方带来的不便和麻烦。凡是需要做出承诺的事情，一定要想清楚自己是否一定能够办到，不要轻易地答应他人，更不要不当回事，敷衍了事地对付。一旦言而无信成为一种习惯，将是十分可怕的，会让他人“敬而远之”，对个人的形象、声誉都是极大的损害。

（二）在理解基本原则的基础之上，理论结合实际、循序渐进、持之以恒地学习礼仪、运用礼仪

我们在讲礼仪特点的时候就谈到了礼仪的差异性，这种差异性既体现在时间上，古代礼仪与现当代礼仪有差别；也体现在空间上，不同国度、不同民族、不同地区的礼仪也会有区别。如果礼仪的学习者只是打算“以不变应万变”、死死抓住礼仪的条条框框不放，那么就很难实现礼仪的目标。比如，在礼仪学上“主随客便”与“客随主便”看起来这两个理论似乎是互相矛盾的，其实不然；二者只有互相结合起来理解，才能谈得上对这一理论的真正理解。这两个理论其实就是相互的，只有“主随客便”没有“客随主便”，或者是只有“客随主便”没有“主随客便”，这都不能实现主客关系的和谐自然状态。我们常说的“人敬我一尺，我敬人一丈”就是说明了这种相互性。还有一些人只注重礼仪理论的学习，脱离生活实际，结果将礼仪弄得十分繁复，几乎到了无法操作实施的程度。那么，这样的礼仪最终也只能是束之高阁的东西，没办法应用，自然也就完全脱离了人们的生活。只有将礼仪理论学习与实际情况相结合，才能促进礼仪的学习者对礼仪有进一步深层次的理解。

循序渐进，持之以恒。有人认为：学习礼仪时只要把一些具体的行为规范记下来，在具体操作时按部就班地操作实施就可以。其实，礼仪的学习并不是一蹴而就的。举止得体、彬彬有礼、谈吐不凡的形象的塑造并非一朝一夕的事情，它需要一个长期的不断积累的过程。注重礼仪学习循序渐进的同时，一定要注意不断地发现个人的不足，经常开展批评与自我批评工作。古人云：“吾日三省吾身；为人谋而不忠乎？与朋友交而不信乎？传不习乎？”强调的就是个人的自我监督、自我反省。学习礼仪是一个循序渐进的过程，有不少的礼仪规范和要求，只有通过反复的操练、重复的体验，才能够真正地掌握和领悟。

礼仪教育的综合结果就在于使人们养成良好的礼仪行为，也就是使人们在交际活动中对于礼仪原则和规范的遵从内化成自身的一种习惯。所以，在学习礼仪的过程中，一定要真正地理解礼仪的基本原则，在此基础上，严格训练，从一件件具体、琐碎的小事做起，大处着眼、小处着手，寓礼仪于细微之中，逐渐形成习惯。

实训活动

一、简答题

谈谈你对礼仪的理解，并结合自身经验谈谈礼仪的重要性。

二、案例题

案例一

中国加入世贸组织首席谈判代表龙永图曾经讲过一个耐人寻味的故事。那是在瑞士，他与几个朋友去公园散步，上厕所时，听到旁边卫生间里传出“嘭嘭”的响声，他有点纳闷。出来之后，一位女士焦急对他说，她的孩子进厕所十多分钟了，还没有出来，她又不能进去找，请求他帮忙看看是怎么回事。龙永图想起刚才的响声，便进去打开厕所门，看到一个七八岁的小孩子正在满头大汗地修抽水马桶。

请谈谈你从以上这个案例中得到的启发。

案例二

一位教授回忆在延安见到毛泽东时的情景，说：“我去见主席，主席拿出纸烟招待我，可是不巧纸烟只剩下一支了。我想，主席怎么办？他自己吸不请客人吸，当然不好；请客人吸自己不吸，客人肯定不同意。而主席将这支烟分成了两半，给我半支，他自己半支。从这件事可以看出主席的随和、诚恳、平等和亲切，这使人很感动，终生难忘。”

案例三

某公司领导开会时，下属的手机声此起彼伏，这位领导非常生气。于是大声说：“以后请各位注意，在开会时候把手机关掉，或是设成静音，我在这里说话，听到你们又是电话声又是短信声的。相信各位也都是学商务礼仪的，礼仪的学习不只是说说而已，一定要付诸实际行动。如果下次开会的时候，谁的手机再响，我……”领导的话还没有说完，自己的手机响起来了。领导的脸唰地一下就红了，尴尬得不知道说什么好。

案例四

一次涉外的馈赠中，中方主人将菊花和荷花作为礼物送给日本客人。

请结合案例二、三、四，谈谈你对礼仪原则的理解。

项目一

形体礼仪

本项目中的形体礼仪包括两个方面，一方面是个人的体态礼仪，另一方面是个人的形象礼仪。体态美指的是符合礼仪要求的体态，包括人的举止、神态、表情等多个方面。形象美是自然美、修饰美、内在美三个方面的高度统一，其中仪容的修饰美是礼仪关注的重要内容。

任务一

体态礼仪

案例导入

曾任美国总统的老布什，能够坐上总统的宝座，成为美国“第一公民”，与他在竞选总统过程中的良好体态有着密切关系。在1988年的总统选举中，布什的对手杜卡基斯，猛烈抨击布什是里根的影子，没有独立的政见。而布什在选民心中的形象也的确不佳，在民意测验中一度落后于杜卡基斯10多个百分点。未料两个月以后，布什以光彩照人的形象扭转了劣势，反而领先10多个百分点，创造了奇迹。原来，布什有个毛病，他的演讲不太好，嗓音又尖又细，手势及手臂动作总显得很死板，身体动作也不美。后来，布什接受了专家的指导，纠正了尖细的嗓音、生硬的手势和不够灵活的摆动手臂的动作，结果就有了新颖独特的魅力。在以后的竞选中，布什身穿卡其布蓝色条子厚衬衫，以显示“平民化”，同时竭力表现出强烈的自我意识，改变了原来人们对他的评价，终于获得了最后的胜利。

以上案例带给你哪些启示？

任务目标

1. 认识个人良好体态的重要性。
2. 掌握符合礼仪规范的站、坐、行、蹲姿态以及常用手势。

相关知识

体态，是指人外显的可观察的动作或身体各部分呈现出的姿态，主要包括站姿、坐姿、走姿、蹲姿和手势等。良好的体态不仅体现了一个人的礼仪修养、文化水平和自制能力，而且还能表现人的思想感情以及对外界的反应。

一、站姿

站姿是指人的双腿在直立静止状态下所呈现出的姿势。站姿是步态和坐姿的基础，一个人想要表现出得体雅致的姿态，首先要从规范站姿开始。

（一）女士站姿

女士站姿的要求是：头正、肩平、臂垂、躯挺、大小腿并拢，脚呈“丁”字位，两眼平视前方，嘴微闭，下颌微收，脖颈挺直，表情自然，面带微笑，两肩微微放松，稍向后下沉，两臂在腹前交叉，以大拇指抵住肚脐眼儿，右手在上，左手在下，右手与左手相握，挺胸、收腹，臀部向内、向上收紧，如图 1-1 所示。

（二）男士站姿

男士站姿的要求是：头正、肩平、臂垂、躯挺、大小腿并拢，两眼平视前方，嘴微闭，下颌微收，脖颈挺直，表情自然，面带微笑，两肩微微放松，稍向后下沉，两臂自然下垂，中指对准裤缝，挺胸、收腹，臀部向内、向上收紧，两腿立直、贴紧，两脚跟靠拢，两脚尖外开，成 45°至 60°夹角，如图 1-2 所示。

男士的站姿也可以根据个人的工作需求以及习惯有所调整，使用体前交叉式或体后交叉式。体前交叉式站姿：挺胸直立，平视前方，双腿适度并拢，双手在腹前交叉，右手握住左手腕部，如图 1-3 所示。体后交叉式站姿：又称双手背后式，挺胸收腹，两手在身后交叉，右手搭在左手腕部，两手心向上收，如图 1-4 所示。

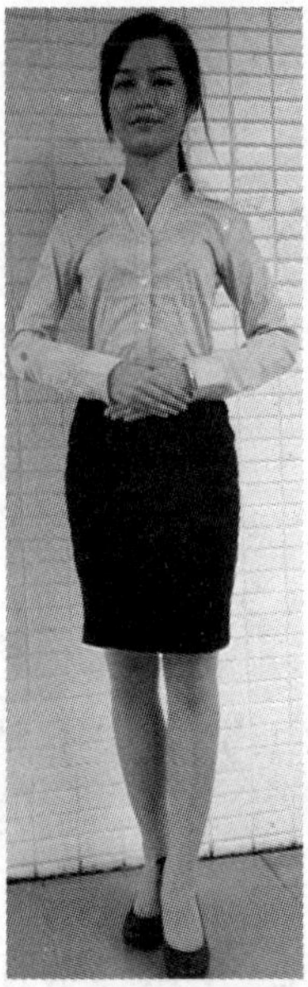

图 1-1 女士基本站姿

图 1-2 男士基本站姿

图 1-3 男士体前交叉站姿

图 1-4 男士体后交叉站姿

（三）站姿禁忌

（1）正式场合，不可弯腰驼背、东倒西歪、耸肩、靠在墙上或其他物体上。

（2）正式场合，不可两腿交叉站立，给人站不直、十分慵懒、散漫的感觉。

（3）正式场合，要注意控制个人手部的动作：不可叉腰（含有进犯之意），不可叉抱胸前（有消极之嫌），不可插入衣袋或裤袋（显得拘谨小气），不可玩弄小物品。

二、坐姿

坐，是一种静态造型。端庄优美的坐，会给人以文雅、稳重、自然大方的美感。

（一）女士坐姿

1. 标准式坐姿

标准式坐姿要点：上身挺直，双肩正平，两臂自然弯曲，两手交叉叠放在两腿中部，并靠近小腹。两膝并拢，小腿垂直于地面成90°角，两脚尖朝正前方，坐整个椅面的三分之二。着裙装的女士在入座时要用双手将裙摆内拢，以防坐出皱纹或因裙子被打折而使腿部裸露过多，如图1-5所示。

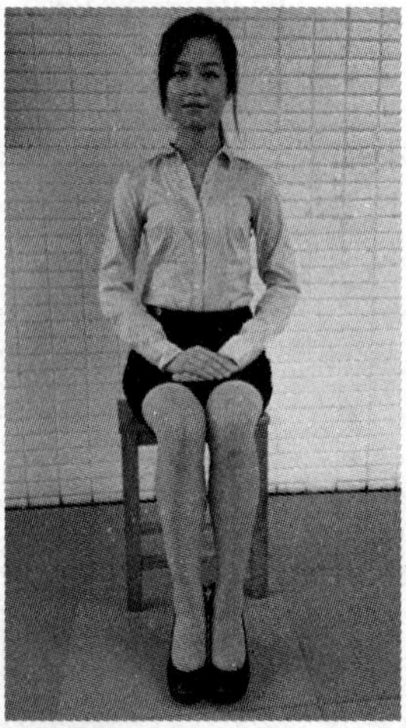

图1-5　女士标准式坐姿

2. 前伸式坐姿

前伸式坐姿要点：在标准坐姿的基础上，两小腿向前伸出一脚的距离，脚尖不要翘起，如图1-6所示。

3. 屈直式坐姿

屈直式坐姿要点：左脚前伸，右小腿屈回，大腿靠紧，两脚脚掌着地，并在一条直线上，如图1-7所示。

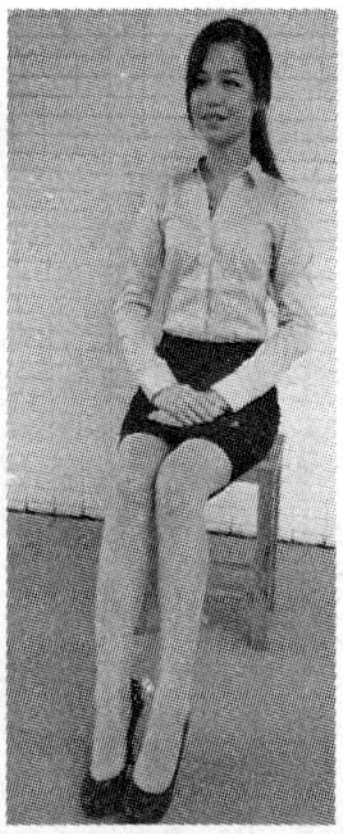

图 1-6　女士前伸式坐姿

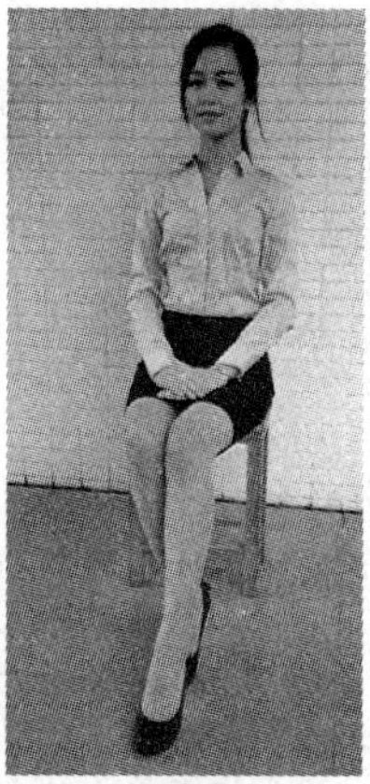

图 1-7　女士屈直式坐姿

4. 后点式坐姿

后点式坐姿要点：两小腿后屈，脚尖着地，双膝并拢，如图 1-8 所示。

5. 左(右)侧点式坐姿

左(右)侧点式坐姿要点：两脚左(右)侧点地，脚跟自然抬起，上身挺直，眼睛目视前方，面带微笑，如图1-9所示。

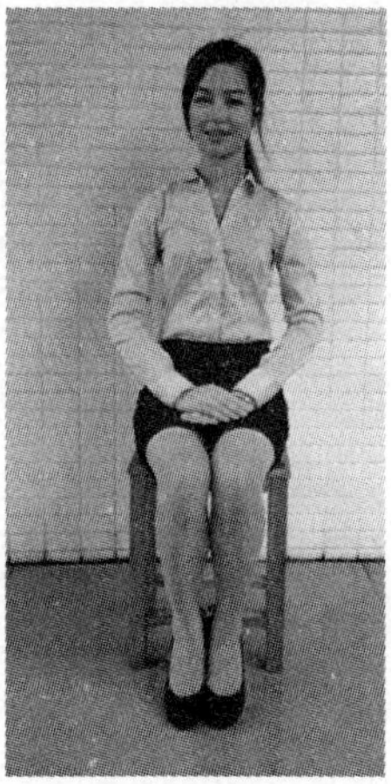

图 1-8　女士后点式坐姿

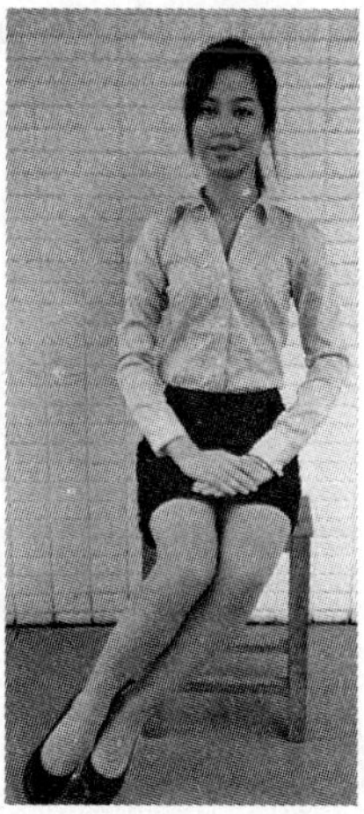

图 1-9　女士右点式坐姿

6. 右侧挂式坐姿

右侧挂式坐姿要点：右脚右侧点地，左脚靠近右脚的脚踝，右脚跟自然抬起，上身挺直，眼睛目视前方，面带微笑，如图 1-10 所示。

7. 侧身重叠式坐姿

侧身重叠式坐姿要点：转 45°角，右脚向右迈，左腿搭在右腿上，左脚尖紧贴右小腿，上身挺直，眼睛目视前方，面带微笑，如图 1-11 所示。

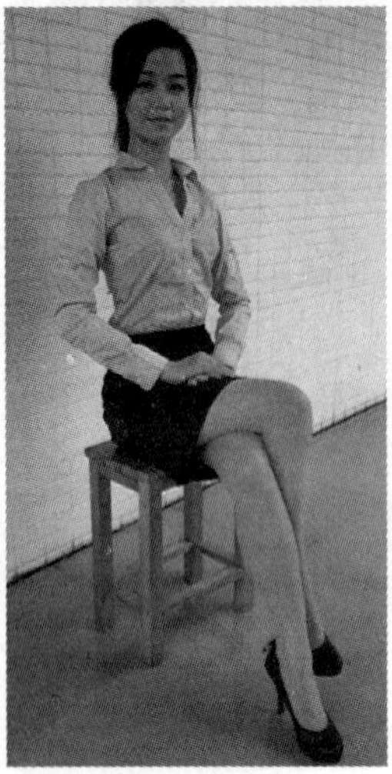

图 1-10 女士右侧挂式坐姿

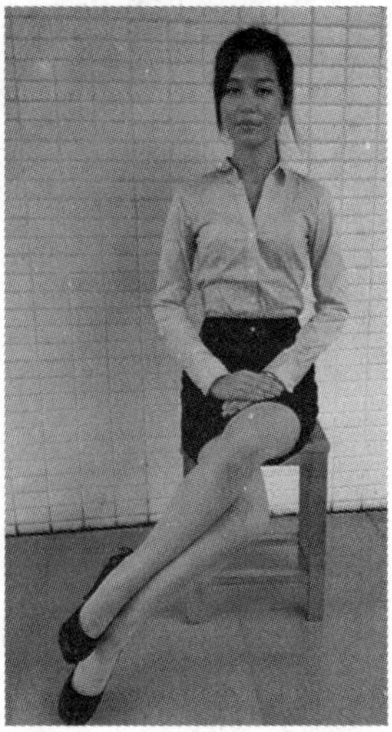

图 1-11 女士侧身重叠式坐姿

（二）男士坐姿

1. 标准式坐姿

标准式坐姿要点：上身挺直，双肩正平，两手自然放在两腿或扶手上，双膝并拢，小腿垂直落于地面，两脚自然分开成 45°，如图 1-12 所示。

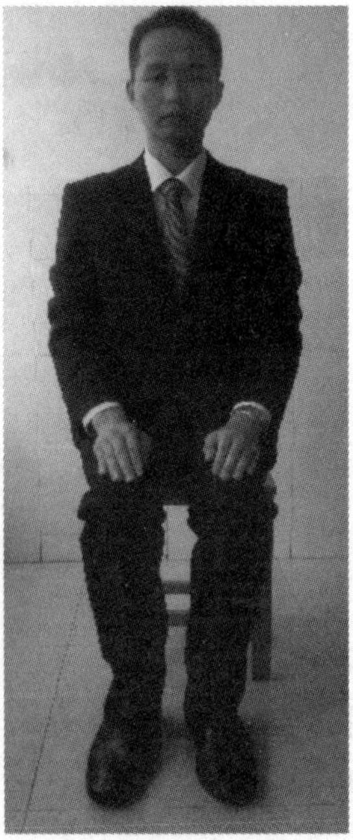

图 1-12 男士标准式坐姿

2. 前伸式坐姿

前伸式坐姿要点：在标准式的基础上，右脚前伸一脚的长度，左脚向前半脚，脚尖不要翘起，如图1-13所示。

3. 后点式坐姿

后点式坐姿要点：身体左转45°，左脚在前，右脚尖靠近左脚跟，右脚跟抬起，双手自然放至两腿上，眼睛目视前方，如图1-14所示。

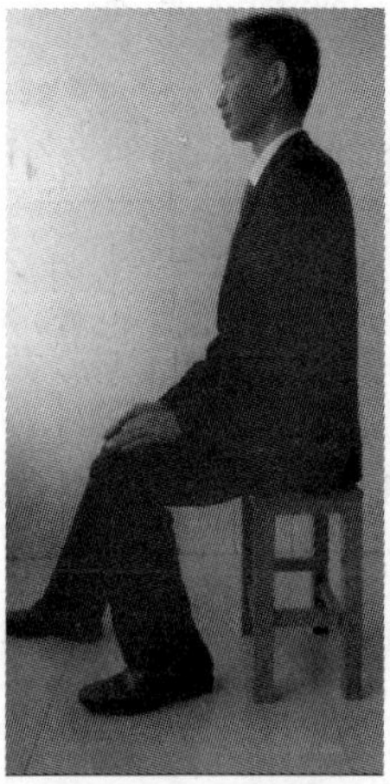

图1-13 男士前伸式坐姿

图1-14 男士后点式坐姿

4. 开关式坐姿

开关式坐姿要点：身体右转45°，两腿与地面成90°，双手自然放至两腿上，眼睛目视前方，如图1-15所示。

5. 重叠式坐姿

重叠式坐姿要点：右腿与地面成90°角，左腿搭在右腿上，左脚尖往下压，双手自然放至两腿上，眼睛目视前方，如图1-16所示。

图1-15 男士开关式坐姿

图1-16 男士重叠式坐姿

（三）坐姿禁忌

（1）双腿叉开过大。双腿如果叉开太大，无论是大腿还是小腿叉开，都非常不雅观。尤其是身穿裙装的女性不能忽视这一点。

（2）架腿方式欠妥。忌把一条小腿架在另一条大腿上，两腿之间留出大大的空隙，既不美观又显得过于无礼。

（3）双腿直伸出去。身前如果有桌子，双腿尽量不要伸到外面来，那样既不雅观又妨碍别人。

（4）将腿放在桌椅上。把腿架在高处，甚至抬到身前的桌子或椅子上，这样的行为过于粗鲁，显得没有素质。

（5）抖腿。坐时，不停地抖动或摇晃腿部，不仅让人心烦意乱，也给人以不成熟、不稳重的印象。

（6）脚蹬踏它物。坐下后，脚部要放在地上，忌用脚乱蹬乱踩。

（7）脱去鞋袜。在他人面前就座时脱去鞋袜，是非常不文明的举动。

（8）手触摸脚部。就座以后用手抚摸小腿或脚部，既不卫生又不雅观。

（9）手乱放。就座后，双手应放在身前，有桌子时放在桌上。不允许单手、双手放在桌下，或是双肘支在面前的桌子上，或夹在双腿间。

（10）双手抱在腿上。双手抱腿，本是一种惬意、放松的休息姿势，但在正式场合不宜如此。

（11）上身乱趴。坐定后，上身不要前倾、后仰、歪向一边等。

（12）仰靠椅背，翘起并摇动二郎腿，会给人傲慢和随意的印象。

三、行姿

行姿是站姿的延续动作，在站姿的基础上展示了动态美。无论是在日常生活中还是在社交场合，走路往往是最引人注目的身体语言，也最能表现一个人的风度和活力。

（一）基本行姿要求

走的时候，头要抬起，目光平视前方，收颌，表情自然平和，双臂自然下垂，手掌心向内，手臂以身体为中心前后自然摆动，且与身体的夹角一般在 10°～15°。上身挺拔，腿部伸直，收腹立腰，重心稍前倾。脚步要轻并且富有弹性和节奏感，步幅与腿的长度相适宜，男士应在 50 厘米左右，女士应在 30 厘米左右。男士在行走时，两只脚踩出的是两条平行线；女士在行走时，两脚的脚后跟尽可能踩在同一条线上，且跨步要均匀、轻盈、稳健，如图 1-17 所示。

图 1-17　男女基本行姿

（二）行姿禁忌

行进的速度应当保持均匀、平稳，不要忽快忽慢；行走中脚后跟不要拖地；防止八字步、低头驼背；不要摇晃肩膀；不要扭腰摆臀、左顾右盼；步幅不宜过大，也不宜过小；多人一起行走时不要排成横队，要尽量靠右行走，以便有急事的人从左边超过。

四、蹲姿

在日常生活中，东西掉在地上时，人们一般是习惯弯腰或蹲下将其捡起，而在很多场合采用随意弯腰捡东西的姿势是不文雅的。下蹲拾物时，动作应迅速、美观、大方、自然、得体，不遮遮掩掩，两腿合力支撑身体，避免滑倒。若用右手捡东西，可以先走到东西的左边，右脚向后退半步后再蹲下来，下蹲时，应使头、胸、膝关节在一个角度上，脊背保持挺直，臀部一定要蹲下来，避免弯腰翘臀的姿势。男士两腿间可留有适当的缝隙；女士则要两腿并紧，臀部向下，穿旗袍或短裙时需更加留意，以免尴尬。

（一）交叉式蹲姿

交叉式蹲姿是指下蹲时左脚在前，右脚在后，左小腿垂直于地面，全脚着地。右膝由后面伸向左侧。两腿靠紧，合力支撑身体。臀部向下，上身稍前倾，这一姿式女式常用，如图1-18所示。

（二）前后式蹲姿

前后式蹲姿是指右脚往后撤蹲下，右腿紧贴左腿，双手自然放在左膝盖上，上身保持直立状态，眼睛目视前方，如图 1-19 所示。

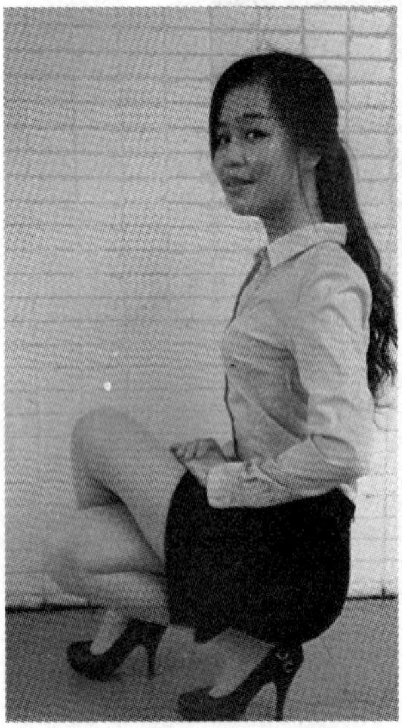

图 1-18　交叉式蹲姿

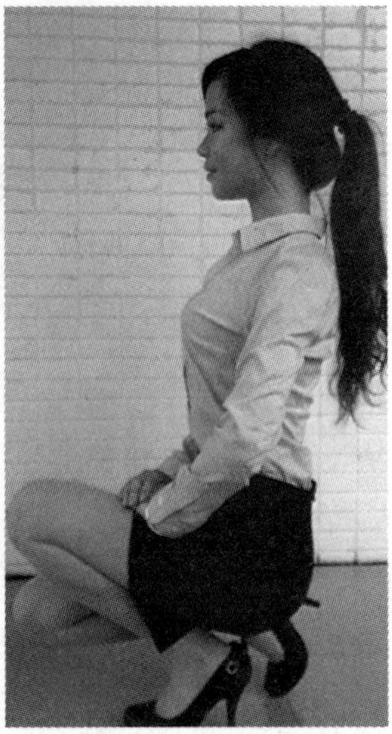

图 1-19　前后式蹲姿

（三）高低式蹲姿

下蹲时左脚在前，右脚稍后，两腿靠紧向下蹲。左脚全脚着地，小腿基本垂直于地面，右脚脚跟提起，脚掌着地。右膝低于左膝，右膝内侧靠于左小腿内侧，形成左膝高、右膝低的姿态，臀部向下，基本上以右腿支撑身体，如图 1-20 所示。

图 1-20　高低式蹲姿

(四) 蹲姿禁忌

(1) 弯腰捡拾物品时,两腿叉开、臀部向后撅起,是不雅观的姿态。

(2) 两腿展开平衡下蹲,其姿态也不优雅。

(3) 下蹲时注意内衣不可以露出来。

五、表情

表情,包括神态、态度、微笑,是指一个人的喜、怒、哀、乐等内心情感通过面部肌肉的运动在面部所呈现出来的感觉。据统计,如果将对一个人的总体印象假定为百分之百的话,则由7%的语言+38%的语调语速+55%的表情和动作所组成。在与人交流沟通的时候,不仅仅要用嘴去说、用耳朵去听,还要学会用自己的表情动作去说、用眼睛去听。对表情礼仪的总体要求是:热情、友好、轻松、自然。

(一) 眼神的运用

眼睛是人体传递信息最有效的器官,它能如实地反映出人的喜怒哀乐。眼神是心灵的窗户,是展示心理活动、传递信息和思想的媒介。对不同的人,眼神展现不同的内容:长辈面前,目光应略微向下,显得恭敬虔诚;晚辈面前,目光应和善、慈爱;朋友面前,目光应该热情坦荡,表现出真诚和友爱。在社交场合交谈时,目光要坦然、温和、大方、亲切,正视对方的两眼与嘴部的三角区,表示对对方的尊重,但凝视的时间不可太长,因为长时间凝视对方,会让对方感到紧张、难堪;面对熟人、朋友、同事,可以用从容的眼光来表达问候,征求意见,这时目光可以多停留一些时间。与人对视时,切忌迅速移开,不要给人留下冷漠、傲慢的印象。对方缄默或失语时,不应再看对方。

在与人交谈时,应当不断地通过目光与对方交流,调整交谈的气氛。交谈过程中,应始终保持目光的接触,这是表示对话题很感兴趣。长时间回避对方目光而左顾右盼,是不感兴趣的表示。应当注意的是,交流中的注视,绝不是把瞳孔的焦距收束,紧紧盯住对方的眼睛,这种逼视的目光是失礼的,也会使对方感到尴尬。交谈时正确的目光应当是自始至终地都在注视,但注视并非紧盯,瞳孔的焦距要呈散射状态,用目光笼罩对方的面部,同时应当辅以真挚、热诚的面部表情。交谈中,随着话题、内容的变换,作出及时恰当的反映,或喜或惊,或微笑或沉思,用目光流露出会意,使整个交谈融洽、和谐、生动、有趣。交谈和会见结束时,目光要抬起,表示谈话的结束。道别时,仍用目光注视着对方的眼睛,面部表现出惜别的深情。

1. 注视的范围

公务型视区(额中至双眼部)。这是在洽谈业务、贸易谈判或者磋商问题时所适用的凝视区域。这个区域是以两眼为底线、额中为顶角形成的一个三角区。在公务交谈时,如果你看着对方的这个区域就会显得严肃认真,对方也会觉得你有诚意;在交谈时,如果你的目光总是落在这个凝视区,你就会把握谈话的主动权和控制权。

社交型视区(双眼至下颌)。以两眼为底线、唇心为下顶点所形成的倒三角形区域,这是通常的社交场所适用的凝视区域。当你和他人谈话时注视着对方的这个部位,能给人一种平等而轻松的感觉,营造出一种良好的社交气氛。如在一些茶话会、舞会和各种友谊聚会的场合,就适合采用这种凝视。

亲密型视区(双眼至前胸)。亲人、恋人之间适用的凝视区域。这个位置是从双眼到胸部之间。这种凝视往往带有亲昵和爱恋的感情色彩,一般在关系亲密的人之间采用这种方式。

2. 注视的时间和含义

(1) 表示友好。向对方表示友好时,应不时地注视对方,注视对方的时间约占全部相处时间的 1/3 左右。

(2) 表示重视。向对方表示关注,常常把目光投向对方,注视对方的时间约占相处时间的 2/3。

(3) 表示轻视。目光经常游离对方,注视对方的时间不到全部相处时间的 1/3,意味着轻视。

(4) 表示敌意。目光始终盯在对方身上,注意对方的时间占全部相处时间的2/3以上,被视为有敌意,或有寻衅滋事的嫌疑。

(5) 表示感兴趣。目光始终盯在对方身上,偶尔离开一下,注视对方的时间占全部相处时间的 2/3 以上,同样也可以表示对对方较感兴趣。

3. 注视的方式

注视他人,在社交场合可以有多种方式的选择。其中,最常见的有以下几种。

(1) 直视。直视即直接地注视交往对象,它表示认真、尊重,适用于各种情况。若直视他人双眼,即称为对视,对视表明自己大方、坦诚,或是关注对方。

(2) 凝视。凝视是直视的一种特殊情况,即全神贯注地进行注视。多用以表示专注、恭敬。

(3) 虚视。虚视是相对于凝视而言的一种直视,其特点是目光不聚焦于某处,眼神不集中。多表示胆怯、疑虑、走神、疲乏,或是失意、无聊。

(4) 盯视。盯视即目不转睛,长时间地凝视对方的某一部位。它表示出神或挑衅,故不宜多用。

(5) 扫视。扫视即视线移来移去,注视时上下左右反复打量。它表示好奇、吃惊,亦不可多用,对异性尤其应禁用。

(6) 睨视。睨视又叫睥视,即斜着眼睛注视。它多表示怀疑、轻视,一般应当忌用,与初识之人交往时,尤其应当忌用。

(7) 眯视。眯视即眯着眼睛注视。它表示惊奇、看不清楚,模样不大好看,故也不宜采用。

(8) 环视。环视即有节奏地注视不同的人员或事物。它表示认真、重视。适用于同时与多人打交道,表示自己"一视同仁"。

(9) 他视。他视即与某人交往时不注视对方,反而望着别处。它表示胆怯、害羞、心虚、反感、心不在焉,是不宜采用的一种眼神。

(10) 无视。无视即在人际交往中闭上双眼不看对方,所以又叫闭视,表示疲惫、反感、生气、无聊或者没有兴趣。它给人的感觉往往是不太友好,甚至会被理解为厌烦、拒绝。

在掌握并正确运用自己目光语言的同时,还应当学会"阅读"对方的目光语言。从对方的目光变化中,分析他的内心活动和意向。随着交谈内容的变化,目光和表情和谐地统一,表示很感兴趣,思想专注,谈兴正浓。对方的目光长时间地中止接触,或游移不定,表示对交谈不感兴趣,交谈应当很快结束。交谈中,目光斜视,表示鄙夷;目光紧盯,表示疑虑;偷眼相觑,表示窘迫;瞪大眼睛,表示吃惊;等等。目光语言是千变万化的,但都是内心情感的流露。学会阅读分析目光语言,对于把握社交活动的进行和发展有着重要意义。

(二) 微笑的把握

根据人际关系学家的观点,笑可分为三种:第一种是哈哈大笑,哈哈大笑时,嘴巴张得较大,上牙和下牙均露出,并发出"哈哈"之声;第二种是轻笑,轻笑时嘴巴略微张开,一般下牙不露出,并发出轻微的声音;第三种是微笑,微笑时,嘴巴不张开,上、下牙均不露出,也不发出声音,是一种笑不露齿的笑,仅仅是脸部肌肉的美丽运动,这也是微笑的具体要求。微笑是人类最美好的语言。微笑的力量是相当巨大的,有人把微笑比作全世界通用的"货币",因为它易被世界上所有的人类所接受。微笑可以表现出温馨、亲切的表情,能有效地缩短沟通双方的距离,给对方留下美好的心理感受,从而形成融洽的交往氛围。微笑是自信的象征,是礼貌的表示,是心理健康的标志。在各种场合恰当地运用微笑,可以起到传递情感、沟通心灵、征服对方的积极心理效应。在与人交流时,可以在开口之前先以微笑示好;在与人交流时,如果对方向你投以微笑,你一定要以微笑予以回应。

1. 微笑的技巧

(1) 正确的微笑应做到:口眼鼻眉肌结合,做到真笑,发自内心的微笑,会自然调动人的五官,使眼睛略眯、眉毛上扬、鼻翼张开、脸肌收拢、嘴角上翘。微笑与神情结合,显出气质,精神饱满、神采奕奕,与仪表举止的美和谐一致,从外表上形成完美统一的效果。

(2) 把握微笑的时机。什么时候展现出笑容是至关重要的。在与交往对象目光接触的瞬间展现微笑,能表达友好的情谊。相反,在特别严肃的场合,不宜微笑;当别人做错了事、说错了话的时候,不宜微笑;当别人心情悲痛时,不宜微笑。

(3) 把握微笑的层次变化。在整个交往过程中,微笑的程度要有所变化,在整个过程中需要保持微笑，但要有收有放。微笑的程度有很多层次，有浅浅一笑、眼中含笑，也有热情的微笑、开朗的微笑。在什么时候用什么样的微笑是不可能也不应该用具体的标准制定出来的，要根据交往过程中的交流情况和个人特点自然、随机地变化。

（4）注意微笑维持的时间长度。微笑的最佳时间长度以不超过大约3秒钟为宜，时间过长会给人假笑或不礼貌的感觉。注意微笑的启动和收拢动作要自然，切忌突然用力启动和突然收拢。

2. 微笑的禁忌

不要缺乏诚意、强装笑脸；不要露出笑容随即收起；不要仅为情绪左右而笑；不要把微笑只留给上级、朋友等少数人；不要在对方伤心难过时微笑。

（三）其他表情

1. 嘴部与嘴唇

嘴唇闭拢，表示和谐宁静、端庄自然；嘴角向上，表示善意、礼貌、喜悦之意，让对方感到真诚、善解人意；嘴角撅着，一般表示生气、不满意的意思，也是不尊重对方的表现；嘴唇紧绷，多半表示愤怒、对抗或者决心已定。

2. 下巴

用下巴和颌部来指使他人，是骄横、傲慢的表现，是具有强烈自我主张的表现。用力缩下巴，表示畏惧和驯服的意思。抚摸下巴，往往是为了掩饰不安、话不投机的尴尬场面；然而与面部积极的表情相配合，也可以解释为自得和胸有成竹之意，一定要动静结合进行分析。女性手支下巴，反映出内心需要有人给以安慰。

3. 头部

（1）头部微微侧向一旁：将头从一侧略略倾斜到另一侧，基本含义是“关注”，这说明对谈话很感兴趣，正在集中精神地听。结合面部表情的不同，可以显现“感兴趣”“怀疑”两种意思。

（2）低头：对对方的谈话不感兴趣或持否定态度，在商务交往中少用。同时也表示顺从、羞涩、内疚、沉思等。

（3）头一摆：一般是告诉某人快走的意思。

（4）摇头晃脑：摇头晃脑表示唯我独尊。

（5）身体直立，头部端正：表现的是自信、正派、诚信、精神旺盛。这种姿态是商务交往中的首选。

六、手势

手是传情达意的最有力的手段，正确适当地运用手势，可以增强感情的表达。手势是旅游接待工作中必不可少的一种体态语言，学习手势语是大有学问的。有的工作人员在正式场合表现出的手势运用不规范、不明确，动作不协调等，容易给他人留下漫不经心、不认真、素质不高的印象。

(一) 不同手势的含义

"O"形手势，即圆圈手势，19世纪流行于美国。"OK"的含义在所有讲英语的国家内是众所周知的，但在法国"O"形手势代表"零"或"没有"；在日本代表"钱"；在一些地中海国家用来暗示一个男人是同性恋者；在中国这个手势用来表示"零"。所以应注意具体的使用场合，避免给自己带来一些不必要的麻烦。

翘大拇指手势。在英国、澳大利亚、新西兰等国，翘大拇指代表搭车，但如果大拇指急剧上翘，则是侮辱人的信号。在中国，翘大拇指是积极的信号，通常是指高度的赞扬。

"V"形手势。第二次世界大战期间，英国首相丘吉尔推广了这个手势，表示胜利，非洲大多数国家也如此。但如果手心向内，在澳大利亚、新西兰、英国则是一种侮辱人的信号，代表"up yours"，在欧洲各地也可以表示数字"2"。

(二) 使用手势的禁忌

(1) 在交往中，手势不宜过多，动作不宜过大，切忌"指手画脚"和"手舞足蹈"。

(2) 在交谈中，伸出食指向对方指指点点是很不礼貌的举动。这个手势，表示出对对方的轻蔑与指责。更不可将手举高，用食指指向别人的脸。西方人更忌讳别人的这种指点。

(3) 在陌生的场合或不熟悉的人面前捻指，会使人觉得没有教养。它所表示的意义比较复杂，有时是表示高兴，有时表示对对方所说的话或举动感兴趣或完全赞同，有时则视为某种轻浮的动作，比如"叭叭"地打响指。总之，这是一种很随便的举止，慎用为好。

(4) 在商务场合中，在他人面前掏耳朵、抠鼻子、剔牙齿、挠痒痒等都会给人一种极不卫生的感觉；双手乱摸、乱举、乱放、咬指甲、折衣角、扯领带等举动也会给人留下一种不稳重、不自信的印象。

实训活动

一、案例题

案例一

飞机起飞前，一位乘客请空姐给他倒一杯水吃药，空姐很有礼貌地说："先生，为了您的安全，请稍等片刻，等飞机进入平衡飞行后，我会立刻把水给您送过来，好吗？"

15分钟后，飞机早已进入平衡飞行状态。突然，乘客服务铃急促地响了起来，空姐猛然意识到：由于太忙，她忘记给那位乘客倒水了。当空姐来到客舱，看见按响服务铃的果然是刚才那位乘客，她小心翼翼地把水送到那位乘客眼前，微笑着说："先生，实在对不起，由于我的疏忽，延误了您吃药的时间，我感到非常抱歉。"这位乘客抬起左手，指着手表说道："怎么回事，有你这样服务的吗？你看看，都过了多久了？"空姐手里端着水，心里感到很委屈，但是，无论她怎么解释，这位挑剔的乘客都不肯原谅她的疏忽。

接下来的飞行途中，为了弥补自己的过失，每次去客舱给乘客服务时，空姐都会特意走到那位乘客面前，面带微笑地询问他是否需要水，或者别的什么帮助，然而，那位乘客余怒未消，摆出不合作的样子，并不理会空姐。

临到目的地前，那位乘客要求空姐把留言本给他送过去，很显然，他要投诉这名空姐，此时空姐心里很委屈，但是仍然不失职业道德，显得非常有礼貌，而且面带微笑地说道："先生，请允许我再次向您表示真诚的歉意，无论您提出什么意见，我都会欣然接受您的批评！"那位乘客脸色一紧，嘴巴准备说什么，可是没有开口，他接过留言本，开始在本子上写了起来。

等到飞机安全降落，所有的乘客陆续离开后，等这位空姐打开留言本，却惊奇地发现，那位乘客在本子上写下的并不是投诉信，相反，这是一封热情洋溢的表扬信。

是什么使得这位挑剔的乘客最终放弃了投诉呢？在信中，空姐读到这样一句话："在整个过程中，你表现出的真诚的歉意，特别是你的 12 次微笑深深打动了我，使我最终决定将投诉信写成表扬信！你的服务质量很高，下次如果有机会，我还将乘坐你们的这趟航班。"

案例二

某日华灯初上，一家饭店的餐厅里客人满座，服务员来回穿梭于餐桌和厨房之间，一派忙碌的气氛。这时一位服务员跑去向餐厅经理汇报，说客人投诉有盘海鲜菜中的蛤蜊不新鲜，吃起来有异味。

这位餐厅经理自信颇有处理问题的本领和经验。于是不慌不忙地向投诉人的餐桌走去。一看，那不是老食客张经理吗！他不禁心中有了底，于是迎上前去一阵寒暄："张经理，今天是什么风把您给吹来了，听服务员说您老对蛤蜊不大对胃口……"这时张经理打断他说："并非对不对胃口，而是我请来的香港客人尝了蛤蜊后马上讲这道菜千万不能吃，有异味，变了质的海鲜，吃了非出毛病不可！我可是东道主，自然要向你们提意见。"餐厅经理接着面带微笑，向张经理进行解释，蛤蜊不是鲜货，虽然味道有些不纯正，但吃了并不有害健康，希望他和其余客人谅解包涵。

不料此时，在座的那位香港客人突然站起来，用手指指着餐厅经理的鼻子大骂起来："你还笑得出来，我们拉肚子怎么办？你应该负责任，不光是为我们支付治疗费而已。"这突如其来的兴师问罪，使餐厅经理一下子怔住了！他脸上的微笑一下子变成了哭笑不得。他想："总不能让客人误会刚才我面带微笑的用意吧，又何况微笑服务是饭店员工首先应该做到的。"于是他仍旧微笑着准备再做一些解释。不料，这次的微笑更加惹起了那位香港客人的恼火，甚至于流露出想动手的架势。幸亏张经理及时拉住餐厅经理的衣角，示意他赶快离开现场，否则难以收场了。

案例三

1887年的圣诞之夜，康拉德·希尔顿出生在美国新墨西哥州的圣安东尼奥的一个挪威移民的家庭。中学时代，希尔顿就常到父亲的小店帮忙，把小店生意做得红红火火。1919年1月，父亲去世，母亲鼓励他离开小镇闯事业。希尔顿怀揣5000美元，只身来到了得克萨斯州，果断地买下了他的第一家旅馆——梅比莱旅馆。

他苦心经营。很快，他的旅馆资产达到了5100万美元。可是希尔顿的母亲却说："你应当想出一种简单、容易、不花本钱而且可长久有效的办法去吸引顾客。"希尔顿苦苦思量：简单、容易、不花本钱而且可长久有效的法宝应该具备什么样的条件呢？希尔顿终于想出来了：只有微笑才能发挥如此大的影响力。

依靠"你今天对客人微笑了吗?"的座右铭，梅比莱旅馆很快便红火起来。后来希尔顿又建造了几个拥有"一流设施"的以他自己名字命名的大饭店——希尔顿饭店。

正当希尔顿的事业发展得如日中天之时，这时美国历史上规模较大的一次经济危机爆发了。很快，美国全国的旅馆业有80%倒闭，希尔顿旅馆集团也深陷困境。希尔顿仍然依靠他那"你今天对客人微笑了吗"的座右铭，信心坚定地奔赴各地，鼓舞员工振作精神，共渡难关，即使是借债度日，也要坚持以"一流微笑"来服务旅客、赢得旅客。他不厌其烦地向他的员工们郑重呼吁：万万不可将心中愁云摆在脸上。无论面对何种困难，"希尔顿"服务员脸上的微笑永远属于旅客！希尔顿的座右铭变成了每一个希尔顿人的座右铭。希尔顿饭店服务人员始终以其永恒美好的一流微笑，感动着四面八方的宾客。

"一流设施，一流微笑"支持希尔顿的事业蒸蒸日上。1946年5月，希尔顿成立了他的希尔顿旅馆公司。翌年，该公司在纽约证券交易所上市。这是有史以来首家旅馆企业的股票正式上市。20世纪50年代，希尔顿已不满足仅仅在美国本土创业。他又在全世界营造自己的"旅馆帝国"。马德里、墨西哥城、蒙特利尔、柏林、罗马、伦敦、开罗、巴格达、哈瓦那、曼谷、雅典、香港、马尼拉、东京、新加坡……希尔顿饭店相继开业。截至70年代末，希尔顿在世界大都市所拥有的饭店，已有近百家。已经成为世界"旅馆帝王"、拥有数十亿美元资产的老希尔顿，仍然坚持坐着飞机，在他的"希尔顿帝国"里一处一处地巡视，偶有所感立即记录下来，著书立说。他写的《宾至如归》一书，多年来被希尔顿员工视为"圣经"，而书中核心内容说的就是："一流设施，一流微笑。"

请结合以上案例以及你平日生活中的体会谈谈你对微笑魅力的理解，在使用微笑的时候又应当注意些什么呢？

案例四

2009年潇湘晨报报道，德国《图片报》9月10日报道，德国新交规规定：司机骂脏话、做侮辱手势也将被罚款。脏话与手势的等类被德国人分了级，对最高级别的脏话与侮辱手势的罚款金额将达四位数。报道称，交规规定，司机如果骂“傻母牛”，要罚款300欧元（约合人民币3000元）；而骂“老母猪”则将面临高达2500欧元（约合人民币25 000元）的罚款。此外，肢体侮辱也面临处罚，如伸中指行为将被罚款4000欧元（约合人民币40 000元）。

请结合案例四以及平日生活中的体会谈谈你对手势运用的理解。

二、体态训练

体态训练

实训方式

将学生分成若干小组，各组在礼仪实训室对照镜子进行训练，各组内成员之间互相指导切磋，最后进行分组展示演练。

实训内容

(1) 站姿训练

背靠背站立：两人一组。要求两人脚跟、小腿、臀、双肩、后脑枕部相互贴紧。

靠墙练习：要求脚后跟、小腿、后脑枕部均紧靠贴墙。

以上两种方法训练至少15分钟以上，可以配合音乐进行，减少训练的疲劳感。

(2) 走姿训练

训练走直线，在地面上绷直一条较长的彩色鲜艳的带子，行走时双脚内侧要求落到带子上。

训练停顿、拐弯、侧行、后退，拾物等。(结合走姿与蹲姿)

在走姿训练的时候可以配合音乐，并进行摄像，然后播放录像，使学生了解自己的步态，便于修正。

(3) 坐姿训练

男女分组，演练不同坐姿。

坐姿训练每次不少于15分钟，应配以音乐减轻疲劳。

(4) 表情训练(微笑、目光)

面对镜子，选取个人最佳微笑状态，并训练固化。

以接待客户为情境，演练整个接待过程中目光以及微笑的使用。

任务二

形象礼仪

案例导入

大学毕业刚参加工作的小丽有幸参加一次商务宴会，她精心地化了一个宴会妆。由于怕自己的妆容会变花，小丽频频掏出镜子补妆。然而，正是这样的举动，令很多想与之攀谈的男士望而却步。

小丽的做法有何不妥之处？

任务目标

1. 掌握工作妆的化妆过程及技巧。
2. 掌握适宜不同场合的简洁盘发技巧。

相关知识

形象是整个仪表的一个至关重要的环节。它反映了一个人的精神面貌、朝气和活力，是传达给接触对象感官最直接、最生动的第一信息。

一、个人基本形象修饰

(一) 头发的修饰

(1) 每天应进行数次头发梳理，这样有益于健康。

(2) 根据自己的发质状况决定洗发的频率，一般不应超过三天。

(3) 商界男士的头发不能长于7厘米，应半个月左右理一次发；商界女士根据个人情况而定，但不应理寸头。

(4) 发型应根据自己的脸型、身材、年龄、职业等进行选择。

（二）手的修饰

在社交活动中，手与人、手与物的接触十分频繁，送文件、打手势、握手、接电话等，因此，手在日常交往中起着很重要的作用。那些只注重面部化妆，而忽视手部美化的人，会给人一种不协调的感觉。

（1）勤洗手，及时将污物、灰尘等有害皮肤的东西洗净，洗手后最好涂护手霜，这样既保持了手的卫生，又对手起到了保养作用。

（2）勤剪指甲，保持手指甲平滑光洁，指甲缝中绝不能有污物，可根据自己指甲的自然状态以及个人的爱好修剪成圆形、方形等。在商务场合，可涂抹无色的指甲油对指甲进行保护。

（3）手臂上汗毛过浓、过长时应采取适当的方法进行脱毛。女士在穿着无袖衣服时，应脱去腋毛。

（三）腿部的修饰

（1）保持脚部的卫生，鞋袜要勤洗勤换，保证无异味。

（2）勤剪脚趾甲，除死皮。

（3）正式场合，男士不允许穿短裤，露出腿部；女士如果腿部汗毛过长、过密，也应采取适当的方法进行脱毛。

二、化妆

化妆是对自我容貌的修饰，也是对他人的尊重。俗话说："三分长相，七分打扮。"选择适当的化妆品和与自己气质、脸型、年龄等特点相符合的化妆方法，能让人看起来整洁端庄，增添自己的魅力。化妆是一门既复杂又有趣的艺术。恰到好处的妆容，可以充分展示自己容貌上的优点，同时也能表达出对他人的尊重以及对活动的重视。商界职场女士需要根据出席场合的不同，给自己选择合适的妆容。

工作妆，须格外注意要明朗、淡雅，自然的淡妆就非常得体。

宴会妆，应高雅大方，色彩与衣服相配，但妆不宜过度，否则会反客为主。为了不妨碍享受美食，唇妆需格外费心，千万不要为了避免口红掉色而选择颜色过重的唇膏。

舞会妆，参加舞会时，不仅化妆要浓艳，发型也可以标新立异。

（一）化妆品的分类及化妆工具

按化妆品的使用目的可以分为清洁、护肤、美容三大类。清洁化妆品：用以洗净皮肤、毛发的化妆品，如清洁霜、洗面奶、卸妆液等。护肤化妆品：化妆前，对皮肤进行基础护理，如各种面霜、乳液、化妆水、润肤露、面膜等。美容化妆品：用于面部及头发的美化用品，如粉底、胭脂、口红、唇彩、眼影、眼线笔、睫毛膏等。

化妆使用的基本工具包括粉扑、眼影刷、眼线刷、腮红刷、粉刷、眉刷、眉钳、睫毛夹等。

（二）化妆的基本程序

1. 洁面

首先，将浸过热水的毛巾（水温以稍有点烫手为宜）轻轻盖在脸上（如果脸上有彩妆，就要先用卸妆液卸妆），用手指将毛巾轻轻往下压，令毛巾贴紧面部和眼部皮肤，让毛巾上的热气停留约30秒，以促进脸部的血液循环。其次，取用适量适合自己肤质的清洁霜涂于面部，以逆地心（朝上）的方向打圈按摩，其中T区或特别脏的地方可多加强，可清除化妆品中的粉垢色素、空气中的灰尘污物以及面部的多余油脂角质。最后，取用适量适合自己肤质的洗面乳和温水对面部进行第二次彻底清洁，可乳化残留的清洁霜并能深层清洁软化表皮，重建健全的酸性保护膜。

2. 护理

皮肤的护理主要指洁面后的调整皮肤纹理、爽肤、均衡滋润和相关的皮肤保养。在皮肤的护理方面，应当注意以下几点。

(1) 使用化妆水，可用手指夹住已吸取了化妆水的化妆棉，与脸部绒毛相反的方向轻轻扑拍，使其吸收。这样可以收缩毛孔，软化角质，平衡pH，增加肌肤的柔软感。

(2) 涂抹营养霜或乳液护理，给肌肤补充必需的水分和养分，充分滋润肌肤，保持柔软和光滑，包括脸部和眼部的滋润。

(3) 使用粉底或隔离霜，保护皮肤，避免环境中有害物质的伤害，隔离紫外线，均匀肤色，遮盖小瑕疵。

(4) 一星期敷一至两次的面膜可帮助剥除表面干燥细胞，调整皮肤纹理，使皮肤纹理光滑，呈现清新光彩的容貌。

(5) 多喝水、保持充足的睡眠是护肤的关键。

3. 眉毛修理

对于眉毛比较少的女士，可以借助眉笔或眉粉加强眉毛的颜色；对于眉毛比较多的女士，则应当修除多余的眉毛，根据自己的脸型修整眉型，眉毛的修理有拔眉法和剃眉法两种。在修理眉毛的过程中，应注意把握眉型，眉型应体现出眉头、眉峰、眉尾。

4. 施粉

用透明粉蜜或与粉底同色的固定蜜粉来固定粉底，以减少粉底在皮肤上的油光感并防止妆面脱落和走形。

5. 画眼线

画上眼线时，可以将镜子放在脸的下方，眼睑微闭，从眼角画到眼尾，着笔处应当在眼睫毛的根部，注意用笔力度要均匀，不要画得断断续续。画下眼线时，可以将镜子放到额头，顺着眼尾向眼角画，下眼线一般只画2/3左右。上下眼线如果都画得实实的，容易给人以不生动、过于死板的感觉。

6. 眼部化妆

一是化眼影。眼影颜色的选择应考虑与服饰相协调，可以选择一种或是多种颜色进行组合搭配。通常对于眼部较为立体的女性，在画眼影时颜色对比不用太强烈；对于眼部立体感不够的女性，可以通过涂适当的眼影来弥补，增强眼部立体感。二是涂睫毛膏，可以使睫毛显得更浓密。在涂之前可以用睫毛夹调整睫毛，增强睫毛的卷曲度。

7. 涂腮红

腮红可使人看起来健康精神，并可弥补脸形的不足，腮红的颜色应与口红、眼影色相协调。对于脸较大或较宽的女性，腮红的位置应尽量往脸颊内部打；对于脸部比较小的女士，则可以将腮红的位置尽量往外打。

8. 画唇

先用唇线笔或羊毛唇笔描画轮廓，再涂抹与妆色相协调的唇膏和上光油。

9. 修妆

在整体妆面完成后，看妆形、妆色是否协调，左右是否对称，底色是否均匀，如果不足应加以修改。

(三) 不同脸型的化妆技巧

每个人天生的脸型是没法改变的，对于不同的脸型，采用不同的化妆方法，就能增添其美丽之感。

1. 三角脸型

三角脸型给人的印象是性格温和，不拘小节。化妆时可运用暖色调强调出本身的沉着、大方、亲切。

两腮较宽部位加深色粉底，显得比较深凹，以掩饰脸部宽大的缺点，在狭小的额头和下巴加上白色粉底，让它突出饱满。眉毛宜保持原状态。两腮可用较深的粉底来修饰。唇角稍向上翘，可描得丰满些，下嘴唇不宜画成圆形。头发以 7∶3 的比例来偏分，使额部看来阔一些。发型以波浪或卷发增加上方的力量，切忌往上梳。

2. 倒三角脸型

与三角脸型刚好相反，它即是人们所说的瓜子脸、心形脸，它的特点是上阔下尖，脸庞的下半部比较纤细，一般少女大都喜欢这一类脸型。倒三角脸型给人的印象是纯洁、清朗，少女形象突出，带有理智性，但有纤弱感和不稳定感。

在颧骨、下巴和额头两边着深色粉底造成暗影效果，于脸颊较瘦的两腮用白色或浅色粉底来修饰，使整个脸看起来较丰满、明朗化。眉形应顺着眼睛的位置，不可向上倾斜。

胭脂应涂在颧骨最高处，然后向上向后晕开。嘴唇，用和唇色相近的口红、唇彩为宜。头发以 4∶6 的比例来偏分，使额部显得小一点，要有大量蓬松的发卷，并遮掩部分前额。

3. 方脸型

方脸型脸部线条较直，方方正正，额头宽，面颊宽，下巴稍微狭小，缺乏温柔感，脸的宽度接近脸的长度，轮廓清晰、硬朗。给人以健康、积极的感觉，有坚强的意志感和稳定感。化妆后要体现得落落大方，五官的描绘要有分量感。

方脸型的修饰方法是在宽大的两腮和额头两边加深色粉底，额头中间和下巴加白色粉底，另外再强调出眉和唇等部分的彩妆，这样就会使脸型显得修长，表现出温和的特质。眉毛要稍阔而微弯，不可有角。可用暗色粉底来改变面部轮廓。使用腮红时，应以圆线条来增加脸部的柔和感，将腮红以画圆的方式，由颧骨往鼻子的方向刷。头发采用 4∶6 的比例分或中分都可，偏分时，侧发型会造成不平衡的感觉。

4. 长脸型

长脸型面形狭长，棱角分明，给人以沉着、冷静、成熟的感觉。对于这种脸型，应利用化妆减弱纵长的感觉，使之显得圆润丰满，增加面部宽阔感。

眉毛的位置不可太高而有角，尤其不应高翘。胭脂应抹在颧骨的最高处与太阳穴下方所构成的曲线部位，然后向上向外晕出，距离鼻子要远些。嘴唇可稍微涂得厚些。两颊下陷成窄小者，宜敷淡色粉底，使其显得较为丰满。头发以 7∶3 的比例来偏分或更偏分一些，这样可使脸看起来宽些。

5. 圆脸型

圆脸型看起来脸短、面颊浑圆，显得可爱、年轻、活泼、健康，有点稚气，缺乏成熟感。化妆时应减弱圆润感，使脸型显长，突出眼睛、鼻子、嘴唇等局部魅力。

眉毛不可平直和起角，也不可太弯，应为自然的弧形。胭脂应从颧骨一直延伸到下颚部，必要时可利用暗色粉底做成阴影。在画腮红时应用直线条来增加脸部的修长感，将腮红以斜线的画法，由颧骨往脸中央刷，创造脸部的角度。上嘴唇化成阔而浅的弓形，整个嘴唇均匀地涂成圆形。设计发式时，应注意表现脸部的轮廓，前额应显得清爽简单，又不能完全露出前额，可用中分或以 7∶3 的比例偏分，让头发自然垂下遮住一些脸侧，使脸显得长一些。蓬松的卷发不适合圆脸型。

6. 椭圆脸型

椭圆脸型棱角不分明，给人浑圆的感觉，属于可爱与妩媚之间的百变脸型。椭圆脸是最理想的脸型，所以要尽量保持其完整。这一脸型的化妆要着重自然，不要有所掩饰。

按照眼睛的位置把眉毛修成正弧形，眉头与内眼角齐。将胭脂抹在颧骨最高处，逐渐向上打圈晕开。在画腮红时，将腮红由颧骨上方顺着颧骨的曲线向脸中央刷。嘴唇部分修饰不宜过多，依自己的唇形涂成最自然的样子。发式采用中分，左右均衡的发型最为理想。

7. 菱形脸型

菱形脸型面颊消瘦，颧骨突出，下颚较尖，会给人留下机敏、精明等印象。化妆时应重点减弱中部的宽度感，使面部轮廓显得饱满。

用提亮色涂于太阳穴和颧骨以下的凹陷部位，以减弱凹陷感。眉毛以平直略长为宜。颧弓部位涂阴影色，边缘部分要衔接自然，减弱骨骼棱角的生硬感。颧骨和颧弓高凸部位不宜使用鲜红的腮红，可使用棕红色的腮红，也可不涂。

（四）不同肤色的化妆技巧

不同肤色的人应该有不同的化妆方法和技巧，以下化妆技巧可作为参考，在商务活动中，还要视具体场合和个人情况进行选择。

1. 肤色较白

皮肤较白的人应采用中间色彩，最好选用透明的液体粉底，用海绵擦匀后，从颧骨的中央向太阳穴轻扫淡粉色胭脂。避免使用鲜红或棕红色，这两种颜色对白色皮肤来说都过于强烈。

眼影以中间色为佳，比较流行的是灰、淡棕及浅棕黄色；眼线应该柔细，以棕、深灰勾画；口红应以红色、朱红为宜；可采用无色睫毛膏，配合无色彩的眼部化妆，更显清秀端庄。

2. 肤色较黑

皮肤较黑的人，略施暗色粉底，眼影用冷色调紫色，下眼睑用蓝色画入，以强调肤色的和谐。腮红和口红用大红相衬，更富有青春气息。

3. 肤色较红

皮肤较红的人，粉底、腮红、口红都用粉红色，眼影用蓝色，以求自然柔和。如果要突出脸部，可先用橙色，然后再配以粉红，显得活泼可爱。粉底也可以用粉红色加上赭色，显得成熟高雅。

4. 肤色较黄

皮肤显棕黄色的人，口红可用橙色，然后再配粉红，显得生动；腮红选橙色；眼影用绿色再加粉红或棕褐色；眉毛用棕色或浅黑色，这样更能突出人的智慧和个性。

（五）香水的使用

在不同的商务场合，选择不同的香水，可以展现个人的品位和修养，所以香水受到不少商界男士和女士的钟爱。不同类型的人对香水有不同的选择。内向型的人一般会选择自己闻得到、别人闻不到的香水；外向型的人，一般会倾向于香味浓一点的香水；年轻的女性一般选择茉莉香、桂花香等淡花香型香水。正确选用香水，有时会让你取得意想不到的职场成功；相反，如果香水的使用不符合相关的礼仪，使用香水者反而会适得其反。

1. 使用方法

(1) 香水应喷于不易出汗、脉搏跳动明显的部位，如耳后、脖子、手腕及膝后。有些人喜欢把香水搽得满身都是，其实这恰恰是不懂得使用香水的做法。

(2) 使用香水时不要一次喷得过多，少量而多处喷洒效果最佳。

(3) 沐浴后身体湿气较重时，将香水喷于身上，香味会释放得更明显。

(4) 将香水先喷于空气中，然后在充满香水的空气中旋转一圈，令香水均匀地落于身上，可制造似有似无的香气。

秋季、冬季穿着厚衣服时，把香水喷到衣服上效果更佳。如围巾、帽子、衣领、手套和胸前内领口、内衣、裙角花边或裙角里衬、衣襟、袖口里衬等。

2. 使用禁忌

(1) 不要把香水喷到浅色的衣物上,以免留下污渍。

(2)紫外线可以使香水中的有机成分发生化学反应,造成皮肤过敏,故不可将香水涂抹在阳光可以直接照射到的部位。

(3) 使用香水切忌过量,香水味不宜太浓。一般以 1 米之内能够闻到淡淡的香味就好,若在 3 米之外还可闻到香味,那就表示过量了。

(4) 不要同时使用几种不同香型的香水。

(5) 香水不要碰到珠宝、金、银制品。如果要佩戴这些饰品,最好是先喷好香水再佩戴,否则会使之褪色、受损。尤其是珍珠类等有机物质,很容易受到带有化学成分的物质影响而改变品质。

(6) 参加丧礼时请勿涂抹任何香水,这也是对死者的一种尊敬。

(六) 化妆礼仪

(1) 正式场合要化妆。正式场合适度化妆可以让自己容光焕发、富有活力,不化妆则被视为失礼。

(2) 化妆的浓淡要视场合而定。一般来说,白天是工作时间,即使自己的工作允许化妆,也只能化淡雅的工作妆。如果工作场合浓妆艳抹,容易给人留下工作不踏实的印象。

(3) 不能在公共场所化妆。在众目睽睽下化妆是非常失礼的,无论是在办公室、营业厅、宴会席间或是会议桌旁,这样做既有碍于他人,也不尊重自己。如果一定要化妆或是补妆,可以选择到化妆间或其他没有人的场所,切勿当众化妆。

(4) 不要在异性面前化妆。这既不尊重对方,也不尊重自己,给人以挑逗之嫌。

(5) 不要非议他人的化妆。由于肤色、个人素养或是审美情趣的不同,每个人化妆不可能千篇一律,不要总认为自己的是最好的,对他人的妆容品头论足是非常没有修养的表现。

(6) 不要随便打探他人使用的化妆品档次,这容易与个人的收入联系起来。凡是涉及个人隐私的内容,最好不要随便打探。

三、发型

在工作场合,发型既要美观又要便于工作,披头散发是不提倡的,特别是商务人员,为了塑造个人务实、干练的个人形象,发型显得至关重要。对于男士,一般要求,头发不要过长,最好一个月修理一次。对于女士而言,不论是选择直发还是卷发,学会几款盘发都是非常必要的。

(一) 发型款式一(如图 1-21 所示)

第一步:把所有的头发都聚拢到后面,大约分成两半。

第二步:把两边的头发交叉,交叉后进行旋转,扭成麻花儿形状。

第三步:将整束头发一边旋转,一边绕圈,形成一个发髻,再用橡皮筋固定。

第四步：把剩下的三分之一的头发编成发辫。先把它们分成几个小等份，然后进行编发处理。

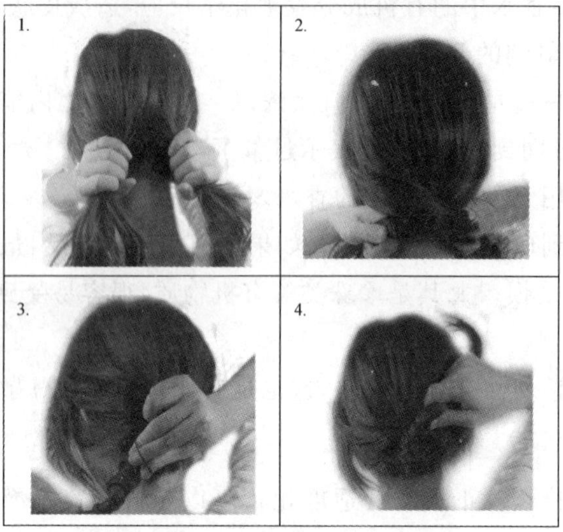

图 1-21　发型款式一

（二）发型款式二（如图 1-22 所示）

第一步：把所有的头发都聚拢到后面，用梳子稍微把它梳理整齐。

第二步：把大约三分之二的头发如图向后收拢起来。记得要留下部分头发，不要把所有的头发都扎起来了。

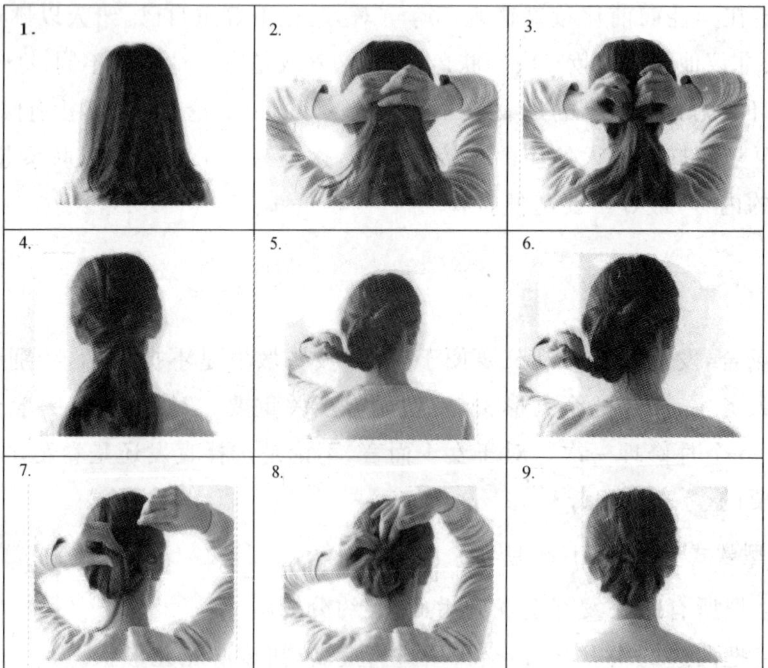

图 1-22　发型款式二

第三步：用橡皮筋把刚才收拢的三分之二头发扎起来，用手指在发束中掏出一个洞。

第四步：在头发的开口位置，使用黑色的发夹把它固定好。

第五步：把剩下的三分之一的头发编成发辫。先把它们分成几个小等份，然后进行编发处理。

第六步：用黑色的橡皮筋把麻花辫扎起固定。

第七步：把扎好之后的麻花辫向内塞到头发的开口部分。

第八步：头发塞好之后，使用黑色的发夹把头发固定好，并且对那些细碎的头发做好整理。

第九步：整理好之后就可以看到整个盘发发型变得很整齐，显得很干练。

（三）发型款式三（如图1-23所示）

第一步：在湿发上打少量摩丝，或者在干发上喷点发胶，使秀发更容易打理。先从鬓角开始，将头发聚拢在一起然后编法式麻花辫，穿过头后方全部编完为止。如果有几缕突出来也没关系，随意一点显得更自然。

第二步：将编好的发尾用橡皮圈固定好。

第三步：将固定好的发尾拧成一个发髻。

第四步：将发尾用小夹子固定好藏在头发里，喷上少量发胶定型即可完成。

图 1-23　发型款式三

实训活动

一、技能题

1. 学生个人先根据所学化妆知识进行化妆，每组推选一位成员上台展示，其他组派代表进行点评。

2. 分组练习盘发技巧，并上台展示盘好的发型，其他各组代表点评。

二、案例题

案例一

某航空公司要面向社会招一批空姐，前来报名的人络绎不绝。其中有几个女孩，觉得空姐是很时髦的职业，招的都是漂亮的女孩，于是，她们就到美容院将自己浓墨重彩地打扮了一番，活像电视剧里的韩日明星。她们高高兴兴地来到报名地点，谁知工作人员连报名的机会都不给她们，就让她们走。看着别的姑娘一个个报上了名，她们几个很纳闷："这是为什么呢？"

该案例中工作人员为什么不给这几个姑娘报名？如果你要去应聘，你会怎么打扮自己？

案例二

小刘是某高校文秘专业高材生，毕业后就职于一家公司做文员。为适应工作需要，上班时，她毅然放弃了"青春少女妆"，化起了整洁、漂亮、端庄的"白领丽人妆"：不脱色粉底液，修饰自然、稍带棱角的眉毛，与服装色系搭配的灰度高偏浅色的眼影，紧贴上睫毛根部描画的灰棕色眼线，黑色自然型睫毛，再加上自然的唇型和略显浓艳的唇色，虽化了妆，却好似没有化妆，整个妆容清爽自然，尽显自信、成熟、干练的气质。但在工休日，她又给自己来了一个大变脸，化起了久违的"青春少女妆"：粉蓝或粉红、粉黄、粉白等颜色的眼影，彩色系列的睫毛膏和眼线，粉红或粉橘的腮红，自然系的唇彩或唇油，看上去鲜亮淡雅，整个身心都倍感轻松。心情好，自然工作效率就高。一年来，小刘以自己得体的外在形象、勤奋的工作态度和骄人的业绩，赢得了公司同事和领导的好评。

请就该案例谈谈如何评价小刘的两种妆容？

案例三

休息室里坐满了等候面试的人，有人充满自信，志在必得；有人紧张异常，一遍遍地背着自我介绍。面对众多的求职竞争者，王萍萍不以为然地笑笑，从包里拿出化妆盒补妆，又用手拢拢头发，心想："我高挑的个子、白皙的皮肤，还有这身够靓的打扮，白领丽人味道十足，舍我其谁？"

考官叫到王萍萍的名字，王萍萍从容进入考场。按考官的要求，王萍萍开始做自我介绍：各位好！我是师大中文系毕业班的学生王萍萍。在校期间，我的学习成绩优良，曾担任两届学生会文艺部部长，……我还有很多业余爱好，比如演讲、跳舞啊，我拿过奖呢！对于我的公关才能和社交能力我是充满自信的。

一边说着，王萍萍一边从包里拿出市交谊舞大赛和校演讲比赛的获奖证书，化妆盒不小心跟着掉了出来，各式的化妆用品散落一地。她乱了手脚，慌忙捡东西，抬头对考官说："不好意思！"

考官们不满地摇头。考官甲："小姐，麻烦你出去看一下我们的招聘条件，我们这里是研究所。你还是另谋高就吧。"

为什么考官请王萍萍另谋高就？她的求职准备是否充分？

案例四

日本著名的企业家松下幸之助从前不修边幅，企业也不注重形象，因此企业发展缓慢。一天，他在理发时，理发师不客气地批评他不注重仪表，说："你是公司的代表，却这样不注重衣冠，别人会怎么想？连人都这样邋遢，他的公司会好吗？"从此松下幸之助一改过去的习惯，开始注意自己在公众面前的仪表仪态，生意也随之兴旺起来。后来，松下电器的各类产品享誉天下，与松下幸之助长期率先垂范，要求员工懂礼貌、讲礼节是分不开的。

为什么说在当今社会中企业的形象和员工的形象有重要的关系呢？

项目二

服饰礼仪

服饰是服装和佩饰的总称，由服装本体及与之相搭配的佩饰所构成。这些佩饰不但包括首饰、帽子、发夹、围巾、腰带、领带、提包、胸花、鞋子、眼镜、手套、手表，还包括与服装相搭配的周边环境。个人的服饰反映了个人的精神面貌，影响人们交往时“第一印象”的形成，同时也是个人修养的外在体现。

任务一

男士着装礼仪

案例导入

即将毕业的大学生张军去广州参加了多场2014届大学生招聘会，可是用人单位的面试官提醒他要注意个人着装。第一次面试，张军因为穿休闲装而被面试官点名提醒；第二次面试，张军又因为穿了一套格子西装而给面试官留下有失稳重的印象；第三次，张军穿着一套价格不菲的黑色西装、一双棕色皮鞋、一双白色纯棉袜出现在面试现场，结果还是被认为着装不规范。

张军的着装到底有何不规范之处？

任务目标

1. 能够根据不同的场合选择恰当的服饰。
2. 能够正确、规范地穿着西装。

相关知识

"佛要金装，人要衣装""人靠衣服，马靠鞍"说的都是服饰对人的形象塑造所发挥的重要作用。服饰是一种无声的语言，得体的服饰能够恰如其分地表现穿衣者的气质、性格、身份、爱好等多方面信息。在人与人的交往过程中，"以貌取人"是不足取的；但是我们又不可否认，人与人交往，服饰不仅仅是个人的喜好问题，因为服饰除了保暖、遮体外，它还同时彰显着穿衣者对场合的理解、对交往对象的尊重。那种不修边幅、胡乱穿衣戴帽的人很容易留给他人以散漫、不尊重他人的印象。

一、着装的基本原则

人们在选择服饰的时候，要考虑出席的场合，个人的肤色以及服饰的色彩、质地、价格等多方面的因素。目前国际上通行的着装的基本原则有以下几个。

（一）"TPO"原则

1. T

"T"表示 Time，也就是不同的时间，适合的穿着应有所不同。一方面，着装要考虑一年中不同的季节。冬天，穿衣讲究保暖，我们不提倡"要风度不要温度"或是"美丽冻人"这些做法，但冬天穿得太多也容易让人感觉臃肿、不够利索，于个人而言，确实不便于行动；夏天，穿衣讲究透气、凉爽，但是穿过短、过露的衣服，也要注意考虑年龄和出席的场合。例如，有些十几岁或是二十出头的小姑娘，在逛街时穿着露脐装，露出杨柳小蛮腰，确实可以得到不少的回头率；可是若是年龄较大、身材肥胖的女性也这样打扮，露出自己的一圈圈的"游泳圈"，那就真是不合适了，还不如穿件宽松的上衣，进行适当的掩饰。另一方面，着装要考虑一天中不同的时间段。早上和晚上的气温偏低，中午的温度最高，着装也会有一定的差异；即使早晚温差不大，出席晚上的宴会与出席中午的宴会，着装也应有所不同，因为穿衣者需要考虑日光下和灯光下服饰的不同效果和常规的穿衣习惯。

2. P

"P"表示 Place，也就是不同的地点适合的穿着也应不同。在家里就应当穿上家居服，上班就要穿上工作服。若是在家里踩着高跟鞋、穿得很正式，那么，家就不再是个人放松休息的港湾，恐怕没有人会乐意如此；反过来，若是穿着家居服在公司的写字间里穿梭不停，只会让人怀疑这个人很奇怪。即使是要做的事情相同，比如：同样是会友，在自己家里会面和去咖啡厅见面，着装就会有差异：在自己家里见面，着装可以稍稍随意些，穿着拖鞋也无妨；去咖啡厅会见朋友，若是拖着家里的拖鞋就出去了，就显得不合时宜了，再好的朋友也会认为你不把他当回事，有轻视对方之嫌。

3. O

"O"表示 Object，也可以表示 Occasion，指对象、目的、场合，不同的对象、目的、场合，其适合的穿着应有所不同。

首先，Object 指对象。同样的时间、同样的地点，你见的对象不同，你的服饰就要因此而有所调整。见个人的朋友，穿上轻松舒服的服装，便于大家畅所欲言，形成轻松愉悦的气氛；见客户，穿上正式、稳重的服装才能够赢得客户的尊重和信任。

其次，Object 指一定的目的。如果想要塑造青春活泼的形象，可以选择一些时尚的、色彩鲜明的服饰；如果想要塑造高贵典雅的形象，可以选择一些华丽的、做工考究的服饰；如果想要塑造稳重端庄的形象，可以选择一些正式的套装。总之，你的目的是傲慢，还是敬人；是隆重，还是怠慢；是张扬，还是谨慎，都可以从着装上得以体现。

最后，Object 指场合。在人们的生活交际中，有各种各样的场合，比如：出席他人的婚礼、去影院看最新大片、在办公室上班、去参加商务宴请活动、在家里看电视、逛街，等等，尽管这些场合的形式各异，总结起来，可以分成两种类型：正式场合和非正式场合。

其中，正式场合又可以分为非常正式的场合和普通正式场合。在正式场合，着装宜庄重大方，不宜过于浮华而不切实际；参加晚会或喜庆场合，服饰则可明亮、艳丽些；节假日休闲时间着装应随意、轻便些；家庭生活中，着休闲装、便装，更益于与家人之间沟通感情，营造轻松、愉悦、温馨的氛围。

(1) 正式场合

正式场合可以分为两种：一是非常正式的场合。大型庆典、盛大宴会、晚会活动等属于最正式的场合，在这些场合需着礼服出席，牛仔服、运动装、沙滩装、家居装等就不适用于这种场合。男士出席这种场合，可以选择西装、中山装或其他民族服装出席。女士白天出席这种最正式的场合，可以穿职业套裙、连衣裙等，颜色上可以明亮些，款式上也可以新颖些，但裙子不可以过短或过长，以在膝盖附近为最好，不可穿袒胸露背、裙长曳地的晚礼服或是旗袍。晚上出席这种场合，可以选择晚礼服、旗袍及华丽的连衣裙，旗袍裙子开衩也可以高一些，晚礼服也可以适度地露背等，但一定要佩戴相应的首饰。

在非常正式场合中有一种特殊的类型——悲哀的场合。这种场合主要是指殡葬仪式、吊唁活动等场合。这种场合也是非常正式的，但又是一种非常特殊的正式场合。在这种场合下，服装的颜色以黑色或其他的深色、素色为主，不要穿得大红大绿，也不要搞得珠光宝气。此外，不要穿各类新潮时髦的奇形怪状的衣服，不要浓妆艳抹，尤其不要抹口红。

二是普通正式场合。普通正式场合也可以称为工作场合。有的企业有要求员工统一着装，也有些企业并没有做出统一的要求，但这并不意味着就可以随便穿了。不同的职业，有不同的着装规则，作为商务人士来说，在普通正式场合男士应着西装，女士应着职业套裙。

(2) 非正式场合

非正式场合指的是逛街、购物、运动、旅游等场合。非正式场合对服装的要求是：舒适、自然、方便。如果这个时候西装笔挺或是穿着礼服盛装出席，往往是不合时宜的。牛仔服、运动服、休闲服、便服才是这种场合的首选。

总之，最正式场合在穿衣戴帽上要讲究的礼节比较多；普通正式场合也有相应的服装礼仪；非正式场合是一种相对的不正式的场合，因此着装礼仪要求会少一些，但也并不是我行我素，依然要遵守着装的基本原则。

(二) 协调性原则

得体的服饰不仅要考虑 TPO，还要注意服饰的整体协调性原则。这就需要做到服饰与个人的自身条件相协调、与个人的社会角色相协调、与其他搭配物品相协调。也就是说，服饰要与个人的年龄、肤色、体形、性别、身材、发型、职业、鞋子、袜子、皮包、饰品等相匹配。

1. 着装要考虑与自己的年龄相协调

年轻人穿得鲜艳、活泼、随意些，可以显示出年轻人的朝气和蓬勃向上的青春之美；

老年人着装则要注意庄重、雅致,体现出成熟和稳重,展现出成熟美。如果年轻人打扮过于老气,就容易让人感觉老气横秋;但若是上了年纪的人还时时穿着少女的服装,也容易给人以“扮嫩”之嫌。

2. 着装要与自己的肤色相协调

根据个人皮肤的特点来选择服装颜色,以达到映衬和改观肤色的目的。皮肤苍白者,宜选择暖色调的服装,这样可以提升皮肤的红润感;皮肤偏黄者,最好不要选与肤色相近或是较深暗的服装,这样容易显得皮肤缺乏生气;皮肤偏黑者,不要选择浅色系的颜色,比如,皮肤黑的人穿着白色服装会显得更黑。

3. 着装要与个人的身材相协调

身材肥胖的人,不要选择横条纹、大花的图案,因为这些条纹和图案只会显得人更胖;身材瘦削的人,不要选择竖条纹,因为竖条纹有拉长延伸之感,容易让人感觉更瘦;腿部比较粗大的女士,不要穿短裙,裙长至少要越过膝盖;腰比较粗的女性就不要穿紧身衣。对于个人身材上的不足,可以利用视觉上的错觉效应进行适当地弥补,也可以进行巧妙地掩饰。

4. 服饰要与配饰相协调

服饰与鞋、袜、包等也要相协调。例如,穿着晚礼服时,应当搭配一只精致、华丽的小手包,而不能配上一个黑黑的大公文包;应当搭配色调与晚礼服相配的皮鞋,而不能配拖鞋、运动鞋;应当选择高贵华丽型的首饰;应当根据个人的脸型和着装决定发式。

5. 要注意保持服饰颜色的协调

服装颜色搭配是基于自身阅历、审美品位,在对搭配技巧、自身特点等综合考虑的基础上,对服装精心选择和组合。在颜色的搭配上,可以采用以下搭配:统一颜色搭配法,即上下使用一个颜色色调,给人一种和谐效果;呼应法,即上下装或上衣与其他的饰物颜色相呼应,这样色彩的感觉比较和谐;陪衬法,在一些特殊部位,如袖边、腰带、衣领、口袋盖等采用一些对比的陪衬色,这种对比搭配的颜色给人以活泼生动的感觉;点缀搭配法,在服装色彩过深的情况下,可以选用一些色彩比较明亮的饰物进行点缀,如全身黑色的衣服,可以用胸花进行点缀。

(三) 整洁性原则

不论多么昂贵的衣服,若是邋邋遢遢、皱皱巴巴,甚至在衣服的正前方还有污渍、油渍,这是不符合着装礼仪的。衣服一定要清洗干净,必要的时候还要考虑特殊的洗涤方法。有些人不考虑具体衣服的洗涤方式,只管往洗衣机里扔,洗衣机并不是万能的,有时候洗衣机反而会成为一个大染缸,不但不能将衣服清洗干净,反而会导致某些衣物变色、变形、起球,所以要根据不同的衣服选择不同的洗涤方式。该熨烫的衣服,一定要熨烫到位,若是皱褶一大堆,穿出去也有损个人的良好形象。又残又破、又有补丁的衣服也不要穿,“新三年,旧三年,缝缝补补又三年”的时代离我们已经远去,当然这种俭朴节约的精神我们不应该否定,但随着现代人们生活水平的提高,处处补丁的衣服已很少见了，这样的衣服也难登大雅之堂。值得一提的是，现在市面上有些男士的衣服，在肘部、肩部等部位会使用一些颜色和面料与衣服本身不一样的“补丁”，这是一种休闲式的衣服，但不要穿着这种服装出席正式公务活动。

（四）个性化原则

在做到以上几个原则的基础上，适当地追求一下个性也是无可厚非的，毕竟如果“天下衣服一般颜色”或是“天下衣服一般款式”，世界就会显得过于单调。不少年轻的时尚女性，喜欢走在时尚的最前沿，如果发现有人跟自己“撞衫”了，总会觉得很尴尬。我们可以根据自己的个性选择服装，显示个人独特的风格，但是，也不能过分地标新立异。

二、西装礼仪

出席正式场合，男士可以根据活动的内容选择中山装或是西装。中山装一般采用上下同质同色的黑色或深蓝色的面料，直翻领，上衣左右各有两个带盖子和扣子的口袋；下身是西式长裤。在穿中山装的时候，应将上衣的前门襟、风纪扣、盖扣全部扣好；裤子前面的扣子也要扣好；可用黑皮鞋或是干净的布鞋与中山装相搭配。在非常正式的庆典活动、宴请活动、大型仪式上，中山装可以作为中国式的礼服。

今天，在日常交往中人们更多地穿着西装。西装，又称为西服，是商界职业男士在正式场合着装的首选。它起源于欧洲，目前已经发展成为一种国际性的服装。西装穿着有一套约定俗成的规范和要求，只有懂得西装礼仪的男士，才能够利用西装充分展示男士的个人魅力。商界职业男士在选择西装时，还应考虑与西装相搭配的衬衣、皮带、公文包、鞋、袜等。

图 2-1　男士西装

（一）西装的选择

1. 西装面料

正式场合所穿西装面料的首选应为纯毛料、纯羊绒及高比例含毛的毛涤混纺面料，不透气、不散热、发光、发亮的各类化纤面料则不太适宜。一般而言，高档的毛料不易起皱、不易起球，穿起来既柔软舒适，同时又非常挺括；不透气的人造纤维只会让穿衣者如在蒸笼般的感觉，发光、发亮的面料则有失稳重。休闲场合西装的面料则多种多样，皮质的、真丝的、麻料的都可以，甚至还有亮闪闪的闪光片镶嵌而成的西装（这种西装多用于舞台）。

2. 西装色彩

正式场合的西装首选藏蓝色，黑色也常常受到很多商务男士的青睐，这些颜色显得比较正式、庄重与严肃。当然，休闲场合的西装颜色选择比较多，比如白色、米黄色、棕色、粉色等。过分鲜艳的西装，比如橙红、苹果绿的西装只会给人以离经叛道、喜欢烧钱买潮流的印象。也许颜色鲜艳的西装会让女同事们感觉你有个性，但肯定会遭到男同事和上司的反感。

正式的西装讲究上下颜色一致，即使是上下颜色相差不大、比较接近的颜色也不要穿着出席正式的场合。有些人以黑色西装上衣配藏蓝色西裤，认为这两个颜色都是属于深色系列，而且也比较接近，其实这种不成套的西装是不允许出现在正式场合的，这很容易给人以拼拼凑凑的感觉。所以，商务人士一定要注意，出席正式场合的西装要上下同色。另外，正式场合全身上下衣服所有的颜色加在一起不要超过三种，这就是所谓的“三色原则”，把自己打扮成“七色彩虹”的做法是非常俗气的。

3. 西装图案

商界人士的西装讲究庄重与正统。出席正式场合所穿的西装首选无图案，西装上面“雕龙画凤”或是有其他的图案，给人感觉不够严肃和庄重。例如，一男士穿着一套白色的西装，上衣上还绣着一朵大大的牡丹花，这样的一身打扮，只会让对方认为他是去上台表演节目的。大方花格子图案的西装也是难登大雅之堂的，只用于非正式场合。就算是规则的竖条纹图案，也只能用在一些休闲的场合，因为这些图案容易留给他人浮夸的感觉。当然，如果是一些极小细纹的图案，如细密的“牙签呢”、细密的竖条纹图案则是可以选择的，因为这些图案的共同特点是细、密，看起来像是布料本身的织纹。

4. 西装款式

西装的款式如果按件数来分可以分成单件式与套装。单件的西装上衣只能用于非正式场合；上下同一面料、同一颜色的西装上衣与西裤才是出席正式场合必备的两大件；三件套的西装除了有上衣、西裤之外，还有一件背心，三件套西装比起两件套西装要更加正规一些，可以说三件套西装才是最正宗、最经典的商务套装，也是商界人士出席高层次的商务活动时的最佳选择。

西装的款式如果按扣子的排数可以划分为单排扣与双排扣。双排扣中常见的有双排两粒式、双排四粒式、双排六粒式；单排扣有单排一粒式、单排两粒式、单排三粒式。

5. 西装版型

西装的版型，指的是西装的整体外观形态，主要分为欧式、英式、美式、日式。在选择时最好根据个人的体型及风格选择个人适合的版型。一般而言，高大魁梧的男士可以选择欧式、美式的西装。通常，中国男士的体型选择日式西装比较合适。

6. 西装尺寸

对于好的西装，尺寸问题是不可忽视的。不论多么昂贵，不论什么样的名牌，若是不符合“大小合身，量体裁衣”的标准，男士就不能选择。一般，西装袖子以到手腕为宜，西裤以离皮鞋的鞋跟1厘米为宜。因此，在选择西装时，了解个人的尺寸、量体选衣、认真试穿是极其必要的。西装太大了，会显得身材特别瘦弱；而西装太小，穿起来会束手束脚、行动不便。

7. 西装做工

高档西装与普通西装除了品牌的差别，最显著的就是做工的差别。西装做工的优劣可以从以下几个方面来考察。一是衬里是否外露、是否皱皱巴巴，衬里是否比外面的西装外衣还要长出一部分。有些人认为：只要表面上看得过去就可以，里面的衬里也没人看，不用太在意。这种看法是非常错误的，“金玉其外，败絮其中”的西装不能作为商务人士的选择。二是衣袋是否对称，衣袋有没有上下不在一个水平面上的情况，衣袋有没有漏洞。三是纽扣是否缝牢，有些衣服买回来还没有穿，扣子就掉了，估计这种西装的质量也好不到哪里去。四是针脚是否均匀，长短不一、参差不齐或者线头一大堆，甚至还有跳丝的西装，做工是比较差的。五是看西装表面是否起泡，可以用手轻轻抚摸进行检查。六是要看外表是否平整。

（二）西装的正装与休闲装的区别

从面料上来看，正式西装一般是毛料、纯羊绒及高比例含毛的毛涤混纺面料；而休闲西装则可以是多种面料，不限于高档毛料。从颜色上来看，正式西装的颜色多为深色系列，并且是上下成套出现的；而休闲西装颜色则五花八门，可有多种选择。从图案上来看，正式西装大多是无图案的；休闲西装则是可以选择规则的几何图案，甚至是比较夸张打眼的图案。再就是从件数上来看，正式西装都是成套的，二件套或是三件套；休闲西装大多是单件式的。

（三）西装的穿法

1. 拆除商标

新买来的西装一般在左袖口都有一块商标，在穿衣服之前一定要拆除这块商标。有不少人把它当做名牌的标志，舍不得拆下来，西装穿了好几年了，这块标志仍然还留着，其实这样做是不符西装穿着礼仪的。拆除这块标志表示这套西装已被启用。

2. 熨烫平整

出席正式场合，穿着西装之前，最好将其熨烫平整。又皱又脏的西装只会让个人的形象大打折扣。平日不穿西装的时候，最好能将西装放在西装套里挂着，而不要乱堆乱放。

3. 纽扣问题

西装的纽扣较多，上衣、裤子以及背心都有扣子，这些扣子的扣法是有一定讲究的，该扣的时候不扣、不该扣的时候乱扣，只会贻笑大方。所以，细节的问题是不能小看的。

首先，站立时西装上衣最好扣上扣子，以示郑重，但如果上衣内穿了羊毛衫或是背心时也可以不扣；坐下时，为了防止西装变形，可以解开扣子。对于单排扣的上衣，坚持大致的“扣上不扣下”的原则：单排两粒扣，就扣上面一粒，单排三粒扣，可以扣上面一粒或上面两粒，或只扣中间一粒。对于双排扣上衣，一律坚持“全扣”的原则。

其次，单排扣的西装背心一般只留最下面一粒不扣，而双排扣的西装背心则要坚持“全扣”原则。一般，我们选择背心时，最好选单排扣的西装上衣与西装背心相搭配，否则，双排扣的西装上衣上面扣子不少，双排扣背心上面的扣子也一大串，这样男士的胸前挂满了一排又一排的“小铜豆”，看起来会非常可笑。

最后，西装裤子的扣子应一律扣好，出门之前自行检查；也有些西装裤子使用的是拉链，这就要稍加注意拉链的下滑问题。

4. 不卷不挽

穿西装就是要穿得挺括，不要将西装衣袖捋起或是将裤管挽起。随意脱下西装，将西装搭在肩上或抱在怀里都显得不够庄重。如果是在个人的空间，比如在个人的办公室内，可以脱下西装上衣，只穿着衬衣，不过脱下的西装最好平整地挂在自己的椅背上，而不要随手放在办公桌或是茶几上。

5. 关于佩饰

在西装的左侧领子上有一个扣眼，这个扣眼也有人称其为“风眼”(如图 2-2 所示)。现在这个扣眼已经不再用来系扣子了，但可以用来佩戴装饰性的徽章。这些装饰性的徽章以圆形的居多，若是比较大或是长条形的徽章，比如工作人员的工号牌或是姓名牌，则不要别在这个扣眼的位置，还是应当别在左胸口袋的上方。

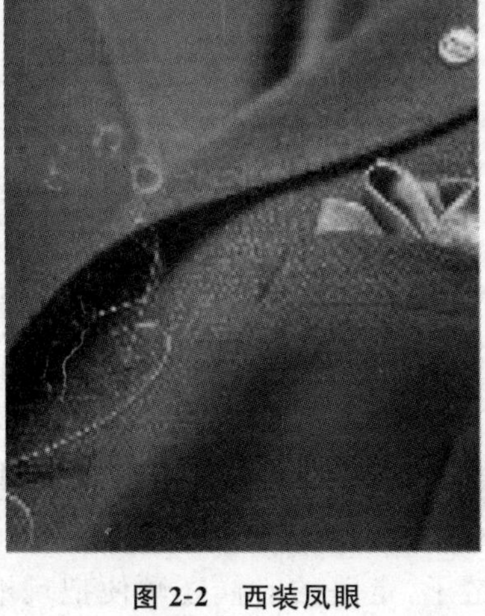

图 2-2　西装风眼

6. 关于毛衫

为了让西装穿起来更有型，西装上衣内除了衬衫与背心之外，最好就不要再穿其他衣物。如果因为天气寒冷,需要穿羊毛衫,最好穿“V”型领的羊毛衫,至于“U”型领、桃心领、高领、大圆领等都不适合。羊毛衫最多穿一件,不要一次穿好几件羊毛衫,领子还各式各样,这样不但使人眼花缭乱,也容易使穿着者干练、健康的形象受到影响。

7. 巧配内衣

通常在衬衣的里面不再穿背心和内衣,若一定要穿,也要以不外露为基本要求。有的人为了御寒,在白衫衣内再穿上一件高领的T恤,有的人在白衬衣内穿着彩色的甚至是带有数字或卡通图案的内衣,透过衬衣还可依稀的看到这些图案,这些做法是不符合西装的穿衣之道的。

8. 关于背心

背心也称为马夹,最正式的西装往往是配上背心一起穿的,背心具有一定的遮掩作用,因为当西装上衣不扣时,容易露出衬衣与裤子的连接处。西装的背心一定要贴身,在个人的办公室,可以脱去西装,只穿着背心。要注意:背心前后面料尽量一致,系皮带的时候不要让领带在背心的下面“探头探脑”,如图 2-3 所示。

图 2-3 “探头探脑”的领带尖

9. 关于皮带

西装的皮带以真皮为佳,牛皮是不错的选择,布的、珠链式的都不适合。皮带的颜色要与公文包、皮鞋的颜色保持一致。皮带头应简单大方,不可追求过于新奇、夸张的款式。

穿西装时,不要在皮带上挂任何东西。有些人图省事,在皮带上挂上钥匙、手机等物品,走路时,时不时传来一阵阵叮叮当当声,既影响他人,也有损个人形象。而有些年轻人喜欢在皮带上挂上长长的链子,走路的时候还顺便把玩甩弄,要记住:这些链子千万不能配在西装的皮带上,如果实在喜欢,可以用来搭配牛仔裤。

10. 少装东西

西装的口袋并不是百宝箱,不要把西装的每个口袋都装得满满的。哪些口袋可以装东西及可以装什么东西都是有一定的讲究的。

西装上衣左胸外侧袋只可放置真丝手帕，不宜放钢笔、眼镜、名片等物品。西装上衣内侧口袋可放置钢笔、钱夹、名片夹等，但要注意不要太厚，否则会造成左右胸部不对称，一大一小，一高一低，容易让人笑话。西装上衣外侧下方两只口袋，原则上以不放任何东西为佳。

西装背心口袋均为装饰性的口袋，只能用于放怀表，其他东西还是另寻他处放置为好。

西装裤子两侧口袋只能放纸巾、钥匙等小件物品。后面口袋大都不放东西，有些男士喜欢将钱包放在裤子的后面口袋，一到要用钱包时，就伸手在屁股后面掏来掏去的，这是极为不雅的。

11. 经常替换

尽量不长期穿同一套西装。这样是为了减少磨损、避免西装走样变形，此外也是出于个人卫生的考虑。

三、衬衣礼仪

衬衣是男士不可缺少的衣服，西装只能用衬衣来配，而不能用T恤来配。而在现实生活中，有些男士因为不懂西装礼仪，常常用T恤打底，套上西装上衣就出去见客户，这种穿法是不够正式的。穿着衬衣的细节也很多，具体可以从以下两个方面来把握。

（一）衬衣的选择

1. 衬衣的面料

正装衬衣的选择应以不易起皱、不起球、不起毛为基本要求，一般宜选用棉质的、纯毛面料或是以棉、毛为主要成分的混纺衬衫，那些真丝面料、发光发亮的面料、不吸汗的面料不宜选择。休闲的衬衣面料可以有多种选择，不限于以上的要求。

2. 衬衣的颜色

白色的衬衣是每位穿西装的男士的必备衬衣，它几乎可以与各种颜色的西服搭配，使男士精神焕发，既庄重又大方；正式场合还可以选用其他的单色衬衣，常见的如蓝色、灰色、棕色、黑色等，但不论选择什么颜色，一定注意与西装的颜色相协调，一般不要轻易地选用颜色太艳的衬衣。休闲的衬衣，颜色可以是多姿多彩，有时候鲜艳的颜色反而会让人显得精神和醒目。

3. 衬衣的图案

衬衣上不可有夸张的人物、花卉、动物的图案或是文字。试想，一位男士穿着一身正式的黑色西装，却穿着印有Snoopy图案的衬衣，这种“童心未泯”只会与商务人员应当塑造的精干、庄重、务实的个人形象背道而驰。当然，休闲场合对衬衣的要求要宽松一些。比如，在逛街的时候，完全可以穿着印有各式图案的花衬衣。带有规则的细竖条纹的衬衣在要求不严格的场合时也可以用来配西装，但要注意：不要里面穿着竖条纹的衬衣，外面又穿着竖条纹的西装上衣，这种打扮只会让他人误以为这是“斑马”服。

4. 衬衣衣领

正装衬衣一定要选择带有衣领的，这样才便于打领带，或是打领结。衣领一定要挺括有型，不可以皱得像咸菜叶似的。此外，要注意保持衣领的干净整洁。

5. 衬衣袖子

出席正式场合时所穿的衬衣一定要是长袖的，短袖衬衣只用于休闲场合。衬衣袖口的长度以盖过手腕为宜。

6. 衬衣口袋

衬衣一般以无胸袋的为佳，即使有也不要把笔、名片或是其他东西放在里面。

（二）衬衣的穿法

1. 衬衣扣子

衬衣所有纽扣均要扣好，不论是衣扣、领扣还是袖扣，有些男士觉得领扣扣上的时候，箍得脖子难受，就经常不扣领扣，认为用领带束着就可以，这种做法是不正确的。如果是穿着西装却不打领带的时候，这颗领扣倒是不必要扣上。

2. 衬衣袖子

穿西装时，衬衣袖口要比西装袖口长1—2厘米左右，这样可以对西装的袖口起到一定的保护作用，如图2-4所示。衬衣袖口长过手腕会让人感觉没有精神，太短了又会感觉西装的袖口空空洞洞。

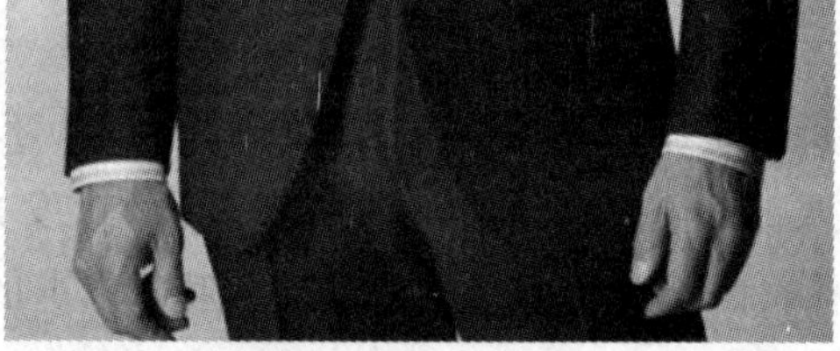

图 2-4　衬衣袖口

3. 衬衣下摆

不论是外穿还是穿在西装里面，衬衣的下摆都要掖入裤腰，不要任其暴露在西装的外面。还要注意：抬手时，衬衣的下摆有时会从裤腰里出来一部分，一半掖在裤腰里，一半露在裤腰外面，所以要随时进行检查。发现有问题就要进行整理，但不要当着他人的面尤其是女士的面进行整理，那种当着女士的面直接将外露的衬衣塞入裤腰的做法是非常粗俗的。

4. 衬衣大小

衬衣一定要大小合身，太小了不便行动，动一动就会束手束脚，太大了套在西装里面又会皱皱巴巴，所以尺寸问题一定要注意。

最后还要注意，穿着衬衣、打着领带而不穿西装上衣去参加正式活动，是不合乎礼仪的，这个形象只能出现在自己的办公室，或是一些不太正式的场合。

四、领带礼仪

有一位美国形象设计师说过，领带是展现你的个性的最好办法。你的个性是保守的、花哨的、权威的、沉默的、还是严肃的，人们能迅速从你的领带中领悟。领带是男人的概念和风格，是男人全身唯一最能表达自我的工具。可见，领带对于男士形象塑造的重要性。领带常被称为男士西装的“点睛之处”，一套得体的西装如果搭配不协调的领带，或是领带的打法不得体，那就是美中不足。同一套西装如果搭配上不同的领带，常常会给人不同的感觉。男士在正式场合，穿上西装就一定要打上领带，否则就会显得不够精神，也会让人觉得你对此场合不够重视；女士一般不宜打领带。

（一）领带的选择

要让领带成为整套西装的点睛之笔，首先就要学会选择领带，具体而言，可以从以下几个方面入手。

1. 领带的款式

领带的款式有多种，箭头式的领带下端为三角形，这种领带比较传统；平头式的领带则比较时尚，多用于一些非正式场合。另外，领带还有宽窄之别，宽领带适合胸围较宽的男士选用；窄的领带适合胸围较窄的男士选用。如果胸围较宽的男士选用窄的领带，领带就像会像条细绳似的绑在脖子上；如果胸围窄的男士选用过宽的领带，看起来像个肚兜似的，这两种情况都不能很好地发挥领带的点睛的作用。

2. 领带的面料

选择的布料以不跳丝、不起球、有厚实感、易于熨烫平整为原则，领带的布料以真丝、羊毛料的为首选，棉、麻、皮、珍珠等材质的领带不宜用在正式场合来搭配西装。生活中，有些男士会使用尼龙制作的领带，但是会显得档次太低，而且垂感也不够。

3. 领带的图案

正式场合的领带可以是单色的，也可以是有条纹的和规则的几何图形的。条纹领带以斜纹居多，横纹次之，竖纹的不常见；规则的几何图形常见的有圆点、正方形、菱形等。正式场合用的领带一般不带有卡通动物、人物、花卉、怪异神秘的图案等。领带应与西装和衬衣的色彩相协调，最好形成一定的对比，目前大多数商务人士采用的西装—衬衣—领带的颜色为深—浅—深。花领带不要配花衬衣，因为这样会显得胸部“花团锦簇”；条纹领带不要配条纹衬衣。

有时候可以选择成套出售的领带与装饰性手帕，因为正式场合所使用的领带与装饰性手帕应当是系列成套的，这样整体感会比较强。

（二）打好领带的相关事宜

选择了合适的领带，可是如果打得东倒西歪或是懒懒散散，那也不能体现领带作为

“西装灵魂”的妙处。

1. 认清场合

打领带应当分清场合：正式场合一定要打领带，休闲场合或是没有穿西装的时候就不要打领带，如果穿着夹克或是T恤打着领带只会成为人家的笑柄。

2. 打好领结

领带打得好坏，首先要看领带结的质量。礼仪上对领带结的要求是：外形上看应当端正、挺括、呈倒三角形，大小与衬衫的领子相协调，忌讳打得松松垮垮。

3. 领带长度

从长度来看，领带应当抵达皮带扣的上端，太长了则会在衣襟下面“若隐若现”，太短了又会时不时地从衣领上面跳出来，这都会给对方一种不踏实之感。另外，更不要里长外短，领带外面的这一片一定要能够遮住里面的那一片。

4. 放置有序

领带打好之后，要把它放在合适的位置上，要把领带放在衬衣与西装之间，或衬衣与背心之间；如果穿了羊毛衫，不论穿了多少件（正式场合一般是尽量少穿羊毛衫），都要把领带放在衬衣与最里面的羊毛衫之间，而不要把领带放在羊毛衫与西装之间，或是背心与西装之间。

5. 少用佩饰

有些男士喜欢为领带配上一定的佩饰，如领带针、领带夹、领带棒等，这些佩饰确实可以起到一定的固定平整、美化装饰的作用。总体来说，在不影响工作的情况下，这些领带针或领带夹之类的配饰应尽量少用。领带夹主要用来把领带固定在衬衣上，领带夹的正确位置位于衬衣纽扣从上往下数第四粒纽扣和第五粒纽扣之间，最好不要让它露在外面。除了领带夹之外，常见的领带佩饰还有领带针、领带棒等，不要将这些领带的佩饰全部别在衣服上。如果这样的话，不但成不了领带的佩饰，反倒成累赘之物了。

6. 领带的具体打法

以下介绍领带的几种常用打法。

(1) 四手结：也叫单结，是所有的领结中最容易打的，适用于各种款式的衬衣及领带，如图2-5所示。

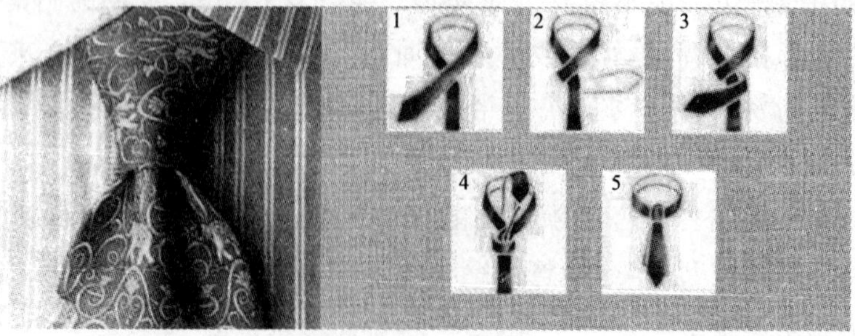

图2-5　四手结打法

第一步：领带两边交叉，宽边保持在窄边的上面。

第二步：宽边绕到窄边的背后。

第三步：宽边绕回到窄边的上面。

第四步：宽边继续绕过窄边的背后并从脖子圈处穿出来。

第五步：宽边从形成的单结中穿过，最后进行调整。

(2) 亚伯特王子结：适用于浪漫扣领及尖领系列衬衣，正确的打法是在宽边先预留较长的空间，并在绕第二圈时尽量贴合在一起，即可完成，如图 2-7 所示。

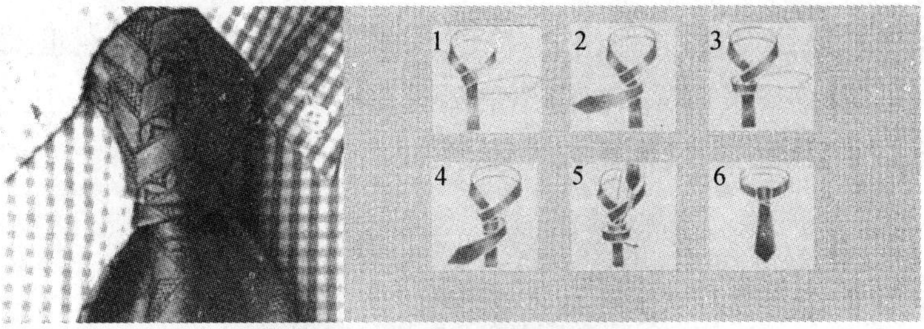

图 2-6　亚伯特王子结打法

第一步：领带两边交叉，宽边绕至窄边背后。

第二步：宽边继续绕到窄边之上。

第三步：重复第一步的动作。

第四步：重复第二步的动作。

第五步：将绕了两周之后的宽边继续绕到领结背后并从脖子圈处穿出来。

第六步：将宽边穿过领结，调整定型。

(3) 双交叉结：这种打法稍稍复杂一些，如图 2-7 所示。

图 2-7　双交叉结打法

第一步：领带两边交叉，宽边绕至窄边背后。

第二步：宽边从脖子圈处绕出。

第三步：宽边绕至窄边正面。

第四步：宽边绕形成的领结一圈。

第五步：宽边从脖子圈处穿入。

第六步：宽边从领结中穿出。

第七步：调整后定型。

五、鞋袜的选择与搭配

（一）鞋

与西装相搭配的只能是皮鞋，而不要用布鞋、球鞋、凉鞋、拖鞋来搭配西装。皮鞋以牛皮为最佳，羊皮、猪皮其次，鳄鱼皮、蛇皮则不宜。有些人认为：鳄鱼皮、鸵鸟皮做的皮鞋更能显示个人的财富和身份，其实这恰恰违背了当今全球共同的环保要求。

皮鞋的颜色以黑色为宜，其他浅色、艳色、花式的皮鞋不宜出现在正式场合。皮鞋以系带的款式为正统（如图 2-8 所示），简单的船式皮鞋不够正式，也不够庄重，尽管有些人觉得船式皮鞋在穿和脱的时候都比较方便。

图 2-8　系带式皮鞋

最后要注意保持皮鞋干净无尘，并且定期上油，一双光亮无尘的皮鞋一定会让你的足下生辉。当然，鞋子要大小合适，穿起来舒适。在礼仪学上，我们常提到"三一定律"，指的就是皮带、皮鞋、公文包三样的颜色一致，而且最好为黑色。

（二）袜

袜子应当选择纯棉、纯毛的面料，袜子的颜色以深色、单色为宜，黑色常常是最佳选择。有些人因为不懂得袜子配西装的要求，认为穿着白袜子会显得比较干净清爽；更有甚者，穿着彩袜或花袜搭配西装，这些都是错误的。此外，男士也不要用丝袜、肉色袜子来搭配西装。试想，一身正式的深色西装，配上黑色的制式牛皮鞋，却露出脚背上的白袜、花袜或是丝袜，这实在是太打眼，不符合西装的上下协调的原则。

可以穿有规则几何图案的袜子，但最好还是选择无图案的；袜子要成双，切不可一只一个颜色，两只颜色各异的袜子会让你的交往对象觉得你对细节欠考虑；不要选择市面上流行的短袜，因为它只能包住脚底，一坐下来，就会露出光光的脚踝；最后，在正式场合穿皮鞋必须配上袜子，光脚穿皮鞋与商务人员所要塑造的庄重、务实形象是格格不入的。

六、公文包的选择与使用

商务人员在外面活动时，常常需要随身携带一些必要的物品，公文包是商务人员的首选。公文包的面料一定要是真皮的，牛皮、羊皮都是不错的选择，布的或是革的都显得档次不够。公文包以深色、单色、无图案为宜；浅色、多色、图案花哨的都不太适合男士。公文包最好选择长方形、手提式的，至于拖式的、双肩式、斜挎式的则不太适合。

有时候需要携带的资料较多，可以选择一个较大的公文包，但不要左手一个、右手一个、肩上再背上一个。在启用一个新包前，一定记得取掉公文包上的真皮标志，不要任其挂在包上。

每天出门前，应当将公文包整理清楚，那种当着客人的面在公文包里翻来找去的人，只会给客人留下不够敬业的印象。去到他人的家中或是办公室，公文包要合理地放置，可按主人的要求摆放，也可将公文包就近放在自己坐椅附近的地上，不可顺手就将公文包放在人家的沙发、茶几或是办公桌上。

实训活动

一、技能题

1. 学生分成若干小组，各小组男士着正式西装分组上台展示，其他各组同学点评台上男士着装规范以及不合规范之处。

2. 学生分成若干小组，各组成员之间互相交流学习所学到的领带打法。

3. 请观察生活中穿西装不符合西装礼仪的现象，将这些有关现象的图片整理出来后向全班同学进行展示并讲解。

二、案例题

案例一

2007年4月19日中新网：据乌克兰媒体报道，乌克兰总理亚努科维奇近日在斯特拉斯堡正式外交会晤中所穿的鸵鸟皮豪华皮鞋引发关注。乌时装专家认为，这种选择对政治家来说是一种“糟糕品位”的表现，用鳄鱼、鸵鸟、袋鼠或蛇皮制成的皮鞋根本不适合在办公室穿戴，更不用说在如此高级别的政治外交场合，这说明主人爱炫耀自己的豪华衣饰。

案例二

1983 年 6 月，美国前总统里根出访欧洲四国时，就曾因穿了一套格子西装出席晚宴而引起一场轩然大波，招致在场的部分人向他身上扔鸡蛋。因为按照惯例，总统在正式外交场合应该穿黑色礼服，以示庄重、热烈、友好。于是有人认为里根是个很不严肃的人，处理重大事件缺乏责任感，甚至追溯到他的电影生涯。也有人认为里根带有大国的傲慢，不把欧洲伙伴放在眼里。

请就以上两个案例谈谈正式场合男士的着装应注意哪些问题？

案例三

张波是某公司的业务主管。某天他准备出席一次正式的商务活动。张波想，不能给自己的公司丢脸，于是他精心打扮了一番：穿着一身笔挺的棕色西装，手提一个名贵的白色牛皮包，脚蹬自己省吃俭用好几个月才买下来的鳄鱼皮鞋，一双新的白袜绝对是无尘无味。可是到了活动现场，领导说："你赶快回去换了！"张波一听，心想：我这可是精心设计的，我多重视这次活动啊！

请就此案例谈谈张波出了哪些问题？穿西装的礼仪有哪些？

案例四

郑先生是一位业务人员，遵照公司的规定，他必须天天穿着蓝色西装上班，同时配上白衬衫及深蓝色领带。郑先生自认为这身服装让他显得英姿焕发，但是他的上司却经常指着他的领结处说："不及格！"经过同事的指点，郑先生才晓得原来上司是怪他没扣上衬衫的第一颗纽扣，但他很不以为然："反正我已打下了领带，有它箍着，衬衫的领子固定得很好，何必扣扣子，令自己不舒服呢？上司真是会找茬！"

请就此案例谈谈郑先生的上司是在找茬吗？

任务二

女士着装礼仪

案例导入

2011 年，米歇尔访英与威廉王子夫妇会面时穿的是芭芭拉·范可品牌的定制浅蓝色印花连衣裙，售价超过 1400 英镑。凯特王妃穿的则是从伦敦购物街买的蕊丝品牌的裸色连衣裙，售价仅为 175 英镑。两件衣服价格很悬殊，但大家普遍青睐凯特的裸色连衣裙。专家大赞凯特的连衣裙适合其年龄，不会过于正统和华丽，而米歇尔的套装在凯特的青春面前反倒显得有几分怪异。英国《卫报》时尚专栏点评道，“米歇尔的裙子像是公主穿的闪亮的印花裙。凯特则相反，展现了现代版跨大西洋风格的荣耀。从时装经济学的角度来看，凯特这次显然完胜。”有了时尚人士的肯定，凯特与米歇尔会晤后，众网友纷纷在网站上订购同款衣服，蕊丝品牌网站遇到了前所未有的订购风潮，以致网站系统崩溃了 2 个半小时。与此同时，这件裸色连衣裙一天之内在英国所有的专卖店被一扫而光。

以上案例带给你怎样的启示？

任务目标

1. 能够根据不同场合选择恰当的服装。
2. 能够正确规范地穿着套裙。

相关知识

商界女士，在工作场合大多穿工作套装（有裙装和裤装），出席重大的庆典活动或是舞会可以穿中式的旗袍或其他礼服。这些适用于正式场合的服装在选择与穿着方面都有相应的讲究。

一、旗袍

旗袍是我国的传统女士礼服，被誉为中华服饰文化的代表，也常被外国人视为东方女性的最佳礼服。它以其流动的旋律、潇洒的画意与浓郁的诗情，表现出中华女性贤淑、典雅、温柔、清丽的性情与气质，同时也能很好地表现女性柔美的身体曲线。作为最适合中国女性的民族服装，它有着紧扣的高领，全身上下无一处重叠的衣料，也没有不必要的口袋，干净利落，简洁明快。旗袍的颜色向来讲究高对比度，显得华丽、高贵。常见的大红旗袍，色彩绚丽醒目，款式别致，充分展现了东方女性含蓄优雅的魅力。

穿旗袍应配高跟鞋或半高跟鞋，也可以配穿面料高档、制作考究的布鞋；有时候可以为旗袍搭配上一款披肩，既可以起到一定的保暖作用，又可以起到一定的修饰美化作用。

女性可以根据体型、肤色、年龄、季节选择个人适合的旗袍。年龄大的女性可以选择颜色稍深、略微宽松的旗袍，以体现庄重、典雅；中年女性可以选择富丽堂皇、绣花、滚边的旗袍，以展现雍容华贵；年轻的女性可以选择活泼俊俏的款式，以体现青春朝气。高开衩的旗袍适合年轻的女性，年纪大的女性可以选择低开衩的旗袍。女性在出席正式的庆典活动、大型的晚宴活动等正式场合可以选择旗袍。

二、套裙

套裙也可以称为西装套裙，是商界职业女士的首选装束。它通常有二件式与三件式之分。与男士的西装裤装相比，西装套裙既能展现女性庄重干练的职业性一面，同时也能体现优雅俏丽女性美的一面。

女士的套裙也像男士的西装一样，有正式版的套裙和休闲版的套裙之分。休闲版的套裙指一件女式西装上衣同随便的一条裙子所进行的自由搭配与组合；正式版的套裙是由女式西装上衣与面料一致、款式一致、成套搭配、颜色相协调的西装裙组合而成。在正式场合，女士一定要选择正式版的套裙，随意组合搭配的套裙只能用在一些非正式的场合。

就整体而言，女士的正式套裙比起男士的正式西装更多姿多彩，从面料到颜色再到款式，可选范围更广。接下来我们就从套裙、衬衣、鞋袜、皮包几个方面来谈谈商界职业女性的着装。

（一）套裙的选择

1. 套裙的面料

女士套裙可选择的布料较男士西装可选的面料具有更大的选择范围。总体来说，套裙面料应当质地上乘、纯天然、不易起皱、不易起毛、不易起球、手感较好。此外，上衣、裙子和背心的面料应当一致，这样才会给人以浑然一体的感觉。只有符合以上这些要求，做出来的套裙才能给人以匀称平整、柔软丰厚、悬垂挺括的感觉。

曾经有一段时间，有些年轻女士对黑色皮裙非常偏爱，但实际上这种皮裙是不适合出席正式商务活动的。

2. 套裙的颜色

套裙的颜色有黑色、藏蓝色、灰色、粉红色、浅蓝色、红色、银灰色等。深色系列显得比较稳重，浅色系列则显得比较青春。

在颜色的选择上，女士可以根据自己的肤色、形体、年龄、性格等选择适合自己的颜色，如果能够综合考虑各种因素，那就更加完美了。夏季的套裙颜色多以冷色调为主，冬季的套裙颜色多以暖色调为主。试想想，炎炎夏日，你如果穿着一身火红的套裙出现在客户的面前，客户会有什么感觉呢？

正式套裙的颜色可以上下一致，也可以是上下不同的颜色。虽然不要求上下一致，但也不能不讲究协调；可以上深下浅或上浅下深，但任意地将两种不搭配的颜色拼凑在一起的做法是不可取的，也不要将上下两种颜色相近的上衣与下裙进行搭配。如红色的上衣与粉色的下裙搭配、深蓝色的上衣与浅蓝色的下裙搭配，等等，这样的打扮会给他人以勉强之感，同时也会让他人怀疑你的审美能力。另外，三件套的套裙不要搞成三种不同的颜色，会让他人感觉你的衣服是拼凑出来的。

正式的工作场合，女士穿成套单色的套裙，比如黑色、藏蓝色等，如果能系上五彩的丝巾进行点缀，往往会给人亮丽一新的感觉，这种装束尤其适合年轻的女性。当然，套裙的花边、丝巾、胸花、胸针等点缀也不要过多，过犹不及，太多了会让人觉得杂乱无章。

3. 套裙的图案

越是正式的场合，女士的正式套裙图案和花样就越少，总体上来说，以无图案为佳，但若是有些比较隐蔽的图案，如小圆点、小斜纹之类的细小图案也是可以考虑的。如果套裙上带有动物、人物、花卉等图案或是文字，那就尽量不要穿着出席正式场合。当然，有些女装，比如，旗袍上面绣满各种艳丽的花卉倒会显得富丽华贵。

4. 套裙的点缀

女士的套裙不像男士的西装那样简洁，不论是套裙自身设计上的点缀，还是以其他饰品进行的点缀，都是在允许的范围之内的。套裙自身设计所带的点缀有包边、绣花、蕾丝、腰带等，比如，一套黑色的套裙，在上衣口袋和袖口以白色进行包边处理，往往会使整套套裙显得活泼而有朝气。常用来点缀套裙的饰品还有胸花、胸针、丝巾等。但这些自带的或是外在的点缀不要太多，也不要过于粗糙，否则不但起不到点缀修饰的作用，反而会降低整套套裙的档次。

5. 套裙的款式

套裙的款式比起男士西装，依然是有更多的花样和变化。从长短上看，套裙的上衣有长、中、短三种不同的长度，不过再短也不要在肚脐以上，再长也不要超过臀部；从是否收腰来看，上衣有收腰式的，直筒式的；从领形来看，上衣有圆领、V领、桃心领、西装领、一字领等;从松紧程度来看,有宽松式的,有紧身式的;从衣扣来看,有无扣式、单排扣式、双排扣式、暗扣式等。除此之外,上衣还可从袖口、衣襟、口袋等方面进行多种创新设计。

下裙从长短来看有长、中、短三种不同的长度,那种超短式的下裙最好不要在正式的商务场合穿着;再长也不要长过小腿的中部,如果低于小腿的中部。甚至到达脚踝,容易让人觉得你无精打采、没有朝气。从分叉来看,下裙有前开衩的、后开衩的、两侧开衩的、左前方开衩的、右前方开衩的、不开叉的。从松紧程度来看,有宽松式、紧身式。从裙子的整体形状来看,有褶子裙、A 字裙、直筒裙、一步裙,等等。

套裙的背心大多比较贴身,而且不宜太长,可稍稍短于上衣。

以上的分类足见女士套裙款式的多姿多彩,真可谓是令人眼花缭乱。再就是,上衣与下裙可以有多种搭配方式。上衣与下裙在搭配的时候可以有上长下长式、上短下短式、上长下短式、上短下长式。女士在选择套裙的时候,也可以根据个人身材、个人偏好、时尚度来选择。身材肥胖、腰部丰满的女士就不要选择收腰式的上衣,这种上衣适合腰比较纤细的女士;上身比较丰满,下身比较苗条的女士可以选择宽松式的上衣和偏紧的下裙。总之,就是要扬长避短,掩瑕扬瑜。

(二)套裙的穿法

1. 适应场合

女士出席正式的商务活动,一定要穿上套裙。在其他的非正式场合,如逛街、参加舞会、买菜、登山、郊游等这些场合,女士非要穿着套裙出席只会让其他人觉得你太一本正经,反而会破坏休闲时的轻松气氛。所以,女士不能把商务套裙当做“万金油”,而是根据出席活动的不同有所选择地穿衣,这样才能尽显个人的魅力。

2. 兼顾举止

套裙有助于塑造个人的端庄稳重、优雅干练的形象,穿上套裙以后就要有意识地兼顾个人的举止,久而久之,养成个人的一种良好的习惯。穿上套裙以后切忌动作粗鲁,忌大步流星向前冲。套裙的开口一般不大,步伐太大,容易使套裙开叉撕裂,这就会在众人面前出大丑。所以,行进中步子一定要稳、要轻。

在就座时,一定要夹住自己的双腿,不要叉开双腿或是高跷着二郎腿,更不可夸张地将双腿放到办公桌上。

不要将套裙的上衣搭在肩上、搂在怀里或是当众脱下。

3. 注意细节

穿套裙的时候,该扣的领扣、袖口、胸扣都要扣好,以示端庄正式。领扣的要求相对要宽松些,有时候可以解开,恰到好处地露出项链坠,也不失为一道颈部的风采。

正式套裙的开衩处要小心对待。很多女士在穿套裙时都会发现,行进的过程中,下裙的开衩处容易移动位置,所以本来在前面的开衩不知不觉就移到了旁边或是后边,本来是两侧的开衩口移到前后各一个,这样不但会影响套裙的美观,也会影响个人的行动,所以一定要注意随时检查,适当调整。不过,不要当着众人的面调整,可以去洗手间进行。

三、衬衣的选择和穿法

用来搭配套裙的衬衣比起用来搭配男士西装的衬衣，选择面更广。从图案上来看，正式套裙的衬衣完全可以是“花枝招展”，尤其是用来配深色系列的套裙。白色衬衣搭配黑色套裙比较传统、朴素且中规中矩；“花团锦簇”的衬衣搭配黑色或是深色的套裙，往往会显得比较有活力；有时候，即使是白衬衣搭配深色系套裙，为了看起来更活跃，可以使用颜色艳丽的丝巾来点缀领部。这些是男士正式西装所不允许的。

从款式上来看，现在的女士套裙的衬衣款式也是越来越多，尤其是在胸部、袖口、衣襟等部分进行一定的点缀，如褶皱、荷叶边、蕾丝等，这些点缀使得正式套裙端庄大方之外又不乏活泼俏丽的一面。这也正是近些年来正式套裙新的变化趋势。

从衬衣的穿着上来看，衬衣下摆要掖入下裙之中，衬衣的领扣、袖扣、衣扣都要扣好，即使天气再热，也不要当众宽衣解扣。参加正式的活动，单穿着衬衣是不够正式的，所以还是要在外面套上上衣或背心。

四、鞋袜的选择与穿着

与套裙相配套的鞋子以牛皮、制式为最佳选择。不要用布鞋、凉鞋、拖鞋、靴子来搭配套裙。从图案上来看，皮鞋最好是无图案的，即使有个别的装饰，也应做到简单而不繁复。有些皮鞋上又是蝴蝶结，又是各种装饰性的扣子或水晶，太复杂也就容易显得俗气。从颜色上来看，穿浅色系列的套裙时，皮鞋的颜色可以选棕色、咖啡色、白色等；穿深色系列的套裙时鞋子的颜色以黑色为最佳选择。如果身穿一套白色的套裙，却配一双黑色皮鞋，会给人一种“头轻脚重”的感觉。从鞋跟上来看，最好是有一点儿鞋跟，高跟或中跟均可，而平底皮鞋不能很好地发挥套裙所具备的展现女士优雅娇柔美的作用。从皮鞋的款式上看，最好是制式皮鞋，不要穿系鞋带式皮鞋来搭配套裙。

选择搭配套裙的袜子有以下几点需要注意。从图案上来说，用来配套裙的袜子不要有图案，选择弹性较好，贴身效果好的丝袜。黑色网格式丝袜会显得比较性感，与一向以传统、庄重、正统著称的商务人员的形象格格不入，女士在配正式的套裙时就不宜选择这种丝袜。从颜色上来说，丝袜的颜色不可深于套裙的颜色。如穿着黑色的套裙时，可以选择黑色、灰色、肉色的丝袜；穿着白色的套裙时，就只能选择肉色的丝袜。市面上比较流行的各种各样的彩色丝袜，不适合作为女士们搭配套裙的选择。

不要当众随意脱下鞋、袜，即使在无人关注的办公桌下。有些女士喜欢在进餐或是开会时，悄悄地把自己的脚从皮鞋里挪出来，这种做法只会让女士优雅、文静的形象毁于一旦。有人认为，夏天穿丝袜比较热，而且有时候穿不穿别人也不一定就看得那么清楚，所以就干脆不穿丝袜，这在正式的商务场合是绝对不允许的。不论是男士穿西装的时候，还是女士穿套裙的时候，光着脚穿皮鞋都是不符合服饰礼仪的要求的。既然穿上了丝袜，就一定要注意随时对丝袜进行检查，不要出现丝袜脱丝、破洞或是丝袜脱落的情况。为了防止这种情况的发生，不少有经验的商界女士常常会在自己的公文包内放上一两双丝袜，以备不时之需。另外要注意丝袜口暴露在套裙外面是极不雅观的，为了防止这种情况的发生，可以选择连裤袜。

五、公文包的选择

女士在穿着职业套裙之后，可以选择与套裙颜色相匹配的公文包，女士可以选择的公文包的类型多种多样，有传统的公文包，还有一些式样比较新潮的皮包。女士皮包以手提式或是单肩背式为宜，双肩背式、拖拉式或是斜挎式的皮包则不适合。另外，公文包最好是真皮的，牛皮、羊皮都是不错的选择。公文包的颜色要与套裙相协调，黑色、棕色是比较常见的颜色，也比较容易搭配，白色皮包适合配浅色的套裙，彩色的皮包不要和彩色的套裙相配。

实训活动

一、技能题

1. 学生分成若干小组，各小组女生着正式套裙上台展示，其他各组同学点评台上女生穿着套裙的规范以及不规范之处。

2. 将生活中着套裙不规范的现象制作成PPT，上台向全班同学展示并讲解。

二、案例题

案例一

李佳是新入职的总经理助理，人长得漂亮，办事能力也较强，可最近却因为着装的问题给她带了一些麻烦。出于对自身长相和身材的自信，李佳平日里比较喜欢穿性感的吊带装，到了上班场合，李佳也喜欢内穿低胸吊带搭配修身小西装外套。工作几个月以来，总经理在开会时经常对李佳的工作表示肯定和欣赏，李佳的工作热情也越来越高。时间长了，有些同事开始在背后对她议论纷纷。李佳也感觉到自己每次进入办公室后，同事们看她的眼神有些不对劲。但李佳心想，专心工作才是最重要的，别人爱怎么想就怎么想吧。直到突然有一天，总经理夫人气冲冲地闯入公司大闹一番，弄得大家都非常尴尬。最后，事情只能以李佳离开公司收场。

请就案例一谈谈你对女士服饰礼仪的理解。

案例二

1986 年,英国女王伊丽莎白二世访华。当女王乘坐的专机在北京机场缓缓降落之时,女王那秀丽端庄的面容顿时引起迎接人员的关注,她温柔慈祥的笑意更引起了人们的称赞。最夺人之目的则是女王头戴一顶明黄色帽子和穿着一身明黄色的西装套裙,在太阳光照耀下显得无比耀眼、绚丽。

伊丽莎白二世在其他国家和地区访问时,一般不穿黄色服装。来到中国之前,伊丽莎白二世的公关顾问特意为她选择了这套明黄色裙装。除明黄色较为亮丽,将伊丽莎白二世的肤色衬托得富有光彩之外,黄色还是中国历代帝王的专用色,显示出一种雍容华贵的王室气象。这套黄色的套裙将伊丽莎白二世的气质、修养与情操很好地体现出来,也显示出她一国君主的尊严与高贵,还表现出她尊重中国传统文化习俗的友好姿态。

请结合案例二,谈谈你对女士正式场合着装礼仪的理解。

任务三

饰品礼仪

案例导入

看过《杜拉拉升职记》的人都会明白，在职场中，很多不经意的细节常常莫名其妙地影响着我们在职场的发展，戒指也不例外。一枚出挑的鸽子蛋钻戒，对于职场里的领导层女性来说或许是她权力地位的象征，但是普通白领如果戴上了，相信你周围的空气会变得很不一样。注意个人在职场上所佩戴钻戒的款式和大小，绝对是不可忽视的细节。

职场女性应关注的饰品礼仪还有哪些？

任务目标

1. 了解男士及女士常用饰品的种类。
2. 掌握各类饰品正确的佩戴方式。

相关知识

随着人们生活水平的不断提高，市面上出现的饰品种类越来越多，款式也越来越多样化，真可谓是琳琅满目。如此众多种类、款式多样的饰品，其佩带与搭配合适与否不容忽视。如果不管饰品的颜色、质地，不考虑个人的身材、肤色、年龄、性格、季节等因素，胡乱地在自己的身上挂一大堆，这种"珠光宝气"不但不能平添个人的魅力，反而会给他人留下爱显摆的印象。

常用的饰品除了首饰——耳环、戒指、项链、手链、脚链、手镯等之外，墨镜、丝巾、胸饰、手表、腰带等也属于饰品的范围。

一、佩戴饰品基本原则

（一）尊重传统习惯

佩戴各类饰品首先要尊重传统，对于其他民族或是其他地区的不同风俗习惯，不要随意地去模仿，也不可自以为是地任意指责批评。在有些国家、有些民族，男子有打耳洞并戴耳环的风俗，而在我们日常生活中，打耳洞、戴耳环的男士多为艺人，在商务场合，男士一般是不戴耳环的。

（二）考虑场合

佩戴饰品应考虑不同场合的需要。在正式场合，佩戴饰品以庄重、不影响工作为宜。当然，不同的正式场合也应有所侧重，比如，参加正式的会议，就要选择朴素、简洁类的饰品；如果是参加正式的晚宴活动，雍容华贵的饰品与华丽的晚礼服相搭配就会相得益彰。休闲场合佩戴饰品，宜以使人感到放松为原则；运动的时候，各种繁复的饰品只会碍手碍脚且有招摇过市的嫌疑。

（三）考虑个人条件

个人条件包括年龄、气质、性格、肤色、体型、性别、职业等。一般而言，年纪大的人多佩戴贵重、精致的饰品，要注重饰品的档次；年青女士佩戴的饰品更注重款式的新潮性。

佩戴的饰品应当与个人的气质相符。文静型的女士就不要选择怪异、搞笑的饰品。

不同的职业对佩戴饰品有不同的要求，从业人员一定要严格遵守。如从事医疗、餐饮、食品加工的服务工作人员不适合戴戒指。试想，由一位十指缠金的医生为患者动手术，患者会有何感想？再比如，酒店的服务员佩戴了一大堆珠宝首饰，这只会让客人怀疑她到底是来提供服务的，还是来炫耀其个人财力的。

饰品的佩戴因性别不同而有很大的差异。男士一般可佩戴戒指、项链，其余的手链、脚链、手镯、耳环等，男士，尤其是商务男士就最好不要佩戴。女士比男士有更多的选择，但也要注意以三件为限，并非多多益善。

个人的体型也是不可忽视的一个重要的个人条件。如：粗短脖子不宜戴紧贴的项链；短粗手指不宜戴重而宽的戒指；脖子上有赘肉和褶皱的人不宜戴太有个性的项链；耳朵轮廓不好者不宜戴过于夸张的耳环。佩戴饰品的出发点就是扬长避短、掩瑕扬瑜。

（四）数量不宜过多

一两件精致的饰品作为点缀和装饰是可以的，但如果多类饰品同时佩戴，从头部到脖子，从手部到脚上，每个部位都佩戴了饰品，这种做法是不可取的。通常，首饰佩戴不要超过三件，同一类别的首饰，除戒指外，最好也不要超过两样。

（五）色彩和谐

佩戴饰品的时候，要考虑饰品与服装的色彩及风格相协调。穿着正式的职业套裙就不要佩戴过于夸张的饰品，如骷髅形手链、蜘蛛形耳坠等，因为这两者的格调实在是不同；身着柔软、飘逸的丝绸衣裙的女士，佩带精致、细巧的项链，就更显得妩媚动人；穿单色、素色衣服的人可以佩戴一些有色泽的饰品，这种点缀往往会让你的衣服显得丰富、活跃。

除了要考虑饰品与服装的色彩相协调之外，还要考虑饰品之间的色彩协调。不同质地的饰品，其色彩也不尽相同。如果红宝石的项链，配上蓝宝石的耳钉，再配上翡翠的玉镯，这种打扮不但十分土气，而且有些滑稽，因为这就像把自己当做“圣诞树”来装扮似的。即使是同一种质地的饰品，色彩相同，还要考虑同时佩戴的饰品风格是否统一。同为铂金饰品，有些比较新潮，有些比较保守；有些比较华贵，有些比较简约。所以，要保持这些首饰的风格统一，在佩戴前精心挑选是非常有必要的。

(六) 跟着季节走

在夏季佩戴的饰品以冷色系、简洁型为主。在冬季，佩戴一些暖色系的、繁复型的饰品更合适。

二、不同饰品的佩带礼仪

(一) 戒指

一般只戴在左手上，最好一枚，若想多带，最多两枚(新娘例外)；两枚戒指应戴在两个相邻的手指上，也可戴在两只手对应的手指上。拇指通常不戴，一指不可多戴。戴戒指时若需要同时戴手套，要将戒指戴入手套之内(新娘例外)。

戒指戴在不同的手指上有不同的寓意。戒指戴在食指上表示目前无配偶、想结婚；戴在中指上表示本人正处在恋爱之中或已有意中人；戴在无名指上表示已订婚或结婚；戴在小指上暗示自己是一位独身主义者。许多中国人觉得这并不重要，所以就随意去戴，但如果在一些涉外场合，对方往往会根据你所戴戒指的部位来称呼你。试想，某年青女性，左手除了大拇指之外，其他手指上各戴上一枚戒指，别人该如何称呼她呢?

戒指的宽窄与手指的粗细成正比，手指比较粗短的人不要戴宽厚的戒指，这样只会显得手指更加粗短。在与别人谈话的时候，不宜抚弄自己的戒指。这会让他人感到你心不在焉或有炫耀之嫌。

(二) 项链

男女均可佩戴项链，男士佩戴的项链一般不要外露，也不要多条项链同时佩戴；女士也不宜同时戴几条项链(新娘除外)，但是一条长链在脖子绕成几圈的戴法是可行的。链坠应在风格上与项链相协调；正式场合的链坠不要过于怪异、恐怖，也不要同时带两个链坠。上班时佩戴的项链应以简洁明快的风格为主；参加宴会时则可以高贵华丽为主。

佩戴项链的小技巧：脖子粗短的人，如果佩戴粗短的项链会让人有窒息之感，可以选择细长的项链，使脖子有一种延伸感；脖子比较细长的人可以选择粗短的项链，这样可以适当地将脖子与胸部作一个分隔；尖脸、瓜子脸可以佩戴短、细、秀气型的项链，不宜佩戴宽大粗犷的项链；方脸或圆脸、体态丰腴者可以佩戴长项链。中长链尽量不要挂在领口边上，而是适合大宽领；长链适合戴在衣服外面。在外事活动中，不要佩戴有猪、蛇生肖坠子的项链，也不要佩戴有耶稣殉难像的十字架。

（三）耳饰

耳饰是个笼统的概念，其实它可以细分为三种不同的类型：耳钉、耳链、耳环。

在正式的商务活动中，耳饰仅限于女性成对地使用，当然，国外或是少数民族的情况有所不同。商务场合佩戴耳钉，显得较为干练，长长的吊链式的耳饰，则不适合与正式的职业套裙相搭配。一只耳上同时戴好几种耳饰也不适合正式场合。

佩戴耳饰的小技巧：宽胖脸型的女性不宜带大耳环；戴眼镜的女性不宜戴耳环，但可以选择耳钉或是耳链。

（四）手镯、手链

工作场合一般不提倡戴手镯，着便装或是个人休闲时可以戴。手镯大多为女性佩戴，男性一般不宜佩戴。手腕、手臂有伤疤者不适合佩戴手镯，这样会突显伤疤。一般也不要与手表同时佩戴。

手链通常只戴在左手上，且大多为一条。手链与手镯、手表不要同戴一只手。

（五）脚链

脚链比较适宜年轻女性在非正式场合佩戴，男士不宜佩戴。小腿、脚部有伤疤的人不要佩戴脚链，本来没有人关注这个伤疤，经脚链这么一点缀，只会起到适得其反的作用。如果穿着丝袜，一定要将脚链放在丝袜的外面。

（六）墨镜

戴墨镜要考虑整体效果与场合。参加室内活动与人交谈时，不要戴着墨镜，这会给人留下“拒人于千里之外”的感觉；但如果是有眼疾需要戴时，可以先向对方表达歉意。在室外，参加隆重的礼仪活动，也不应戴墨镜。有些人喜欢将墨镜顶在头顶，如果是个人的休闲场合，这无可厚非，但若是以这样的方式去上班或是参加正式的商务活动，那就不妥了。

（七）手表

很多商务男士认为，戴高档的手表不仅仅是为了看时间，更是一种身份的显示。手表的档次有高、中、低三个不同的档次，个人可以量力购买。商务人士选择手表时应注意：一是手表表型宜庄重保守、不花哨新奇；正圆、椭圆、正方、长方、菱形等表型都可以纳入选择范围；二是色彩不宜凌乱，单色、双色均可，金色、银色、黑色常常是最佳选择，不宜三色或多色；三是以机械表为最佳，石英表、电子表等只能是退而求其次的选择；四是除数字、商标、厂名、品牌外不要有其他的图案；五是功能要少而精，测温度、湿度、风速、血压等功能实无必要；六是手表男女有别，不要乱戴。

商务人员不宜戴的手表有以下几种：一是失效表，这种表只能给人以装腔作势之感；

二是劣质表，动不动就指针不动了，用手晃晃手表又开始正常运转，这与商务人员“分秒必争”“时间就是金钱”的理念格格不入；三是广告表，因为使用各种带有广告性商标或是图案的东西，容易让他人觉得你爱占小便宜；四是卡通表，少女、儿童可以选择，但如果你一身的正装，伸出手腕来看手表时，表面上一只卡通的小狗，这种“童心未泯”的形象与商务人员的稳重、干练的形象实在是差之千里；五是世界表要小心使用，如果你属于那种常常在国内外“飞来飞去”的商务人士，世界表正是必需之物，但如果你的工作范围根本就没有离开过某个市或是某个区，这块世界表只会让他人觉得你有些好高骛远、不切实际；六是怀表，怀表一般是与背心搭配使用，不要将怀表挂在脖子上、缠在手腕上，或是揣在皮包里。

手表是每一位商务人士必须佩戴的饰品，那种不戴手表、动不动就到公文包里找手机看时间的人大多是“没有时间观念”的人。因此，很多公司都要求员工戴手表上班。但是，若是以为常常看手表就表明“时间观念比较强”，那也未必，与他人交谈时有意无意地看手表，透露的就是不耐烦、心不在焉、实在太空虚、度日如年等信息。

（八）胸针、领针

男女都可以佩戴胸针。如果在单色调的服装上面适当地点缀一枚胸针，可以对整套服装起到一定的修饰美化作用。穿西装时，胸针应别在左侧领上，若上衣为无领式，则别在左胸前，具体高度应大约在西装纽扣从上往下数的第一粒、第二粒扣间。在工作中若要佩戴身份牌、单位证章、徽记等上岗的话，则不要同时佩戴胸针。

领针也是男女都可以佩戴的饰品。专门别在西装上衣左侧领上；注意不要与胸针、纪念章、奖章、企业徽章等同时佩戴。不要佩戴具有广告作用的领针，更不要将领针别在右侧衣领、帽子、书包、围巾、裙摆、腰带或是其他物品上。

（九）发饰

发饰是仅供女士佩戴的饰品。商界女士的发饰以朴实为主，不要佩戴过于花哨的头花、发带、发卡等。为了塑造女性精干、稳重的形象，商界女士不要披头散发，选择适当的发饰将头发束起来或是盘起来是常规的做法。

（十）皮包、皮夹

各类包的用途要明确。皮包颜色与服装要相协调，最好是与皮鞋颜色一致。皮包的使用要与性别、年龄、身高相协调。正式场合使用的皮包要做到：内容精少、分类摆放、位置准确。有些女士的皮包里零食一堆、化妆品一堆，可就是找不到个人的名片、钢笔等工作所需物品，这是不够敬业的表现。要注意，皮包不应乱拿、乱放、乱用，个人的皮包要按主人的要求放置，或是放在自己就座的椅子旁边的地上。不要因为资料比较多，就背一个、挎一个，手上还要再提上一个，同时带着多只皮包出门容易给人以“不堪重负”的感觉。

皮夹宜放在公文包内，或是西装左内侧口袋。

（十一）皮带

市面上的皮带真可谓是五花八门，从材质上讲，有皮、布、革、珠链等；从款式上讲，皮带已从过去的束裤的作用发展到今天的以装饰为主的作用。

在休闲场合，可根据个人的体型、服装的风格等选用皮带。选用皮带的小技巧：个子过于瘦高者，可以用较显眼的腰带，对上下身进行一个间隔，增加横向宽度；上身长下身短者，可以适当提高皮带的位置；过于矮胖者，要避免使用大的、宽的皮带，皮带的环扣千万不要花样太多。

在正式的商务场合，皮带仍然是以真皮为最佳，布的、革的腰带仍是难登大雅之堂。皮带以深色、单色为首选，黑色、棕色为最佳。注意保持皮鞋、皮带、皮包颜色的一致性，不要在皮带上悬挂其他的物品，皮带的环扣不要过于夸张。在出门前要仔细检查皮带是否已穿入每一个襻带，不要在公共场合或是当着他人的面移动、放松或是勒紧皮带。现实生活中，有一些男士喜欢在就餐前先松一下皮带，这种做法容易给人留下不好的印象。

（十二）丝巾

1. 丝巾的搭配

围巾已从过去的注重防寒保暖的功能发展到美化、修饰的功能。素净的衣服常常配上艳丽的围巾，厚重的衣服可以搭配轻柔的围巾，不过轻柔的衣服却不适合搭配厚重的围巾。现在用来配正式套裙的围巾大多是真丝面料或是麻料的丝巾、纱巾，这类围巾主要的作用就是点缀、装饰。掌握不同的丝巾的打法，即使是穿上同一套职业套裙，也往往会给他人一种崭新的印象。

2. 丝巾的打法

（1）款式一，如图 2-9 所示。

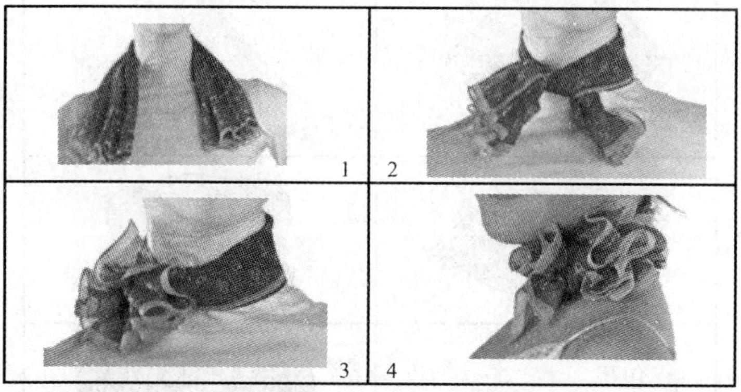

图 2-9　丝巾的打法款式一

第一步：将丝巾折出细条的皱褶。

第二步：将丝巾系在脖子上并打一个活结（分两次打）。

第三步：将丝巾尾部整理成漂亮的花形。

第四步：调整定型。

(2) 款式二，如图 2-10 所示。

图 2-10　丝巾的打法款式二

第一步：将丝巾对折后再次对折成适当宽度。

第二步：系在脖子上打个活结，将短的一边向着反方向做成环状。

第三步：再将另一边绕过这个环，将这一边丝巾的中间部分从上面穿过去，系成蝴蝶结，将蝴蝶结一边展开成花朵状。

第四步：另一边也整理成花朵状，将两花仔细整理成漂亮的形状，再将结移至颈侧，将丝巾长的一端搭到肩后去。

(3) 款式三，如图 2-11 所示。

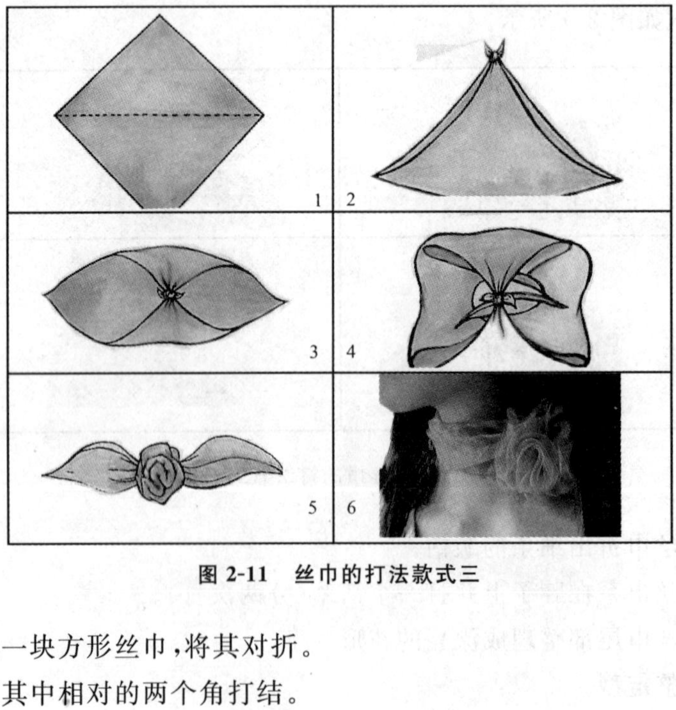

图 2-11　丝巾的打法款式三

第一步：找一块方形丝巾，将其对折。

第二步：把其中相对的两个角打结。

第三步：将打好的结放在上面，整块丝巾平放。

第四步：将另外剩下的两个角置于之前的结下交叉，并且旋转。

第五步：把旋转后的两个角从结上捏住，把结往下推，顶端整理后，便自然形成漂亮的花朵形状。

第六步：系在脖子上，调整位置。

（十三）帽子

在正式的商务场合所戴的帽子不能过于夸张，应与衣着相协调。见面时，戴帽者应脱帽向对方致意。不过，在公共场所，对女士的限制要少一些，可以不脱帽。进入房间后，应摘除帽子，可将帽子挂在衣帽间或是拿在手中，此时，无论男女都必须脱帽。向他人问路时，无论得没得到回答都要向对方脱帽行礼，以表谢意。如果向陌生女士道谢、致歉时，可以轻抬帽子表示。当其他人向与你同行的女士打招呼的时候，你也可以轻抬帽子向对方表示敬意。

帽子的式样较多，在选择时应考虑脸型、身材、年龄、职业与身份，以及与服装的配套。搭配帽子的技巧：圆脸及宽脸形者宜戴棒球帽，不宜戴圆顶和高沿阔边的帽子；尖脸形和长脸形者宜戴圆帽，不宜戴棒球帽或高筒帽。身材高大者选用的帽型宜大不宜小，身材瘦小者选用的帽型宜小不宜大。高个子不宜戴高筒帽；矮个子不宜戴阔沿帽；穿礼服时可以戴礼帽，不能戴棒球帽，更不能戴遮阳帽；穿中山装宜戴圆顶帽；穿夹克衫可戴贝雷帽。

（十四）手套

在佩戴手套时要注意：与他人握手时应摘除手套，但是女士的修饰性手套可以不摘除，如穿着晚礼服时所配的白色网状类手套。进屋后，一般要摘除手套。进餐前，要摘除手套，因为隔着手套来进餐，一则使用餐具不便，二则会让他人认为你嫌餐具不洁。

（十五）钢笔

商务人员应当随身携带一支钢笔。钢笔应放置于公文包内；不要为了图省事，将钢笔别在西装左胸外侧上衣口袋；更不要将其夹在耳朵上或是随手把玩。

实训活动

技能题

1. 全班同学分组练习丝巾打法，各个小组上台展示并讲解学会的丝巾打法。
2. 将新的丝巾打法制作成 PPT，并向全班同学讲解。

项目三

会面礼仪

人与人之间的交际活动常常是从会面这一刻开始的，会面是情感交流的开始，它关系到交际活动的成败。在商界，商务会面在商务活动中占有相当重要的地位，因此，商务人员都非常重视会面礼仪。会面包括：称呼、问候、握手、递名片、介绍、交谈等。商务人员不应小看这些看似普普通通的会面礼节，要知道“细节决定成败”，只有注重自己的一言一行，才能更好地将自己融入职场，取得成功。

任务一

称谓礼仪

案例导入

杨冬已经40岁了，工龄20年，是企业的老员工。他的上司张经理年纪比他小，工龄也没他长，原来他们是一个办公室的同事，张经理管杨冬叫“杨师傅”，杨冬则称他为“小张”。但没几年，张经理被提升到了现在的职位，两个人之间的称呼就有了麻烦，像其他人一样叫“张经理”，杨冬觉得别扭，不太习惯，很难改口。杨冬把心一横，想着自己都这么多年工龄了，就仍然叫对方“小张”，张经理也就那样一直答应着。

杨冬的做法有何不妥？

任务目标

1. 掌握在不同场合得体地称呼他人的方法。
2. 掌握称呼的禁忌。

相关知识

称呼，就是对他人的称谓。在人际交往中，称呼既可以反映出对方身份、性别、社会地位、婚姻状况以及双方之间的亲疏关系，也反映本人自身的教养和对他人的尊敬程度。因此，绝不能疏忽大意，不可随便乱用称呼，更不可与人交往却不用称呼，这些做法都是极其无礼的，也是一个人缺乏教养的表现。

一、得体称谓的基本要求

恰当得体的称呼，不仅会使对方如沐春风，而且容易拉近谈话双方之间的距离，这往往是进一步交往的基础;不恰当或是错误的称呼,会使对方心生不悦,甚至产生一种排斥心理,拉开双方的距离,这样,交际活动也就无法或是很难进行下去。那么,怎样称呼他人才算得上是得体、恰当呢?我们可以从以下几个方面入手。

(一) 合乎常规

要照顾被称呼者的个人和社会习惯,做到入乡随俗。比如:在广东地区,男女不论漂亮与否,对中青年女性称"靓女",称中青年男性为"靓仔",对餐馆的服务员这么称呼,对商场的售货员这么称呼,对顾客也这么称呼。但若是这将种称呼放到别的地方,就不一定适合,有时候甚至会引起对方的反感,或者认为这是在挖苦讽刺,或者认为这是在拍马屁。

(二) 合乎场合

称呼要适应场合的需要。在公务场合的称呼要庄重、正式、规范,即使关系再亲密,到了正式场合就要遵守正规的称呼。比如,双方是夫妻关系,在公司妻子是下属,丈夫是上级,那么在工作场合就不要叫"老公""老婆",这样不但有损领导的威信,也让他人感觉其工作态度不够端正。再比如,双方是关系非常铁的哥们,一个是上级,一个是下属,那么在正式场合,就不能像私下里那样称兄道弟,互叫小名。生活中的非正式的场合与正式场合的称呼是有区别的。

(三) 合乎身份

称呼不仅要合乎自己的身份,还要合乎对方的身份。要考虑对方的年龄、性别、职务、职位,还要考虑自己与对方的关系。年幼者对年长者的称呼要体现出尊敬,年长者对年幼者的称呼要体现出关爱。

(四) 合乎顺序

一般来说,在与众多的人打招呼时,要注意亲疏远近的主次关系,以先长后幼、先高后低、先女后男、先亲后疏为基本规则。比如,秘书人员见到对方公司的经理和秘书同时来到本公司,应当先称呼对方公司的经理,再称呼对方公司的秘书,而不要本末倒置。顺序弄错,只会让身份高者心里不快,让身份低者惴惴不安。

二、不同场合的称谓

(一) 生活中的称谓

1. *姓名称谓*

美国成功学大师卡耐基说过,一个人的姓名是他自己最熟悉、最甜美、最妙不可言的一种声音。记住并准确称呼对方的姓名,不仅是一种礼仪需要,而且能成为开启友谊之门的钥匙,成为寻找合作伙伴的桥梁。商务工作者每天打交道的人比较多,所以记住他人的姓名并非一件容易的事情。试想,你在一年前接待过的一位普通的客户,这次再见面的时候,你还记得对方的姓名,并能准确地称呼他,这位客户一定会喜出望外。反之，如果你已经问过客户的姓氏了，你再问第二次就不妥了，客户只会认为你漫不经心，根本就不把他放在眼里。对于一些健忘的人，可能到了第三次会面，还要问对方"贵姓"，这是极其失礼的，那么，进一步的沟通与交际就难以实现了。在商界，"贵人多忘事"不能作为忘记客户名字的理由。

记姓名可以采用一定的技巧，这样记起来就会事半功倍。有时候可以采用一些形象化或是夸张的方法；有时候可将对方的外貌特征与他的姓名结合起来记忆，可以其姓名脸谱化或将其身材形象化；有时候可以将对方的名字与某些自己熟悉的事物联系起来记忆。此外，在与对方交谈的过程中，尽量多用对方的名字，也是一个不错的牢记对方姓名的方法。不过，无论我们采用什么方法去记，都不可能过目不忘，因此，很有必要把每次新结识人的姓名记在通讯录上，稍有闲暇就拿出来温习，这样才能做到牢记。

称呼他人的姓名，有几种情况。一是称呼对方的全姓名，也就是直呼其名。全称适合于比较郑重的场合，显得比较庄重、严肃，但是对长辈，这样直呼其名是不礼貌的。二是只称呼对方的名，而不称呼对方的姓，这种称呼多用于熟人之间，显得比较亲切；有时候也可以只称呼对方名的一个字，这就适合关系极其亲密的人之间相互称呼时使用，如果只是一般的朋友，这么称呼就容易引起不必要的麻烦，特别是男士用这种称呼方式来称呼自己并不太熟悉的女士，很容易让对方觉得你居心叵测。三是只称对方的姓，并且在前面加"老""小"等字，如"小张""老李"等，这种称呼多用于熟人之间，也显得比较亲切，同时也体现出一定的年幼关系，对于德高望重者可用在姓氏后面带上"公""老"，如"谢公""周公""雁老""谢老"等。

在外企或有西方文化背景的企业，领导与员工之间称呼相对灵活一些，员工可以直呼领导的英文名，这并不是什么失礼的行为，因为他们觉得这样的称呼可以起到缓解办公室紧张气氛、建立良好人际关系的作用。不过在国有企业、日资企业、政府机关，这种称呼方式是不适合的。在国有企业或日资、韩资企业，称呼上大多比较"循规蹈矩"，亲昵的或不正式的称呼最好不要出现。至于政府机关和一些行政色彩较浓厚的事业单位，就更要严格按照对方的身份来称呼，不可忘记对方的职务。以上讲的是大体的情况，现在各企业的人事情况比较复杂，很多国内知名企业的管理者也会跳槽到一些外企任职，所以在称呼对方之前，最好先观察一下他们的喜好和性格，当然，如果领导有明确"指示"让你叫什么，就可以依他的指示来称呼。

2. 亲属称谓

(1) 规范式亲属称谓

对于有血缘关系的人要用亲属称谓。不同于西方有些国家，中国人的亲属称谓比较多，也分得比较清楚。如表兄弟指的是姑姑、舅舅、姨妈的儿子；堂兄弟指的是叔叔、伯伯的儿子；岳父、岳母是男士对自己妻子父母的称呼；公公、婆婆是女士对自己丈夫父母的称呼。对自己的家属，辈分低于自己的可直呼其名、称爱称、称小名；辈分高者则不宜。对长辈、平辈称"您"；对晚辈称"你"。

(2) 谦称式亲属称谓

面对外人,称自己的家属要用谦称式亲属称谓,通常是在称谓前加“家”“舍”“愚”“小”等字。

“家”字一族。用于对别人称比自己的辈分高或年纪大的亲戚。如称自己父亲为“家父”“家尊”“家严”“家君”,称自己母亲为“家母”“家慈”,称自己兄长为“家兄”,称自己姐姐为“家姐”,称自己叔叔为“家叔”等。

“舍”字一族。用于对别人称比自己的辈分低或年纪小的亲戚。如称自己弟弟、妹妹为“舍弟”“舍妹”,称自己侄子为“舍侄”等。

“小”字一族。谦称自己或是与自己有关的人或事物。如“小弟”指男性在朋友或熟人之前谦称自己,谦称自己的儿子“小儿”,谦称自己的女儿“小女”,谦称自己的女婿“小婿”。

“愚”字一族。用于自称的谦称。如“愚兄”是向比自己年轻的人称自己。

(3) 敬称式亲属称谓

对他人的亲属应采用敬称,以示对他人的尊重,通常是在称谓前面加上“令”“贤”“尊”等。

“尊”字一族。用于称对方的长辈,如“尊母”“尊兄”指对方的母亲、哥哥。

“贤”字一族。用于称对方的平辈或晚辈,如“贤弟”“贤侄”指对方的弟弟、侄儿。

“令”字一族。不论是对方的长辈、同辈还是晚辈都可以使用。如“令尊”“令堂”“令荆”“令爱”“令郎”,分别指对方的父亲、母亲、妻子、女儿、儿子。

“贵”字一族。用于与对方相关的事物。如“贵姓”“贵公司”“贵单位”“贵局”等。

(4) 拟亲属称谓式

中国通常有把毫无血缘关系的人也纳入亲属称谓行列的习惯,比如:中国孩子在非血缘关系的同辈人之间也称“哥哥”“弟弟”“姐姐”“妹妹”;称非血缘关系的长辈为“叔叔”“阿姨”“爷爷”“奶奶”等。在美国,孩子们在没有血缘关系的同辈之间,绝不互称“哥哥”“弟弟”“姐姐”“妹妹”,而是直呼其名;称呼有血缘关系的叔叔、阿姨,一般都加上这个人的名,而不是姓,更常用的是直呼其名,甚至对自己的父母,有时也直呼其名。在中国,若是小孩子这么做,会被认为不懂礼貌。

在中国,对非亲属的交际双方以亲属称谓之,通常在一些非正式交际场合使用。说话者只是把自己的年龄与对方的年龄作大致上的比较,若年龄差别不大,便可作为同辈人对待,称呼有“大哥”“大姐”“大嫂”或“弟”“妹”等;有时对方年龄小,为尊敬也称之“兄”“姐”;若听话者年龄比说话者大得多,可用父辈或是祖辈来称呼,像“大伯”“大妈”“大叔”“爷爷”“奶奶”。一般称呼对象的辈分、年龄越大、使用亲属称谓的频率越高,对同辈人则使用率偏低。不过这种场合的亲属称谓也要考虑对方的心理因素而有选择地使用,切不可一概而论。比如:对未婚的大龄女子,即使年纪比你大,最好也不用“姐姐”或“大姐”来称呼。对于一些要强好胜的老年人,不妨用年轻化的拟亲属称谓去称呼他们,本应该叫其“老大爷”,可以改称“大叔”,这样的称呼也许不符合对方的实际年龄,但却更符合其心理要求。

（二）工作中的称谓

1. 职务称谓

职务称谓，即用对方的职务来称呼对方。这种称呼方式给对方以受尊重、受重视的感觉，同时还能够起到提醒对方所担责任的作用。职务称谓有几种情况：一是仅称职务，如“校长”“部长”“经理”等；二是在职务的前面加上姓氏，如“马校长”“李部长”“刘经理”等；三是在职务的前面加上其姓名，如“马东校长”、“李刚部长”、“刘智海经理”等。

2. 职称称谓

职称称谓，即用对方的职称来称呼对方。不过对于高级职称者使用得较多，中级职称、特别是初级职称用得偏少。如以教授称呼对方比较常见，但以助教来称呼对方就很少见了。这种称谓也有几种情况：一是仅称职称，如“教授”“编审”“研究员”；二是在职称的前面加上姓氏，如“张教授”“钱编审”“孙研究员”；三是在职称的前面加上姓名，如“黄德高教授”“张小丹研究员”。

3. 职业称谓

职业称谓，即以对方所从事的职业来称呼对方，带有尊重对方职业和劳动之意。也可以分为三种情况：仅称职业、在职业前面带上姓、在职业前面加上姓名。如“医生”“张医生”“张南医生”等。对文艺界、教育界人士称“老师”，其前可带姓氏。有时实在不知应如何称呼对方时，可用“老师”这个称呼，尤其在文化艺术界更是显得尊敬有礼。

切忌用鄙称去称谓对方的职业，如“剃头的”“烧饭的”“端盘子的”“开车的”，等等，如此称呼他人是没有礼貌的。

如果不知道对方从事的职业，也可以“先生”“小姐”“女士”来称呼对方，尤其是在公司、外企、宾馆、商店等场所。“同志”在中国使用范围曾经相当广，不过现在用得不多了。“师傅”一词大多用来指工、商、戏剧行业传授技艺的人，现在多用在非知识界，不过在我国北方，不认识的人也可以称其为“师傅”。

4. 学衔称谓

这种称谓可以增强对方的权威性，体现现场的学术氛围。多用来称博士，称硕士和学士的不多。这种称谓可以仅称学衔如“博士”；可以在学衔前面加姓氏，如“刘博士”；可以在学衔前面加姓名如“李强博士”；还可以将学衔具体标明，如“法学博士梁静”“工学硕士张明安”等。

以上介绍的是在工作场合常用的称谓方式。其实不同性质的单位，在称谓问题上也有小小的差异。

（三）国际交往中的称谓

1. 基本规则

（1）在国际交往中，要注意不同国家称呼上的差异，做到入乡随俗。在国际场合，通常对未婚女子称“小姐”，对不知其婚否的女性称“女士”，对已婚者称“夫人”。注意对于那些虽然年龄大，但并没有结婚的女性，绝对不能仅凭直觉称她为“太太”。在中国、日本等亚洲国家，对身份地位较高的女性也可称“先生”，如冰心先生，杨绛先生等，以示尊重。

(2) 对于军界人士，以军衔称呼对方。可以仅称军衔，如“将军”“上校”等；可以在军衔的后面加上先生如“上校先生”；可以在军衔的前面加上姓名，如“怀特将军”；还可以在军衔的前面加上姓名、后面加上先生。

(3) 对于宗教界人士，以神职称呼对方。可以仅称神职，如“牧师”“神父”等；可以在神职的后面加上先生如“主教先生”“传教士先生”；可以在神职的前面加上姓名，如“亚当神父”等。

(4) 君主制国家的王公贵族，对于这类人士，称呼上应尊重对方国家的习惯。对国王、皇后称“陛下”，对王子、公主、亲王称“殿下”。

(5) 对于教师、法官、律师、医生、博士等社会地位较高者，可直接以教师、法官、律师、医生、博士来称呼对方，也可以在前面加上对方的名，后面加上“先生”等。如“法官”“福特法官”“法官先生”“福特法官先生”。

2. 各国姓名知识

(1) 英美等国家

在英国、美国、加拿大、澳大利亚、新西兰等讲英语的国家，人们的姓名一般由两个部分构成，通常名在前，姓在后，这与中国人的姓名情况不同。有的姓名由三个部分组成，在交际场合一般不用中间名，在签名时，中间名一般用缩写形式，但是姓不可以缩写。

按英语国家的习惯，妇女结婚后要使用丈夫的姓。一个已婚妇女(包括寡妇)的全名是由自己的名加上丈夫的姓组成的。比如说 Alice Black 和 Peter Brown 结婚后，她便改称为 Alice Brown，在法律文件上签名时也必须写 Mrs Alice Brown。她在未婚时被称为 Miss Black，结婚以后就被称为 Mrs. Brown，而 Black 则作为她未出嫁时用的父姓(maiden name)就很少使用了。假如 Alice 与 Peter Brown 离了婚，但还未和别人结婚时，她仍可被叫做 Mrs Brown，但不是所有的离婚妇女都愿意被人这样称呼。

有的父母用自己的名字给孩子命名，为了表示区别，常常在姓名后分别加上一个 Senior(常缩写成 Sr.)或 Junior(常用缩写 Jr.)，如：John Jones Junior 与 John Jones Senior 是指小约翰·琼斯与大约翰·琼斯。

口头称呼一般称姓，如“怀特先生”“史密斯先生”；正式场合一般要称呼姓名全称；关系密切的不论辈分如何，常直呼其名，不称其姓，这在中国是行不通的，因为晚辈称长辈的名是不允许的；家人、朋友之间除称名外，还常用昵称(爱称)。

(2) 俄罗斯

俄罗斯人姓名一般由三节组成，即本名·父名·姓。如“伊万·伊万诺维奇·伊万诺夫”：“伊万”为本名；“伊万诺维奇”为父名，意为伊万之子；“伊万诺夫”为姓。妇女婚前用父姓，婚后多用夫姓，但本人名字和父名不变。如“尼娜·伊万诺夫娜·伊万诺娃”

与姓“罗果夫”的人结婚，其全名为“尼娜·伊万诺夫娜·罗果娃”。俄罗斯人的姓名中，也可以把姓放在最前面，特别是在正式文件中，即上述两个人姓名也可写成“伊万诺夫·伊万·伊万诺维奇”和“伊万诺娃·尼娜·伊万诺夫娜”。本名和父名都可缩写，只写第一个字母。

俄罗斯人一般口头称姓，或只称名；为表示客气和尊敬时称本名与父名；只有表示对长者的特别尊敬，才可仅称其父名。如人们常称列宁为“伊里奇”，(列宁的全名为“符拉基米尔·伊里奇·列宁”)家人和关系较密切者之间常用爱称。

(3) 日本

日本人姓名顺序与中国相同，即姓在前，名在后，但姓名字数常常比我汉族姓名字数多，由于姓与名的字数并不固定，所以要了解哪一部分为姓，哪一部分为名，事先一定要向来访者了解清楚，在正式场合中应把姓与名分开书写，如“二阶　堂进”、“藤田　茂”等。女性婚前用父姓，婚后用夫姓。一般口头都称呼姓，正式场合称全名。对男士为表示尊重，可在姓后加上“君”，如称“铃木镇一”为“铃木君”。

三、称呼禁忌

(一) 读错姓名

中国有的汉字作姓氏的时候读音与在其他场合的读音不同，这就需要特别小心。如“仇”读音同“求”；“解”读音同“谢”，“盖”读音同“葛”。另外，要分清楚他人的复姓，如欧阳、西门、司马、诸葛等，如果把“欧阳春”称为“欧先生”，把“诸葛丹”称为“诸小姐”，这都会惹人笑话，同时也暴露了自己的无知。

(二) 弄错辈分、年纪、婚否

把没结婚的女性，称为“太太”“夫人”，称比自己年纪大的人为“小妹”，称比自己小的为“大姐”等，这些都是不妥的。

(三) 地方性称呼

中国人称“爱人”“小鬼”，外国人容易理解为“婚外第三者”“鬼怪、精灵”的意思，所以要注意这些地方性称呼的使用区域。广东人称“靓女、靓仔”，其他地区的人并不一定就会接受。

(四) 庸俗称呼

像“死党”“铁哥们儿”“姐们儿”这些称呼，在正式场合切勿使用，试想一下，即使你跟公司同事关系再好，当着客户的面就“死党”来“兄弟”去的，客户只会觉得这不是一家正规的公司。

(五) 绰号

绰号常常会损害他人的自尊心，特别是利用别人的缺陷取的绰号，如“铁拐李”“独眼龙”“断臂大侠”等，像这样称呼他人，不仅伤害了别人，其实也反映出个人修养不够。另外，不要拿别人的名字乱开玩笑。

（六）不用任何称谓

称呼他人时用“喂”“咳”，而不使用任何称谓，这是一种没有礼貌的表现。商务人员绝不能犯这种错误。

（七）不恰当的简称

简称一般适合于非正式场合，“陈总”“张处”“刘科”等，在正式场合还是应该称全称。简称要小心使用，如称“范局长”为“范局”，这就有些容易让人产生误会，所以碰到这种情况，就尽量不要用简称。

实训活动

一、技能题

现实生活中因为称呼不当而带来的麻烦不少，请收集相关案例，并整理成 PPT 向全班同学介绍并讲解。

二、案例题

案例一

一位顾客来到某公司的前台接待处，问接待处的小姐：“这是东海公司吗？请问王经理在吗？”该接待员瞟了一眼来者，说：“不在！”然后又继续与周围一男一女交谈道：“李姐、王哥，刚才你们说的那家打折的商场在什么位置呀？”

接待处小姐的做法有何不妥？

案例二

李丽与刘斯是大学的同班同学，又是同宿舍的室友，所以两人的关系一直不错。大学毕业后，两人同时进入一个大型国有企业工作，两人在工作上一直互相帮助，互相鼓励，工作几年下来，两个人都成为各自部门的领导。两个人平日里在称呼上比较随便，刘斯一直叫李丽为“李子”，李丽一直叫刘斯为“丝瓜”。有一次单位开大会，李丽主持，轮到刘斯上台时，可能刘斯一时走神没反应过来，李丽在台上顺口就来了一句“丝瓜！到你了！”刘斯一听，意识到自己开会时走了神，但听到这个称呼，她的脸真是红一阵白一阵的。

李丽的做法有何不妥？

案例三

张丹是某职业技术学院的大一学生，宿舍的水龙头坏了，她跑去找学校的后勤部门。走进后勤部，只见有好几张办公桌，坐着的人她一个也不认识，她走到第一张办公桌前说："阿姨，我们宿舍的水龙头坏了，是不是在这里报修呀？"对面的人先是一愣，然后回答："是的，你在这里登记你的宿舍号吧！我们会尽快去处理的。"

张丹的称呼有何不妥之处？

案例四

周玲是某公司的一名秘书，去年刚刚毕业。说起去年的成功应聘，她觉得那个得体的称呼是关键。当时面试的时候，由于太紧张，好几个问题都答得语无伦次，考官当时就指出了她好几个不该犯的失误。正当周玲觉得这次面试泡汤了的时候，一位中年男士走进了办公室和考官耳语了几句。在他离开时，她听到人事主管小声说了句"经理慢走"。那位男士离开时从周玲身边经过，给了她一个善意鼓励的眼神，周玲忙起身，毕恭毕敬地对他说："经理您好！您慢走！"她看到了经理眼中的诧异和脸上欣喜的表情，然后他笑着对周玲点了点头。等她再坐下时，她也从人事主管的眼中看到了笑意。最后她顺利地得到了这份工作。人事主管后来告诉她，本来根据她那天的表现，是打算淘汰她的，但就是因为她对经理礼貌的称呼让人事部门觉得她还是有从事秘书这个岗位的潜力的，所以对她的印象有所改观，给了她这份工作。

案例四对你有什么样的启发？

任务二

介绍礼仪

案例导入

约翰·梅森·布朗是一位作家兼演说家。一次他应邀去参加一个会议并进行演讲。演讲开始前，会议主持人将布朗先生介绍给观众，下面是主持人的介绍语：先生们，请注意了。今天晚上我给你们带来了不好的消息。我们本想邀请伊塞卡·马克森来给我们讲话，但他来不了，病了。（下面嘘声）后来我们要求参议员布莱德里奇前来，可他太忙了。（嘘声）最后，我们试图请堪萨斯城的罗伊·格罗根博士，也没有成功。（嘘声）所以，最后我们请到了——约翰·梅森·布朗。（掌声）

上述主持人的介绍出了什么问题？

任务目标

1. 不同场合中的自我介绍有何差异。
2. 掌握为他人作介绍的礼仪。

相关知识

日常的交际之中，少不了进行自我介绍和为他人作介绍。从礼仪的角度来说，介绍就是向他人介绍不认识的人或物。我们在这里主要探讨的是前者，也就是向他人介绍不认识的人，这个不认识的人可以是个人，也可以是一群人；可以是自己，也可以不是自己。

介绍通常可以分为三类：第一类，介绍自我，也就是自我介绍，即说明本人的情况；第二类，介绍别人，在这里，介绍人的身份就是第三者，为不相识的双方做介绍，说明情况；第三类，在大型活动社交场合，还需要把某一个单位、某一个集体的情况向其他人说明，这种叫介绍集体。实际上，在日常工作和交往中自我介绍、介绍别人、介绍集体是非常重要的一个见面礼节，它们之间有一些相同的地方，也有一些不同的地方。下面分别讲述介绍自我、介绍他人、介绍集体的相关礼仪知识。

一、自我介绍

在与他人的交际中，常常需要自我介绍，介绍得好不好，往往给他人留的印象就会大不一样。比如：在一次面试活动中，来面试的可能有好几十人，然而能够留给主考官深刻印象的人可能并不多。所以我们说，看似普普通通的介绍过程，其实里面有很多细节值得我们注意。

（一）自我介绍的时机

自我介绍的时机，一是指在什么情况下你需要做自我介绍，二是需要做自我介绍的情况下，你在什么时候介绍自己比较合适。并不是在任何情况下都需要做自我介绍，试想，如果在大街上，逢人便开口进行自我介绍，人家可能会以为这个人有毛病；但若是该进行自我介绍的时候，却对自己的来历、身份只字不提，这也是失礼的。在商务场合，与陌生的客户打交道之前，简单的自我介绍是必需的。

1. 自我介绍的适用情形

(1) 本人希望结识他人

在某些场合，很多人聚在一起，你希望认识某人，而又没有为你们双方做介绍的中间人，在这种情形下，你就可以先进行一番自我介绍。你走近对方，向对方点头致意，微笑问好："您好！我是××公司的行政主管张小珊。请问该如何称呼您呢？"对方通常也会顺着你的介绍进行自我介绍。这就是所谓的"欲将取之，必先与之"和"礼尚往来"。

(2) 他人希望结识本人

在社交场合，当别人对你感兴趣，希望能够认识你的时候，通常会向你示意、问好并作自我介绍，这个时候，你就应当也介绍一下自己。如果对方过来向你问好，并作了详细的自我介绍，你却只以简单的一句"好，我知道了"来对待别人，这是非常失礼的，也会使对方的自尊心受到伤害，这种行为展现的是一种"不屑一顾"的姿态。

(3) 希望他人认识本人

在很多场合，他人并没有要结识我们的意愿，比如求职、推销等情形，可是我们却非常希望对方能够了解我们，这时候可以采用先自我介绍，如果在这种情形下缺少必要的自我介绍，会使对方有"丈二和尚摸不着头脑"的感觉。这样，要想有进一步的沟通和交谈往往就会比较困难。

2. 自我介绍的具体时间

在需要进行自我介绍的情形下，还要注意具体的介绍的时间。通常，问候和自我介绍要放在个人交谈或是发言的最前面，不要放在后面。有些人没有养成这个习惯，打电话的时候或是发言的时候，等到把所有的事情都讲完了，临时想起"对方好像还不认识我”，于是又补充个自我介绍，这容易给人留下做事不够稳重的印象，同时也不便于对方迅速地进入与你交谈的状态。

自我介绍的时间应尽量选取对方空闲、情绪不错之时进行，当看到对方在跟他人闲聊时你不妨见缝插针，抓住时机进行自我介绍；如果你偏要在对方忙碌、烦躁之时强行自我介绍，估计很难达到理想的效果。例如，当对方正在接电话时，或者对方正被手头的工作弄得手忙脚乱之时，或者对方正在享用美餐时，或者对方正情绪低落甚至是大发脾气时，你上前去进行自我介绍，那最后的效果显而易见。

（二）自我介绍的内容

自我介绍的内容有三个要素：姓名、单位、职务。有些人在自我介绍时容易忘记介绍自己的姓名，这是需要特别注意的。当然，在不同的场合，自我介绍的内容也会稍有不同。若只是简单的应酬，只介绍姓名或是只说姓什么即可；若是向他人推荐自己，可以不失时机地介绍一下自己的专业、特长、学历、成绩等；在工作场合上的介绍，重在介绍自己所在的工作部门、职务、所从事的具体工作。

（三）自我介绍的注意事项

1. 时长

自我介绍的时间不要太长，应控制在一分钟左右，最多不要超过三分钟。如果像作报告似的，动辄十几分钟，会让人不耐烦。

2. 语言

自我介绍所用的语言要简洁明了。有很多人觉得进行自我介绍是很简单的一件事情，所以常常不把自我介绍当回事，到了临时要介绍的时候，就紧张得语无伦次，口头禅一大堆，说话断断续续、吞吞吐吐。这样的介绍不会给对方留下美好的印象，甚至会掩盖个人的优点和长处。商务人员应当为自己设计适合不同场合的自我介绍，在临时碰到这些场合的时候才不至于慌了手脚。

3. 态度

自我介绍时的态度要自然大方。畏首畏尾、脸红耳赤、不敢抬头、目光斜视等，这些都不是一位成功的商务人员在介绍时所允许出现的。不过，也不要走向另一个极端，在自我介绍时，自吹自擂，动不动就以老大自居，这也容易引起他人的反感。因此，进行自我介绍时，用语一般要留有余地，“很、非常、极、特别、第一”等词要慎用，“非常优秀”“工作能力特别强”等说法，自己还是不说为妙，留给别人来说，效果往往会更好。

4. 技巧

自我介绍时，精彩的名字介绍往往会留下深刻的印象。如何使自己的名字以最佳的方式让别人记忆深刻，这是需要下些工夫的，有时候适当的自嘲或是以幽默的方式介绍自己的名字常常会收到意想不到的效果。例如，“我叫苏丹丽，不过不是苏丹红，前两个字都一样，只是最后一个字是‘美丽’的‘丽’。”“我叫夏晓，听名字感觉我是在夏天的早上出生的，其实我是冬天的下午出生的。”总之，介绍名字有多种方式，如何能诠释得更好，需要多多琢磨，每个人都可以不断改进让他人记住自己名字的最佳方式。

二、介绍他人

在各种社会交往中，除了需要介绍自我之外，有时候，作为第三方，还需要为其他不认识的两方进行介绍，我们称这种介绍为介绍他人。在介绍他人时，不论是介绍者还是被介绍者，都应当了解相关的礼仪知识，只有这样，才能够在介绍或是被介绍的过程中做到彬彬有礼、落落大方。

（一）介绍者

1. 谁来当介绍者

在社会交往中，善于为他人作介绍，可以使介绍者在朋友中具有更高的威信和影响力，所以，不要小看这个介绍者的作用。可是谁来担当介绍者并不是任意的，必须考虑的一个重要因素就是介绍者的身份。什么样的人经常担任这一角色呢？一是社交活动中的东道主，比如在家庭聚会中，女主人常常承担这个介绍者的工作；二是社交活动中的长者、尊者；三是公务交往活动中的专职人员，比如公关人员、礼宾人员、文秘人员、办公室工作人员、接待人员等，介绍工作本来就是他们工作职责的一部分；四是在正式活动中地位、身份较高者或主要领导和负责人员；五是熟悉双方者；六是应双方要求者；七是被指定的介绍者。在社会交往中，应当由你来担任介绍者时，你却推让、扭捏；不该由你来担任介绍者时，你却强行出头，这都是不符合介绍礼仪的。

2. 介绍者的职责

作为介绍者，首先要了解被介绍的双方有无认识的意愿和兴趣，如果没有这一步骤，就有可能好心办了坏事。也许你准备介绍的两者之间曾经有过不愉快的经历，所以不要贸然行事，事先的征询还是必要的。试想：如果两家竞争对手在你们公司遇上了，你却主动上去为双方作介绍，结果是很尴尬的。在大型社交场合，一般也不要随意地介绍身份地位相差悬殊的人相互认识。

作为介绍者，在为他人做介绍时态度一定要热情友好，体态要大方得体，千万不可马虎对待。因为介绍者的态度往往会影响被介绍者在对方心中的地位。在为他人作介绍时，应微笑着用自己的视线把另一方的注意力引导过来。手势动作文雅，使用右手，掌心朝上，四指并拢，拇指张开，胳膊略向外伸，指向被介绍的一方，并向另一方点头微笑，上体前倾 15 度。介绍者不可用手拍被介绍者的肩、胳膊和背等部位；不能用食指或拇指指着被介绍者，因为用食指指人表示具有攻击性，有骂人之嫌，而以拇指指人却带着流气和痞气；不要掌心朝下，因为掌心朝下是矮化对方的肢体语言。

介绍时的语言要清晰明了，不要结结巴巴、吞吞吐吐、含糊其词。在正式场合的介绍语言要讲究文雅、庄重、严谨；在一些普通和休闲场合，介绍的语言可以稍为随意些、口语化、轻松些。在介绍完一位之后要有适当的语音停顿，让其有时间向另一方点头或是问好示意。介绍时如果要使用简称，应以不会产生误会为前提，比如，“这位是交大的著名教授”，“交大”到底是哪个“交大”呢？所以还是要介绍清楚，尽管你是心知肚明，可是对方不一定清楚。

在介绍中要避免过分赞扬其中的某一位，而忽略了另一位，为双方作介绍一定要注意保持平衡。比如：“我来为您二位介绍一下！这位是达发公司的销售经理马海先生，他可是不可多得的销售人才呀！工作成绩相当惊人，曾经创下三百万的年销售总额。”“这位是智达公司的业务主管李波先生。”这样的介绍，就是不平衡式的，难免会给人厚此薄彼的感觉。例如，可以改为：“我来为您二位介绍一下！这位是达发公司的销售经理马海先生，他是不可多得的销售人才！”“这位是智达公司的业务主管李波先生，他可是年轻有为的管理专家。”所以在介绍的时候，要看对象，有些人比较谦虚，不喜欢人家为他吹嘘，所以就不要不切实际地吹捧，这样也容易让人感觉你是个“马屁精”；有些人喜欢人家适当夸奖，这个时候倒是可以不失时机地赞美一下对方，满足对方轻微的虚荣心。

为双方介绍完之后，一定要留给双方一定的时间交谈，时间可长可短，这个时候作为介绍者可退出，也可以陪他们聊一会儿。千万不要“好为媒人”，还没等被介绍的双方交谈，就火急火燎拉住其中一位的手说：“来，我再为你介绍下一位！”

（二）介绍的顺序

在作介绍时，千万不可忽视介绍的顺序问题。我们应坚持使用“尊者优先知晓对方原则”，也就是说，应当先介绍位卑者，后介绍位尊者。

(1) 把职位低者介绍给职位高者；

(2) 把年轻者介绍给年长者；

(3) 把男士介绍给女士；

(4) 把晚辈介绍给长辈；

(5) 把未婚者介绍给已婚者；

(6) 把客人介绍给主人；

(7) 将晚到者介绍给早到者；

(8) 把家人介绍给同事。

在介绍时，先称呼长辈、职位高者、主人、女士、已婚者、先到者，再将被介绍者介绍出来，最后介绍先称呼的一方。如介绍时可以说：“李总经理，请允许我将我的秘书刘小姐介绍给您。”然后再说：“刘小姐，这位是公司的李总经理。”

在商务接待场合，被介绍双方受尊重的程度首先由双方职位和地位决定，其次考虑女士或是长者等其他因素。在非正式的场合，往往是年龄、性别等因素排在前面，职位等因素排在后面。比如：在正式的商务场合，介绍一位男经理与一位女秘书认识，作为介绍者，应先介绍秘书，再介绍经理，在这个场合，职位的因素排在前面；在非正式场合，如逛街时，介绍自己的一位女秘书朋友与一位男经理认识，宜先介绍男士，再介绍女士，在这种场合下，性别因素排在前面。

（三）介绍内容

介绍他人时，介绍的内容也常常是三要素：姓名、单位、职务。也可用简单式的，只介绍姓就可以了。如“我来介绍一下，这位是小吕，这位是老刘，你们彼此认识一下吧。”有时候采用强调式，强调被介绍者某个方面的特长、与介绍者的关系、被介绍双方的共同之处，等等。如：“这位是张大江，北方公司的经理，他可是管理专家。”“这位是我的小妹吴天丽，以后请多多关照。”“这位是张娇阳小姐，她跟你可是老乡呀，大学还是同一所学校毕业的。”

（四）被介绍者

被介绍者在介绍者询问自己是否有意认识他人时，一般不要加以拒绝，实在不愿意的话也应说明理由，如果没有特殊的原因，在介绍者为双方进行介绍时，被介绍者应表现得主动热情。

当介绍者走上前来介绍时，被介绍双方应起身站立，面带微笑，点头致意。被介绍时，女士和长者，可以不用起立；在宴会或谈判桌上考虑到空间的因素，也可不必起立。上述情形下虽然不用起立，并不表示可以毫无反应，略欠身、微笑、致意还是必要的。

介绍者介绍完毕，被介绍双方相距较近的可以握手、递名片，应依礼仪顺序握手，并互相问候“你好，认识你很高兴！”“幸会！幸会！”等；相距远者可举右手致意。

当别人介绍自己时，不要摆架子，也不要卑躬屈膝。有时候介绍者介绍时，会出现自己的名字、身份介绍错了的情况，这个时候最好用委婉的方式马上纠正，不要不好意思。如：“对不起，我姓邹，不姓周。邹和周发音是有点相近！”“不过我是公司人事部经理，不是公关部经理，倒都是经理。”如果你因不好意思而委屈自己一时改名换姓，将来带来的麻烦会更多。

三、介绍集体

有时候被介绍的一方不是一个人，而是一个集体，或是被介绍的两方、多方都是集体，这种情况称为介绍集体。

（一）一方是个人，另一方是集体

将一个人介绍给集体，这种方法主要适用于重大的活动中对于身份高者、年长者和特邀嘉宾的介绍。介绍者对这一位被介绍者进行介绍以后，其他的来宾可以自己去结识这位被介绍者。

（二）双方都是集体

被介绍的双方都是一个集体时，先介绍地位低的集体，后介绍地位高的集体（即使地位低的集体人数较多，而地位身份高的集体人数少甚至为一人）；先介绍东道主，后介绍来宾和客人；先介绍人数少的一方，后介绍人数多的一方。不过，在集体内部要采用

"先尊后卑"的原则。举个例子：介绍者准备介绍A、B两个公司的代表团成员，两个代表团均由经理、主管、职员三人组成。介绍者就要根据"尊者优先知晓对方的原则"决定先介绍A还是先介绍B。当A团的身份低于B团时，就先介绍A团；A团有三名代表，这个时候就要按"先尊后卑"的顺序，按经理——主管——职员的顺序依次介绍A团成员；然后再介绍B团成员，也按经理——主管——职员的顺序依次介绍。

那么，集体地位的高低如何确定呢？一是以负责人的身份为准，比如：双方都是派来了五名代表，组成了一个代表团，那么身份的高低就可以由这位代表团的团长的身份来确定。二是以单位规格为准。比如：一个单位是厅级单位，一个单位是处级单位，那么就以厅级单位为尊。

（三）多方都是集体

当要介绍多个集体时，若要排出先后顺序，可根据上面的"双方都是集体"的情况进行排序。不过，当需要介绍的是多方集体时，可以特意淡化尊卑关系。例如，可以单位英文或是汉语拼音顺序确定先后，这是国际上通行的做法。有时候为了确保进一步的公平，会采用英文字母的轮换式：也就是这一次以A为开头的第一字母，B为排在第二的字母；下一次就以B为排在第一的字母，以A为排在最后的字母。此外，也可以按座次顺序进行介绍，按距离介绍者的远近依次进行介绍。比如，2008年北京奥运会入场式，介绍各国的代表团时（这就是属于介绍集体的类型），我国是按代表团名称的简化汉字（以翻译成中文的第一个汉字）笔画顺序来排序。

实训活动

一、技能题

1. 请设计以下几种不同场合中的自我介绍：参加某公司的秘书职位面试，参加客户公司的年终答谢会，参加大学同学的十周年聚会，参加学校举办的主持人大赛。

分组进行训练，并随机抽取部分同学上台展示，其他同学进行点评。

2. 达佳公司一行五人：总经理张达、副总经理李海、业务主管刘力、公关主任刘伟、经理助理王强，前往天地公司进行商务拜访活动。

天地公司的接待团也由五人组成：总经理杜军（主陪）、副总经理关倍、业务主管宋炎、宣传部长李明、秘书张丽。

当达佳公司的五人抵达天地公司的大门时，双方之间的介绍活动应如何进行呢？请分组演练。

二、案例题

案例一

天达公司的李秘书在公司的庆典活动上担任介绍来宾的工作。李秘书用右手的食指指着天达公司的总经理说："这位是我们公司的总经理。"接着，她又用手指指着其他的几位嘉宾说："那位是智海公司的老总。坐在他旁边的是智海公司的副总。还有这位，这位是市工商管理局的局长。"说完这些，李秘书接着说道："下面，让我们以热烈的掌声欢迎各位领导和嘉宾的光临！"会议结束后，公司领导通知李秘书，让她回去好好学习介绍礼仪。

请就以上案例，分析李秘书的表现有何不妥之处。

案例二

在一次正式的会议开始前，接待员刘强为不认识的来宾作介绍。刘强说："张总，这位小姐嘛，你可不要被她柔弱的外表迷惑了，可不能小看呀！不说不知道，一说你张总也要刮目相看了。她就是天达公司的公关部长刘梅小姐。""刘小姐，这位嘛，一看这穿着打扮就不是普通人了，牛人呀！他就是大名鼎鼎的达佳公司的老总张波。"

请就以上案例，分析刘强的介绍语言有何不妥。

任务三

名片礼仪

案例导入

某公司新建的办公大楼需要添置一系列的办公家具，价值数百万元。公司的总经理已做了决定，向A公司购买这批办公家具。这天，A公司的销售部经理打电话来，要上门拜访这位总经理。总经理打算，等对方来了，就在订单上盖章。

不料对方比预定的时间提前了2个小时到达，原来对方听说这家公司的员工宿舍也要在近期内落成，希望员工宿舍所需要的家具也能由A公司提供。为了谈成这笔业务，销售部经理还带来了一大堆的资料，摆满了台面。总经理没料到对方会提前来访，刚好手边又有事，便请秘书让对方等一会儿。这位销售部经理等了不到半小时，就开始不耐烦了，一边收拾资料一边说："我还是改天再来拜访吧。"这时，总经理发现对方在收拾资料准备离去时，将自己刚才递上的名片不小心掉在了地上，对方却没有发觉，走时还从名片上踩了过去。这个失误让总经理改变了初衷，A公司不仅没有机会与对方商谈员工宿舍的设备购买，连几乎到手的数百万元办公家具的订单也告吹了。

A公司销售部经理的失误看似很小，其实是巨大而不可原谅的失误。名片在商务交际中是一个人的化身，是名片主人"自我的延伸"。弄丢了对方的名片已经是对他人的不尊重，更何况还踩上一脚。再加上没有按预约的时间到访，不曾提前通知，又没有等待的耐心和诚意，丢失了这笔生意也就不是偶然的了。

现实生活中使用名片有何应注意的细节？

任务目标

1. 掌握正确的递送名片的礼仪。
2. 掌握正确的接收名片的礼仪。

相关知识

名片是商务交往中重要的交际工具，它直接承载着个人信息，是一个人身份、地位的象征；是一个人尊严、价值的一种外显方式；也是广交天下朋友的介绍信。它使用起来简便、灵活、文明，能适应现代社会人际交往频繁的需要。因而，名片已成为现代交际的一种重要工具。现代商务人员每天要同各样的人群打交道，所以向他人递送名片和接收他人名片的机会也非常多。此外，商务活动中，名片还是商务人士组织形象的一个缩影，一张设计精美的名片会让他人对自己和公司刮目相看。

一、名片的设计

（一）内容

名片代表的就是个人的身份，并不是一张普通的卡片，所以一定要好好地设计名片。一枚设计精美合理、信息明了的名片往往会给人际交往带来很多便利。名片大多包含的信息有：本人所属的单位以及自己所在的具体部门；本人的姓名、学历、职务或职称；本人联络方式，包括单位所在地址、办公电话号码、本人电话号码和邮政编码等。如果是涉外名片，还应当印上对方的语言，以示对对方的尊重。

现代人追求完美，许多人在名片的设计上可以说是煞费心机。崇尚庄重、务实的商务人员，其公务名片不宜搞得色彩过于鲜艳、花哨。不要列上一大堆职务，挑出一两个主要的、有针对性的职务即可，否则给人的感觉是华而不实、故弄玄虚。

有些人喜欢在名片上印上个人的相片，其实在商界完全没有这个必要。有些人喜欢在名片上面印上一些个人的座右铭，那就要考虑对个人而言这可能是至理名言，对别人来说，那就未必了，这样就可能会出现一见到名片双方就产生心理距离的情况，所以要慎印。当然，有些公务名片上印着公司的服务理念，大多体现出对顾客的尊重，这是可行的。

（二）类型

以上讲的名片的内容是就总体的名片而言的，其实名片可以分为私用名片和公务名片。有些人都会为自己准备好几种不同类型的名片，在不同的场合使用不同类型的名片，这样也就更有针对性。在西方，一位商界人士口袋有好几种名片是不足为奇的。公务名片和商务名片一般是不提供本人家庭住址和私人手机号码（区别于工作手机）的，如确有必要，可在交换名片时当场提供，这样做往往被视为是向交往对象表示自己的重视和信赖。但是当别人递过来的名片没印家庭电话或是地址，也不要追问，否则会让对方觉得很尴尬。

（三）规格

一般的纸质名片的规格是 5.5 cm×9 cm，太小或太大的名片都不便于他人保存，因为名片夹、名片盒的大小相对还是比较固定的。有些人喜欢个性化的东西，比如：弄个超大的名片像个简历，弄个折叠式的名片像是请柬等，主人回去后不知道将这种"超常"的名片搁哪儿，时间一长可能就当废纸了，所以还是按章办事比较好。

二、使用名片的场合

(一) 初次见面

与他人初次见面，握手寒暄后，可递上名片，这时候名片是一个非常有效的自我介绍的工具，可以省去见面时过多的介绍词。特别是有些商务人士职务比较多，如果自己一一说出来，难免给对方留下自吹自擂的印象，这个时候一张内容清晰明了的名片就可以省去沟通时可能会产生的许多麻烦。如果我们希望认识对方，可以先向对方递上名片，表示出个人的结交意愿。

(二) 登门拜访

商务人士拜访客户表明自己的身份时，为了便于与客户联系，也可以递上名片。最好亲自将名片递给你想拜见的人，如果行不通，可以将名片递给其下属并请他代传，这个时候可以在名片上写上"求见××先生"的字样。当拜访名人、长辈、职位高等的人时，为了避免被拒绝的尴尬局面，可先请人代递上一张名片，作为通报和自我介绍。

如果被访者不在，你可以留下自己的名片，请其下属、家人转达，或是从门缝塞进去，并在名片上留下相关的话语，如"很遗憾，未能一见""很遗憾，来访未晤"等。

(三) 介绍他人

有时候需要为自己的朋友作"媒人"，介绍他去认识另外一个人，如果自己不能同行，可以在自己的名片上写上相关话语，并将自己的名片别在被介绍人的名片上。这时候这张名片也就充当了一部分介绍信的功能。

(四) 其他场合

(1) 代替贺卡。向他人表示祝贺，而自己没法亲自到场时，可以送上自己的礼品，并在礼品上附上一张自己的名片，并写上贺词，这个时候名片具有贺卡的作用。

(2) 代替请柬。在非正式邀请中，可用名片代替请柬，并写明时间、地点和内容，但正式场合就不能以此来代替请柬。

(3) 业务宣传。在名片上印上自己的业务范围，在进行业务往来时，名片是公司的招牌，具有类似广告的作用，可使对方了解自己所从事的业务。

(4) 通知变更。一旦调任、迁居或更换电话号码后，送给至亲好友一张注明上述变动的名片，等于及时而又礼貌地打了招呼。

当然，也有些场合是无须向对方递送名片的。第一，对方是陌生人，而自己也不打算认识对方，也无人为双方做介绍，这个时候就不需要递上名片，否则有"派传单"之嫌。第二，没有与对方进一步联系的可能和打算，这种情况下也没有必要递上名片。第三，对方毫无兴趣，那就不要强人所难，强递强取名片。第四，对方是可以经常见到的朋友、同事，名片最主要的作用就是介绍，既然大家互相都很熟悉，那就不用多此一举了。第五，当双方之间地位、身份、年龄差别悬殊时无须递送名片。

三、投递名片

递送名片时要注意以下几个方面。

(一) 态度庄重

名片代表一个人的身份，是一个人的脸面，所以投递名片时，自己要尊重自己的名片，自己都不把自己的名片当回事，就不要奢望别人会拿你的名片当回事。要重视每一次投递名片，我们在大街上常常看到有人不分对象、不分时间、见人就派送名片，把自己的名片当成广告单，这也就难怪路人大多是顺手就扔了。所以，要想让自己的名片受到他人的尊重，首先自己在投递时态度就要庄重。

(二) 讲究顺序

向他人递送名片，大多是在与人初识、自我介绍之后或经他人介绍之后进行。递送名片一般是地位低的人先向地位高的人递名片；男士先向女士递送名片；职位低的先向职位高的递送名片；主人先向客人递名片；晚辈先向长辈递名片。在接到名片后后者一般应回赠对方自己的名片。在主人先向客人递名片这一情境中需要强调的是：这里的客人是指主人宴请的客人；若是来者为不速之客，则应该是客人先向主人递上名片，让主人知晓你是谁。

递名片时，当对方不止一人，应先将名片递给职务较高或年龄较大的人，如分不清对方职务高低和年龄大小时，可依照远近依次递送，由近及远，或是沿圆桌顺时针递送。

递名片时，当自己这一方有多人，应由职位高者先递，轮到自己的时候才递，不要迫不及待地抢先递送自己的名片。

(三) 动作要领

递送名片时应面带微笑，正视对方，恭敬地用双手的拇指和食指分别捏住名片上端的两角，将名片送到对方胸前，正面朝着对方，即字体正对着对方，对方接过名片后无须再转过来看或是翻过来看。如果是坐着，则应起身或欠身递送，递送时可以说“我叫×××，这是我的名片，请笑纳”或“请多多关照”之类的客气话。名片应当以齐胸的高度递出，来访者、男性、身份低者应该使自己的名片低于对方的名片，以示尊敬。

(四) 注意事项

在递送名片时有以下几种常出现的错误做法。

(1) 向多人递送名片时，应给在场的人每人一张，不要落下某一位，让其产生厚此薄彼之感；而当自己这一方人较多时，则应让地位较高者先向对方递送名片。

(2) 不要用左手递交名片，不要将名片举得高于胸部，更不可以手指夹着名片给人。

那种高举个人名片、用食指和中指夹着名片递给他人的做法是不符合规范的。

(3) 如果对方为外宾,可先留意对方是单手还是双手递名片,随后跟着模仿。欧美人习惯用一只手与他人交换名片;日本人则喜欢用右手送自己的名片,左手接对方的名片。

(4) 在参加商务活动时,要随时准备好名片,放在易于取出的地方,出门前最好检查一下。那种到了递送名片的时候,却怎么也找不着的情况,恰恰是不够敬业的表现。随身所带的名片,最好放在专用的名片包、名片夹里,不要放在钱包里。此外,公文包以及办公桌抽屉里,也应经常备有名片,以便随时使用。

(5) 不要在同一次活动中重复向某人递送名片。

四、接取名片

(一) 步骤

接名片的步骤可以总结为:一接、二读、三放、四存。这是一个完整的过程,有很多人只关注第一个步骤,其实还要完成后三个步骤才能称得上完整的接取的名片的过程。

1. 接名片

接受他人名片时,应起身或欠身,面带微笑,恭敬地用双手的拇指和食指接住名片的下方两角,并轻声说"谢谢""能得到您的名片十分荣幸"等。如对方是地位较高或有一定知名度的,则可说"久仰大名"之类的赞美之词。

接过名片之后,若是仍然站着讲话,名片就一定要拿在齐胸的高度,若是坐下来就应将名片放在桌上。

2. 读名片

接过名片后,应十分珍惜,并当着对方的面,用30秒钟以上的时间,仔细把对方的名片读一遍。读名片可以适当地强调对方名片上比较重要的信息,注意语音轻重,有抑扬顿挫,重音应放在对方的职务、学衔、职称,尤其是放在对方的荣耀信息上。比如:"广东省中山市东凤镇大和村建筑公司副总经理",在这个单位名称中,重音放在"大和村""副"字上,就不如放在"广东省""经理"上。

在读名片的时候,碰到自己不会读的字,或是有不懂之处应当立即请教:"尊号怎么念?"不要想当然地乱读名片,如果不小心把别人的姓名读错,应向对方致歉,因为读错他人姓名、随意曲解他人姓名是失礼的。

3. 放名片

读完对方的名片之后,应当着对方的面郑重其事地将其名片放入自己携带的名片盒或名片夹之中,以示尊重和珍惜;如果没有名片夹或名片盒,可以把名片放在上衣口袋内(比如西装左胸内侧口袋)。

4. 保存名片

随着个人接受名片数量的不断增多,为提高查找名片的效率,一定要合理地保存名片并定期整理。

应用较精致的名片夹、名片盒来保管名片。要及时把所收到的名片加以分类、整理、收藏，以便日后使用。不要将名片随意夹在书刊、文件资料中，更不能把它随便地扔在抽屉里面。存放名片要讲究方式、方法，常用的名片存放可按姓名拼音字母分类；按姓名笔划分类；按部门、专业分类；按国别、地区分类。也可把各种名片的信息录入电脑、商务通等电子产品中，这样能够充分利用电子产品的快速检索功能。

要留心他人职务、职业、住址、电话等情况的变动，并及时记下有关的变化，以便通过名片把握每位交往对象、客户、朋友的真实情况。最好把同一个人的名片固定放在一处，这样即使对方的单位、职务发生了变化，但人还是这个人，而且也便于了解其职业背景。

5. 使用技巧

在同多位初次认识的人会谈时，可以把名片按对方的座次摆放在自己面前，这样做的好处是：在谈话中，你可不时地看一看名片，与其本人对上号，加深印象。倘若一次同许多人交换名片，又都是初次见面，那么最好依照座次来交换，并记好对方的姓名，以防搞错。

在送别客人之后，你可以把和他谈话的时间、主题、发现的问题、性格特点、爱好等记在名片的空白处，对于对方有职务变动或是单位调动，名片也可以起到记事本的作用。这对以后的继续交往会有帮助，不过这些操作都不是当着客人的面进行的。

（二）接取名片的禁忌

1. 不看不记

有些人在接过他人名片之后，一眼也不看，或漫不经心地随手往衣袋或手袋里一塞，之后又询问人家姓名，这是最糟糕、最拙劣、最不礼貌的做法；而放进口袋之后又拿出来观看，也会令对方不快，这些都是应当避免的。

2. 放置不当

接过他人的名片后要注意为名片找个合适的放置地点。不要放在裤子臀部后面的口袋，让对方感觉他的名片没有得到郑重对待；不要用文件、茶杯或是其他的物品压住对方的名片。要记住随意乱塞、乱放、乱扔名片是对他人的不尊重。

3. 乱写乱玩

名片就是一个人的脸面，不要在他人的名片上乱写乱涂，有些人为了图省事，常常喜欢在自己的名片上，直接更改电话号码等信息。这种涂涂改改的名片，不要递送给他人；接到他人的名片也不要随便在上面乱写乱画。

接受他人的名片之后，不要一边谈话一边玩弄名片，卷成烟卷、折成纸飞机，折个小帆船等，到谈话结束之时，名片已经是“面目全非”“惨不忍睹”。切记：名片不是一张简单的纸，它代表的就是对方本人。

五、索要名片

现代交往中，有时候别人并没有给我们递名片，但我们却想跟对方有进一步的联系，这就需要向对方索要名片。索要名片的常规做法有几种：一是向对方提议交换名片，这个多用于相互认识或有一定了解的人之间，但因为长久未联系，可能双方或是某一方的身份发生变化，这个时候可以提议交换一下名片；二是主动递上本人名片，一般的情况下，递给对方名片之后，对方出于礼貌，也会递出自己的名片；三是委婉地索要名片，其中向尊长索取名片时，可以先赞美一下对方，然后说"今后该如何向您老请教"；向平辈或晚辈索要名片时，可以说"以后怎样与你联系呢"。

当他人索取名片，而自己又不想给对方时，应用委婉的方法表达此意，直接表明不愿意给会让对方在面子上挂不住。可以说"对不起，我忘了带名片"或者"抱歉，我的名片用完了"。若本人没有名片，又不想明说时，也可以用这种方法表示。如果碰到有人以这种方式来回绝你的请求，你也要识相，不要"穷追不舍"。当比较重要的人士向你索要名片，你却因为名片真的用完了而不能给对方时，应向对方表示歉意，然后表态：事后一定寄给他或是亲自送上门去。

实训活动

一、技能题

1. 分组演练名片的递送以及接取礼仪，选取几个小组上台展示，其他小组的组员进行点评。

2. 当你同时接到五位初次见面的人递上来的名片，并与他们同时交谈时，采用什么办法可以方便交谈？请找几位同学来演练这个情景。

二、案例题

小丽是天达公司杜经理的助理，工作一直都非常积极肯干，多次受到经理的表扬，小丽并没有因此而骄傲自满，而是更加努力。有一天杜经理带小丽去参加某合作伙伴公司的庆典活动，到了活动现场，对方公司的经理及几位工作人员已在大门口处迎接各个应邀前来参加活动的公司成员。杜经理和小丽走上前去，小丽微笑着递上自己的名片："三位好！我是天达公司的经理助理小丽，这是我的名片，以后请多多关照！"杜经理随后也递上了名片。

请分析小丽的做法不妥之处在哪？请演示正确的操作方法。

任务四

握手礼仪

案例导入

玫琳凯化妆品公司的创始人玫琳凯在发达之前是一名推销员。有一次,销售经理召集他们开会,经理在会上发表了非常鼓舞人心的讲话。会议结束时,大家都希望同经理握握手。玫琳凯排队等了 3 个小时,终于轮到她与经理见面。经理在同她握手时,瞧都不瞧她一眼而是去瞅她身后的队伍还有多长,甚至没意识到他是在与谁握手。善良的玫琳凯理解他一定很累,可是,自己也等了 3 个小时,同样很累呀!自尊心受到了伤害的她暗下决心:如果有那么一天,有人排队等着同自己握手,自己将把注意力全都集中在站在面前同自己握手的人身上——不管自己多累!正是凭着这样的决心,玫琳凯虽是化妆品行业的门外汉,但她不断去握化妆品专家的手,去握广大美容顾问的手,终于创建了玫琳凯化妆品公司,公司声誉鹊起。她也因此多次站在队伍的尽头同数百人握手,常常持续好几个小时。无论多累,她总是牢记当年自己排那么长的队等候同那位销售经理握手时所受到的冷遇,总是公正地对待每一个人。如有可能,总是设法同对方说点亲热话,哪怕只同对方说一句话,如"我喜欢你的发型"或"你穿的衣服多好看呀",等等。她在同每一个人握手时,总是全神贯注,不允许任何事情分散了自己的注意力。正是凭着这份对他人的尊重,玫琳凯成为全球女性熟知、认可的化妆品牌。

玫琳凯的成功带给你的启示有哪些?

任务目标

1. 能够正确地与他人握手。
2. 掌握握手的禁忌。

相关知识

握手礼在许多国家已经成为一种常见的见面礼节，而且运用的范围也越来越广。得体的握手能够传递友谊、热情、鼓励、欢迎等许多信息，可是不得体的握手则会传递轻视、厌烦等信息，甚至可能会引发双方之间的矛盾。握手的力度、时间的长短、方式、顺序等，都是有一定的讲究的，所以，商务人员千万不可小视握手所表达的潜在信息。

一、握手礼的使用范围

中国人以前见面鞠躬作揖，现在则流行握手礼，不过在中国的台湾、香港、澳门地区以及一些华人聚居的东南亚地区，拱手礼在老辈华人里还是比较流行的。欧美国家常见的见面礼节有拥抱礼、亲吻礼。在韩国、朝鲜、日本，鞠躬礼则比较流行。尽管这些会面的礼节千差万别，但握手礼已经成为最常用的见面礼节。

二、握手的场合

在不同的场合，握手所表达的含义也不同。当遇到久未谋面的朋友、同事、熟人，在与对方交谈之时，不要忘了握握对方的手，这可以更好地传递这种久未谋面后的欣喜之情。

当被介绍给不认识的人的时候，规范的握手既可以加深双方之间的印象，同时也为双方未来的友谊奠定一定的基础。

东道主在迎接客人到来时，主动热情的握手代表了东道主对客人的欢迎之情。

在得到他人的支持、鼓励或帮助时，与对方握手可表达你的感激之情。

在他人遭遇挫折或不幸时，伸出你温暖有力的手与对方相握，往往会给对方增添信心和直面困难的勇气。

在为他人颁发奖品时，握手可以让对方深切地感受到你的鼓励和关怀，同时也可以增强他的荣誉感。

三、握手动作要领

（一）掌势

按照握手时掌势的不同，握手可以分为平等式握手、友善式握手、控制式握手、双手相握式握手。

平等式握手：手掌基本与地面垂直，手尖稍稍向侧下方伸出，四指并拢，拇指张开，这种握手方式比较适合初识者。

友善式握手：掌心向上与对方握手，这种握手方式会显得比较谦虚谨慎。也许面对自己的长辈这样握没什么不妥，但若是男士与年轻女士握手时采用这种握法，就不合适了。

控制式握手：掌心向下与对方握手，这种握手方式会显得高傲自大，有控制欲望，最好不要采用，特别跟自己的长辈、上级握手时千万不能如此。

双手相握式握手：用右手握住对方右手后，再以左手握住对方右手的手背，这种方式适用于亲朋好友之间，以表达自己的深情厚谊，不适用于初识者或一般的异性朋友之间。如果某位男士与初次见面的女士握手时，采用这种握手的方式，很容易给人以过度殷勤之感。

（二）时间

与他人握手时，握手时间的长短一定要把握准确。在一般情况下跟别人握手的时间不能太短，也不能太长，最佳的时间应该控制在三到五秒钟。

1. 关于握手时间较长的情况

对于久未谋面的老朋友，握手的时间允许长一些，有时候甚至可以握住一直不放，边握着手边交谈，这种情景我们可以经常见到。但如果是与某位女士初次见面，男士尤其要注意，久久握住女士的手不放，不仅仅是失礼的问题，严重的可能会引起对方的反感或厌恶之情，因为这很容易让对方怀疑你“心术不正”。在向他人表示鼓励、慰问和热情时，握手的时间也可以稍微延长，但也要适可而止。

2. 关于握手时间较短的情况

女士在与男士握手时，不可过于矫揉造作。有些女士只伸出四根手指，整个手掌都不愿意摊开，如果这样握手，很容易使对方感觉：这位女士只是在“施舍”一次握手。还有些女士在握手过程中，对方的手几乎还没有碰到，女士就像触电似的把手缩了回来，使得对方很尴尬。这些都是不符合握手礼仪的。

（三）力度

握手时的力度要恰到好处。久未谋面的老朋友之间的握手，可以紧紧相握，握痛了反倒会增添亲切和喜悦之情。对于一般的朋友，用力稍大也可以显示热情，但力度不能像久未谋面的老朋友那样用力，否则会有示威、挑衅的意味。下级有力地握上级之手，上级以同样力度回报，这样会让下级感受到上级的感召力和上级对下级的信任感。握手力度不够，容易让人觉得你无精打采，缺乏朝气；握手的力量太轻，或是仅以手指尖与对方手掌稍稍接触是敷衍了事的表现。

（四）姿势

与他人握手时应起身站立、面含笑意、神态专注、友好热情、自然大方。握手双方之间的最佳距离为 1 米左右，太远则容易让对方产生距离感，有受冷落的感觉；太近则容易显得缩手缩脚，不雅观，也不大方。双方握手之时，两手形成的角度为一个直角。握手时要求注视对方，也就是“我的眼睛里此刻只有你”。为表示尊敬（与长者、身份高者握手），握手时上身应略微前倾,头略低一些。

(五) 问候

握手时应根据交往的对象进行恰当的问候。比如:对远道而来的客人,可以说些"欢迎光临""旅途辛苦了"等之类的话语;对第一次认识的朋友可以说"幸会""很高兴认识你"等话语;对老朋友见面则问"别来无恙";在送别客人时则可以祝对方"一路平安"。握手时若一言不发,会让对方以为你非常不乐意跟其握手。有的人在握手时,"身在曹营心在汉",边握手边跟其他人招呼说话。例如,你跟王主任握着手,你说:"王主任,你好!"王主任却向别人打招呼:"你好,老马、老张,你们都来了。"你不知道王主任究竟在关注谁?在社交场合,尤其是在正规场合,此类表现是非常令人反感的。

四、握手的顺序

(一) 双方握手

握手的顺序是相当有讲究的,坚持"尊者优先伸手原则"。女士与男士握手,应由女士首先伸出手来。年长者与年幼者握手,应由年长者首先伸出手来。已婚者与未婚者握手,应由已婚者首先伸出手来。长辈与晚辈握手,应由长辈首先伸出手来。先到者与后来者握手,应由先到者首先伸出手来。接待客人时,主人先伸手以表示对客人的"欢迎",无论对方是男是女,主人都应先伸手以示欢迎;客人告辞时则客人先伸手以示"再见""请留步"。如果客人到来时,主人迟迟不伸手,会向客人传递"不欢迎""不热情"的信息;但是当客人提出要告辞时,主人立刻伸出手去,就会有"逐客"之嫌。

在正式场合判断握手的顺序时优先考虑的因素是个人的职位、身份、地位,在非正式的休闲场合首先考虑的是则是年龄、性别、婚否等因素。比如:一位女士和一位男士,女士职务低于男士,在商务谈判上,男士先伸手与女士相握;但若是舞会上相遇,女士则拥有优先伸手的权利。

(二) 多人握手

多人握手指一人同多人握手和多人同一人握手。

(1) 一人同多人握手时,可以采用的顺序有三种

一是可以坚持由尊至卑的做法,先与对方身份高者握手,再与对方身份低者握手。比如:同对方公司的经理及助理见面,应当先与经理握手,再与助理相握手,而不要用相反的顺序。虽然对方尊卑有别,但你在与对方握手的时候,要注意与他们握手时间要大体上相同。不要与重要的人士握手时,迟迟不肯放手,与不重要的人士握手时,手掌尚未握稳就急于脱手,这容易给人留下"厚此薄彼""势利小人"的印象。

二是分不清对方的尊卑次序时,可以按照由近及远的方式进行。

三是可以按照顺时针方向进行,宴请时候的握手就常用这种方式,从主宾开始,然后按顺时针顺序握手。

(2) 多人同一人握手时，不要急于出手，应请身份地位高的人先与对方握手，轮到自己的时候再伸手。比如：甲公司的代表团一行三人（主管、副主管、文员）到乙公司参加正式的商务活动，在见面之初与乙公司负责接待的负责人握手时，甲公司的人要按照由尊至卑的顺序与对方握手，也就是主管与对方先握，其次是副主管与对方握手，最后才是文员与对方握手，副主管、文员抢先握手则是失礼的表现。

在商务场合，有些人不太注意与他人握手的先后顺序问题，当碰到这样违反顺序先伸出手的情况时，也应毫不迟疑地立即回握。当对方先伸出手时，视若不见，或是过于斤斤计较、跟对方理论，甚至拒绝与他人握手，这些都是极为失礼的行为。

五、握手的禁忌

(1) 心不在焉。握手时不看着对方，表情呆板，眼神迷离，东张西望或心不在焉地握手。这种“身在曹营心在汉”的做法，容易伤害对方的自尊心。有些人常常因为忙于接待，一边跟甲握着手，同时又跟乙、丙、丁几位打招呼，还要不停地张罗手下人干活。这种人自以为自己做事周到齐全，实际上，这种做法很容易让正在与他握手的人觉得自己没有受到尊重，甚至是被忽视了。

(2) 左手握手。国际上通行的做法是以右手相握，而不能用左手相握。而且，在很多国家，像新加坡、马来西亚、泰国、印度等国，人们的左右两只手往往有各自的分工，递东西、吃饭或行使礼节应该用右手。

(3) 戴手套握手。戴着手套跟他人握手，容易让对方感到你嫌弃他，不愿意用你的手跟他的手“亲密接触”。这样的话，本来可以传递友谊的握手行为，就变成了阻碍友谊发展的绊脚石。所以握手时，一定要摘掉手套，以示对对方的尊重。不过有一种情况比较例外，那就是女士在某些社交场合，为了搭配某些裙装而戴上的薄纱手套可以不摘，这种手套主要就是装饰性的，没有必要摘下来。

(4) 交叉握手。当他人正在握手的时候，不要将双手架在他人握着的双手上进行握手，即便是很久未见的朋友，宁可绕个道，也不要急不可待地这样交叉握手，尤其是在国际交往中，西方人认为这种握手是极不吉利的。

(5) 坐着握手。不要坐着握手，除非是行动不便的老人或是体弱者。有时候由于空间不允许，可以坐着握手，但也应当适当地欠欠身。

(6) 不按顺序握手。在握手时争先恐后是有失教养的表现，应当依照握手的顺序依次进行。

(7) 握手时用力不当、时间长短不当。不要在握手时把对方的手拉过来、推过去，或者上下左右抖个不停。

(8) 当对方不便于握手时，不要与对方握手，可以稍等片刻，或点头示意即可。当对方正在打电话、用餐、主持会议、与他人交谈，或对方离自己较远，所处环境不适合握手，等等，这些情形时不要与对方握手。

(9) 戴着墨镜与他人握手。隔着墨镜看人、与人握手，都是不礼貌的，进入他人房间时也要把墨镜取下来，除非是个人有眼疾，那也得事先向对方解释说明。

(10) 抢先与女士握手。急不可待地与女士握手，这是没有风度的表现。

(11) 用湿的、脏的手与他人相握。这往往会让对方有不舒服的感觉。当对方的手已经伸出来，可是此时自己的手是湿的或是脏的，这时可以向对方表示歉意："不好意思，我的手上有水。""对不起！我的手上现在有点儿脏。"如果对方表示不介意，你也可以坦然与之相握。当对方伸出手来后，明知自己手上有脏东西，不做任何说明就与对方握手，只会让对方有"悔不当初"之感。当然，律己敬人是礼仪的基本规律，当对方用湿的或是脏的手与我们相握之后，不要当众揩拭手掌，这样做的潜台词就是"我嫌你脏"。

(12) 左手放置不当。当用右手与他人相握时，左手不要拿着报纸、公文包等东西不放，也不要插在裤袋里。

实训活动

一、技能题

全班同学自己设计商务情境并分组演练握手礼节，各组派代表上台展示，其他各组成员进行点评。

二、案例题

案例一

郑平是某单位的经理，有一天，他应邀出席某晚宴，此次晚宴规模较大，聚集了很多职场成功人士。在宴会进行中，郑平被朋友介绍给年轻的张女士。为了表示自己的友好，他先把手伸出去了，可是那位张女士居然没有反应，还在与一旁的朋友说说笑笑。郑平觉得伸出去的手不好再缩回去，撑了大概20多秒，张女士还是不配合，郑平一着急，只好说了声"有蚊子"，便装作转手去打蚊子。这场面让周围的人都不禁捏了把冷汗，郑平也是满脸的尴尬。

结合所学的握手礼仪知识，谈谈案例中郑平和张女士的表现有何不妥之处。

案例二

张丽学生时期总被人批评不讲礼貌，于是毕业找工作时她在面试礼仪上狠下了一番工夫。有一次张丽参加面试，面试还算顺利，问题回答完毕，她起身向准上司告辞，谁知准上司坚持要送张丽到电梯间，于是问题就来了。刚进入考场时，准上司坐在办公桌后，张丽只需要向他颔首微笑就算打过招呼了。现在两个人面对面站着，电梯马上就到，似乎应该客套几句，握手告别才对。张丽平时网上搜集来的“面试礼仪宝典”说：“在需要握手时，下级或晚辈应该等上级或长辈先伸出手后再行握手礼；男士应该等女士首先伸出手后再行握手礼”。可张丽突然意识到一个矛盾——对方是上级，但是男士；自己是下级，但是女士。“宝典”里完全没提这种情况，怎么办？张丽一边内心挣扎一边观察准上司的表情，但他始终毫无表示，一直在介绍企业文化与历史业绩。张丽指头一会儿伸直一会儿又蜷起，始终没有勇气伸出右手。电梯来了，在慌乱中她转身一把抓住一男士的手摇了一摇，说了声“再见，请留步”就仓皇逃入电梯而去。

一周后张丽收到上司的 E-mail，通知她已被录取，尽快到人事部门报到。邮件最后附了一句让她很羞愧的话：“可否告诉我，面试那天你为何与电梯间的陌生男子握手？”

结合张丽握手的案例谈谈如何把握握手的顺序。

任务五

交谈礼仪

案例导入

小张是公司销售部的一名员工，为人比较随和，不喜争执，和同事的关系处得都比较好。但是，前一段时间，不知道为什么，同一个部门的小王老是处处和他过不去。有时候还故意在别人面前指桑骂槐，对跟他合作的工作任务也都有意让小张做得多，甚至还抢了小张的好几个老客户。起初，小张觉得都是同事，没什么大不了的，忍一忍就算了，一直也没有单独找小王谈谈。后来，看到小王如此嚣张，小张突然一赌气就告到了经理那儿。经理把小王批评了一通，从此，小张与小王就成了真正的冤家。

以上案例带给你怎样的启示？

任务目标

1. 掌握交谈的原则。
2. 熟悉交谈的技巧与方法。

相关知识

一、交谈的作用

交谈是一门艺术，是人与人之间表达感情、传递信息、增进友谊的一种方式，也是工作能力、社交能力的综合体现。在人类发展史上，交谈作为一种社会现象，是和人类劳动、生活、交际活动一起发展起来的。交谈的艺术性体现在：交谈无处不在，但效果迥然。“酒逢知己千杯少，话不投机半句多”，也印证了交谈质量的优劣直接决定了交谈的效果。一次成功的谈话,不仅能实现自己的预想目标,获得知识、信息乃至经济上的收益,还能在情感上赢得别人的信任和关爱。

日常工作生活中,交谈是建立良好人际关系的重要途径,是连接人与人之间思想感情的枢纽,是增进友谊、加强团结的一种动力。一个人善于交谈的人,不仅能广交朋友,而且能赢得他人的尊重,给人带来友爱,为社会增添和谐,从而享受到社会特有的友情与温暖。在现实生活中,我们也可以看到因交谈中言语不当而吵架甚至引发更大矛盾,造成结怨结仇的情形。

交谈不仅是人们交流思想的重要方式,还是学习知识、增长才干的重要途径。多同有思想、有修养的人交谈,就能学到很多有用的知识,“与君一席谈,胜读十年书”就是对交谈的意义的深刻总结。广泛的交谈有利于交流信息、深化思想,增强认识能力和处理问题、解决问题的能力。因此,掌握交谈的礼仪要求、提高交谈的语言艺术,对于提高工作水平和工作效率,也具有极其重要的作用。要使交谈起到良好的媒介作用,不仅要有较强的语言表达能力,而且还要有尊重对方、谦虚礼让、善解人意等良好的礼仪修养。

二、交谈的原则

(一) 真诚相待

真诚是一种态度,也关乎一个人的品格。交谈双方态度要认真、诚恳,才能有融洽的交谈环境,才能奠定交谈成功的基础。认真对待交谈的主题,坦诚相见,直抒胸臆,不躲不藏,明明白白地表达各自的观点和看法。发自肺腑的语言才能触动别人的心弦,真心实意地交流是自信的结果,是信任人的表现,只有用自己的真情激起对方感情的共鸣,交谈才能取得满意的效果。

(二) 互相尊重

尊重是最起码的礼节。交谈是一种思想、情感的交流和融合,要取得满意的交谈效果,就必须顾及对方的心理需求。交谈中,任何人都希望得到对方的尊重。交谈双方无论地位高低,年纪大小,或长辈晚辈,在人格上都是平等的。切不可盛气凌人、自以为是、唯我独尊。所以,谈话时,要把对方作为平等的交流对象,在心理上、用词上、语调上,体现出对对方的尊重。尽量使用礼貌用语,谈到自己时要谦虚,谈到对方时要尊重。恰当地运用敬语和自谦语,可以显示个人的修养、风度和礼貌,有助于交谈的成功。

三、交谈的技巧和方法

(一) 循序渐进

(1) 交谈要从容不迫,与朋友、熟人见面时,可以先谈谈分别后的情况和现在各自的情况,再转入正题交谈,这样不至于造成生疏、做作、不自然的窘迫情况。

(2) 如果是初次见面,也应该先有一些必要的寒暄,选择一些易沟通的话题简单交流一下，例如各自做个简单的介绍，从工作单位、家庭成员、乡土风俗等谈起，待气氛融洽后，再“言归正传”。

（二）态度真诚，亲切自然

(1) 交谈时应以一颗真诚的心亲切自然地对待他人，切忌虚情假意、大搞“外交辞令”。

(2) 交谈时要就事论事，围绕主题，不要装腔作势、夸夸其谈，不要胡乱恭维、过度赞美别人，不要向别人夸耀自己的成功，转弯抹角地自我吹嘘，以避免对方产生厌烦情绪。

(3) 交谈时，听到称赞之言，应表示谦逊；听到批评逆耳之言，不要表现出不高兴和过多的解释；回答问话时，要表现出善良、友好的诚意。

（三）神情专注

(1) 交谈时，神态要自然、大方，正视对方，认真倾听。自己认同对方的观点时，应以微笑、点头等动作表示同意；不认同对方的观点时，要礼貌委婉地表达。

(2) 交谈时切忌神情茫然、东张西望、似听非听，或者翻阅书报、玩弄手机等，也不要随意打哈欠、伸懒腰，做出一副疲惫不堪的样子，或者不时看看钟表，显得心不在焉。另外，不停地抖腿、转动手中的笔、两手紧握弄得关节嘎嘎作响，都是不礼貌和不适宜的。

（四）察言观色

(1) 交谈时要注意对方的情绪反馈。当一方在发表自己的意见时，倾听者要通过适当的眼神、手势或其他形体语言表示自己在认真倾听，或及时适当地使用一些语气词、简单的语句进行反馈，如“啊”“是吗”“那太好了”“讲得对”等来烘托渲染谈话气氛，激发对方的谈话兴致，如果让对方滔滔不绝，自己却如泥塑一般，对谈话不置可否，这也是失礼的表现，同时也影响自身的形象。

(2) 交谈时要注意寻找对方情绪高、心境好、有兴趣的心理时机进行交谈，善于运用对方感兴趣、有研究体会又乐于谈论和发表看法的内容吸引对方，巧妙制造交谈氛围。

（五）实事求是

交谈时要实事求是，不要虚构事实。不要自吹自擂、自我标榜和一味抬高自己，也不要妄自菲薄、自我贬低、自轻自贱、过度谦虚。

（六）学会聆听

交谈时要认真聆听对方说话，不要随意打断、插话、抢话。交谈时要注意对四种情况的处理：正确的意见——表示赞同；无原则问题——不必细究；有原则问题——婉转相告；不合理要求——婉言谢绝。

（七）懂得礼让

在交谈中，应以对方为中心，礼让、尊重对方，有不一样的观点时要求同存异，不要强词夺理、无端抬扛。

（八）语言表达要委婉

在交谈中，应当力求言语含蓄温和。如在谈话时要去洗手间，不便直接说“我去厕所”，可以说“对不起，我出去一下，很快回来”，或其他比较容易接受的说法。

四、交谈的话题

交谈的话题即交谈的中心内容，是与谈话者、倾听者一起构成的。

（一）适宜选择的话题

（1）约定的主题。交谈双方事先已商定，或者其中一方先期准备好的主题，它适用于正式交谈，如研究工作、请人帮忙、讨论问题、征求意见等。

（2）轻松的主题。谈论一些令人轻松愉快、身心放松、有情趣的话题，它适用于非正式交谈，如休闲娱乐、体育运动、旅游观光、风土人情、名胜古迹等。

（3）高雅的主题。内容文明、优雅，格调高尚、脱俗的话题，它适用于如文学、艺术、哲学、历史、地理等类型的交谈。

（4）时尚的主题。以此时、此刻、此地正在流行的事务作为谈论的中心，如住房改革、股市动荡、汽车降价等，它同样适合于各种交谈。

（二）不宜选择的话题

交谈中并不是任何事情都可以成为话题，有些话题不宜选择，具体来说有以下几方面。

（1）个人隐私。收入、年龄、健康、婚姻状况、家庭住址等都属于个人隐私，这类话题不提为好。随着社会的进步，交往中人们对个人的隐私越来越尊重，在交谈中凡涉及个人隐私的一切问题均应回避。

（2）非议他人。与人交谈不要非议党和政府，不在背后议论领导、同行和同事，也不传谣言，这不仅是个人修养的问题，也是社会公德的体现，更是交往成功的保证。

（3）格调不高的话题。社交场合不以荒诞离奇、耸人听闻、黄色淫秽、家长里短的内容为话题，也不开低级庸俗的玩笑，更不能嘲弄他人的生理缺陷，那样只会说明自己的格调不高。

（4）国家秘密和行业秘密。国家有安全法、国家保密法，与人交谈时不能乱说，说话要有分寸，不能涉及国家秘密与行业秘密。

（5）政治、宗教。在涉外场合，一般不要谈论当事国的政治问题，也不要随便议论他人的宗教信仰，对某些风俗习惯、个人爱好也不要妄加非议。

五、交谈中的禁忌

在交谈中，切忌一言不发，使交谈冷场；在他人正在说话时，不能突然插上一嘴，打断对方说话，抢人风头；不能乱用方言、俚语、外语、术语，使旁人听不懂；不可使用不文明的语言，满口脏话，甚至时时刻刻将绯闻、下流话挂在嘴上；不可油腔滑调，取笑他人；不能讲废话，没完没了，啰唆重复；不可与人争辩，自以为一贯正确，不时纠正对方，质疑对方；不可讲话尖酸刻薄，肆无忌惮，恶语伤人，挑拨离间，搬弄是非，打听小道消息。

六、交谈中常用礼貌用语

初次见面说久仰，看望别人说拜访；
请人勿送用留步，好久不见说久违；
请人帮忙说劳驾，求人方便说借光；
请人指导说请教，请人指点说赐教；
赞人见解说高见，归还物品叫奉还；
欢迎购买叫光顾，老人年龄称高寿；
客人来到说光临，中途先走说失陪；
赠送作品叫斧正，求人原谅说包涵；
麻烦别人说打扰，托人办事用拜托；
与人分别用告辞，请人解答用请问；
赠送礼品说笑纳，表示感谢用多谢。

实训活动

一、技能题

在某一次商务活动的现场，素不相识的小王和小李刚好被安排在相邻的两个座位，请试着模拟二人的交谈过程。

二、案例题

案例一

某公司打算于近日为员工购买一份保险，保险业务员小凡陪同业务经理前往该公司进行洽谈，办公室小张热情地接待了他们。闲聊中，得知小张是某省人，小凡便随口说：“你们那个地方人很善良，民风纯朴，不像××省的人，净出骗子和人贩子。”这时，负责与他们洽谈的公司汪经理正好进来，听了小凡的话，汪经理说：“二位，不好意思，我们公司决定暂时不买保险了，你们请回吧。”随后，汪经理又吩咐小张拨打了另一家保险公司的电话。原来，汪经理的老家正是小凡说的××省。

根据以上案例分析保险业务员小凡失败的根本原因，他违背了交谈中的什么原则？

案例二

在某地一辆公共汽车上，一位乘客与乘务员之间发生了争吵。

乘务员：往里走，塞在门口为哪样？

乘　客：同志，态度好一点嘛！

乘务员：态度？态度多少钱一斤？

乘　客：刚才我不是跟你说了嘛，我到下一站就下车。

乘务员：我不也是跟你说了吗，你几毛钱，还想要买什么态度？

请分析该案例中乘客与乘务员交谈语言的不妥之处。

案例三

严先生不受人欢迎，因为每当他和人聊天时，常常说："我刚刚讲到哪里？"与人交谈时，只要有一个短暂的电话插入，哪怕只有几秒钟，挂掉电话时，他一定会问："电话进来之前，我们说到哪里？"在餐厅用餐时，侍者中途上菜，话题一经打断，他也要问："我刚才说了些什么？"听到这句话的朋友虽然多半不太愉快，但还是耐着性子重复一次刚才的谈话。

然而并非每个人都有好修养，有一次，严先生问一位年轻女伴："我刚刚说到哪里？"那位小姐尖刻地回答："我也忘了，大概没有什么重要的事吧！"严先生当场显得十分尴尬。

请分析该案例并思考交谈中应注意哪些礼仪规范？

项目四

迎送礼仪

在商务场合，人与人之间交往少不了迎来送往，在迎接客户与送别客户时经常要考虑到通信联络、用车、接待、馈赠、回访等环节。本项目包括五个方面：通信礼仪、乘车礼仪、接待礼仪、拜访礼仪、馈赠礼仪。

任务一

通信礼仪

案例导入

刚参加工作的张珊与一家公司进行了业务洽谈，该公司答应三天后给回电话。三天的时间很快到了，在苦等了一个上午无果后，急于做出业绩的张珊忍不住往该公司打电话询问。然而，电话一直没人接。下午两点钟，电话终于接通，接电话的人询问张珊是否就是中午打了很多电话的人，张珊如实承认后刚想解释，对方就说："难道你不知道中午是大家的休息时间吗?"张珊的第一笔业务就这样失败了。

拨打电话有何注意事项?

任务目标

1. 接听、拨打电话的方法和技巧。
2. 使用传真、电子邮件的注意事项。

相关知识

电子通信设备已成为现代社会最重要的通信工具之一，在人们的日常工作和生活中，使用电话、传真、电子邮件沟通也逐步成为联络感情、洽谈业务等活动的主要途径，我们通过电子通信工具可以传递和获知信息，还能缩短空间的距离，有效节约经济成本。

一、拨打电话礼仪

(一) 选择通话时间

通话一般要在办公时间内进行，不要在下班之后打，更不能在深夜、凌晨及午休、用餐、公休假时间打，除非有特别紧急的事情。如果是拨打国际长途电话，要注意时差，不要打扰别人休息。通话的时间一般不宜过长，以不超过五分钟为宜。如果要通话较长时间，最好用面谈的方式；如果必须通话，则要先询问对方是否方便，否则就要另约时间联系。

（二）语言表述得体

通话时表述要清楚，口气谦和、亲切、自然，语速适中。通话之初，应先做自我介绍，不要让对方"猜一猜"。请受话人找人或代转时，应说"劳驾"或"麻烦您"，不要认为别人帮忙是理所应当的。

传递信息简洁明了。由于现代社会商务活动中信息量大，人们的时间观念强，因此，商务活动中的电话内容要简洁而准确，要有时间观念和效率意识，不可不着边际地交谈。

语速语调要适中。由于主叫和受话双方语言上或通话环境可能存在差异，通话时要把握自己的语速语调，以保证通话效果；语调应尽可能温和，音量适中，咬字要清楚，吐字比平时略慢一点。为了让对方容易听明白，必要时可以把重要的话重复一遍。

多用礼貌用语。对话双方都应该使用常规礼貌用语，忌出言粗鲁或通话过程中夹带不文明的口头禅。

认真倾听，积极应答。通话时要尊重对方的话语权，认真倾听对方表述，适时表示"好""请讲""不客气""我听着呢""我清楚了"等，或用语气词"唔""嗯""嗨"等，让对方感到你是在认真听；漫不经心、答非所问，或者一边听一边同身边的人讲话，都是对对方的不尊重。

（三）注意行为举止

使用电话时要轻拿轻放，遇到占线或无人接听时要心平气和，不要随意摔打电话。电话接通后，一般等铃声响过六遍后，确信对方无人接听时可挂断话机。通话时不要拿着电话四处走动；不可仰坐、斜靠、歪躺或趴在桌上通话，更不能吃东西、抽烟、喝水、翻报纸、杂志，甚至与旁边的人闲聊。

保持良好的通话情绪。通话中遇到对方无理或不友好时，不要急躁或气愤，要保持耐心，不要轻易打断对方的表述或停止通话。切忌无礼挂断电话。结束通话时一般由上级、长辈先挂断电话；双方级别相当时，一般由主叫方先挂断电话。挂断电话前的礼貌不可忽视，要确定对方已经挂断电话，才能轻轻挂上电话。

（四）提前拟好谈话内容

通常在拨打电话前应对谈话内容做到心中有数，如果要谈的内容较多或有具体的数字等信息，可事先拟好书面稿，尤其是业务电话，内容涉及时间、数量、价格，有所记录也是非常必要的。

（五）选择通话环境

打电话要注意周围环境，要避免在嘈杂的大街上、信号不好的公共场所通话；在办公室打电话时，要避免谈笑声、嬉戏声。

二、接听电话礼仪

接听电话时不可太随便，要讲究礼仪和一定的技巧，以免产生误会。无论是打电话还是接电话，我们都应做到语调热情、大方、自然，声量适中，表达清楚，简明扼要，文明礼貌。

（一）及时接听电话

一般来说，在办公室里，电话铃响3遍之前就应接听，6遍后就应道歉："对不起，让你久等了。"如果受话人正在做一件要紧的事情不能及时接听，代接的人应妥为解释。如果既不及时接电话，又不道歉，甚至极不耐烦，就是极不礼貌的行为。尽快接听电话会给对方留下好印象，让对方觉得自己被重视。

（二）确认对方

对方打来电话，一般会主动介绍自己。如果没有介绍或者你没有听清楚，就应该主动问："请问您是哪位？我能为您做什么？您找哪位？"但是，有些人的做法是，拿起电话听筒问一句："喂！哪位？"这在对方听来，陌生而疏远，缺少人情味。接到对方打来的电话，拿起听筒应首先自我介绍："你好！我是×××。"如果对方找的人在旁边，应说："请稍等。"然后用手掩住话筒，轻声招呼你的同事接电话。如果对方找的人不在，应该告诉对方，并且问："需要留言吗？我一定转告。"

（三）文明礼貌应答

拿起电话听筒的时候，一定要面带笑容。不要以为笑容只能表现在脸上，它也会藏在声音里。亲切、温情的声音会使对方马上对你产生良好的印象。如果绷着脸，声音会变得冷冰冰。不管对方是什么人，你在通电话时都要注意态度友善、语调温和、讲究礼貌。不管是在公司还是在家里，从电话里讲话的方式，就可以基本判断出其修养。电话接通时要礼貌地自报家门："您好！我是×××"或"您好！这里是×××（单位）"，或者询问对方："您好！请问找哪位？"如果要找的人不在，最好告诉对方不在的原因，或告诉对方联系方式。一般不宜用"你是谁""你找谁""有什么事"之类的话发问。与对方通话时，不要答非所问、东拉西扯。交谈结束时，应说一声"再见"。

（四）做好电话记录

左手拿电话，右手负责记录。平时要做好通话记录准备，电话记录簿或记录用纸、笔要准备好，不要通话中途放下听筒，再找纸笔。电话中如需传达有关事宜，应重复要点，对于号码、数字、日期、时间等，应再次确认。如果没有听清楚，可以请求对方重复一遍，特别是对一些重要的内容和涉及的时间、地点、数量等信息，最好加以核实，避免记错。

（五）代接电话技巧

替他人接电话时，要询问清楚对方的姓名、电话、单位名称，以便在接转电话时为受话人提供便利。在不了解对方的动机、目的时，不要随便说出指定受话人的行踪和其他个人信息，比如手机号等。如果对方的电话打错了，应当及时告之，口气和善，不要表现出生气等负面情绪。正确处理好打错的电话，有助于提升组织形象。

三、使用手机的注意事项

手机不仅可以接打电话，也可以收发短信，在现代生活中，手机起着越来越重要的作用。我们在使用手机时，要遵循使用规则，尤其要注意以下事项。

(1) 不要在医院或者在飞机飞行期间使用手机，以免影响医院或飞机上的电子设备；不要在加油站或驾驶汽车时使用手机，以免发生爆炸或引发车祸。

(2) 不要在公共场所如电梯内、车厢内、餐厅中旁若无人地使用手机并大声喧哗，以免影响他人。

(3) 进入音乐厅、美术馆、影剧院、图书馆、会议厅等要求保持安静的公共场所，应该主动将手机关机或调成静音状态。

(4) 要将手机放置在合适的位置上，既方便使用，又可防止丢失。当不使用手机时，请锁住手机按钮，以防意外拨打诸如119、110、120等紧急的电话号码。

(5) 利用手机发短信时一定要署名；收到短信要及时回复；有些重要电话可以先用短信预约；及时删除不希望别人看到的短信。

四、使用传真机的注意事项

商务往来中，经常需要将某些重要的文件、资料、图表通过传真即刻送达身在异地的往来对方手中。利用传真通讯的优点是：操作简便，传送速度快，而且可以将包括复杂图案在内的真迹传送出去。它的缺点是：发送的自动性能较差，需要专人在旁边进行操作，有些时候，它的清晰度难以确保。在利用传真进行对外通信联络时，必须注意以下几个方面的问题。

(1) 接收或发送传真时，如果需先人工呼叫，在接通电话时首先应清晰地报出自己的公司或单位的名称以及详细的部门名称等。通话时，语气要热诚、口齿要清晰、语速要平缓。

(2) 正式的传真必须有封面，封面页一般较为正式，其上注明传送者与接受者双方的公司名称、人员姓名、日期、总页数等。

(3) 发送传真时，必要的问候语与致谢语不可缺少。发送文件、书信、资料时，更是要谨记这一条。

(4) 最好使用白色或浅色的纸，以确保扫描效果清晰。

(5) 使用完毕后，不要忘记将原件拿走，否则容易丢失原稿或走漏信息，从而带来不便。

(6) 发传真前，最好向对方通报一下，以免发错；在收到他人的传真后，应当在第一时间内用适当的方式告知对方；需要办理或转交、转送他人发来的传真时，千万不可拖延时间，以免耽误对方的要事。

五、收发电子邮件的注意事项

电子邮件，即通常说的E-mail。它是一种重要的通讯方式，因其方便快捷，费用低廉，深受人们喜爱，使用者越来越多。使用电子邮件，应像使用其他通讯工具一样要讲究礼仪。

（一）书写规范

（1）虽然是电子邮件，但是写信的内容与格式应与平常书信一样，称呼、敬语不可少。

（2）写电子邮件的语言要简略，不要重复，不要闲聊，写完后要检查一下有无错误。因为发出去的邮件很可能被对方打印出来研读或是贴在公告牌上。写完后还要核定所用字体和字号大小，太小的字号不仅收件人读起来费力，也显得发件人比较粗心和不够礼貌。

（3）写邮件时最好在主题栏写明主题，以便让收件人一看就知道来信的主旨。

（二）收发讲究

（1）发电子邮件时最好不要将正文栏空着而只发送附件，除非是因为各种原因出错后重发的邮件，否则不仅显得没礼貌，还容易被收件人当做垃圾邮件处理掉。

（2）重要的电子邮件可以发送两次，以确保能发送成功。

（3）发送完毕后，可通过电话等方式通知收件人及时阅读或询问是否收到邮件。

（4）收到邮件应尽快回复，如果暂时没有时间，就先简短回复，告诉对方自己已经收到其邮件，有时间会详细说明。

（三）注意安全

电子邮件是计算机病毒重要的传染源和感染病毒的主要渠道。收发电子邮件要注意防止传播或感染计算机病毒。因此，如果没有反病毒软件适时监控，发送邮件前务必要用杀毒程序杀毒，以免不小心把有毒邮件发给对方。如果没有把握，不妨用贴文的方式代替附件。接收电子邮件时的安全问题更为重要，来历不明的信件必须谨慎处理，若不确定则最好删除。

（四）定时清理

要注意定期清理邮件收件箱、发件箱、回收箱，空出有限的邮箱容量空间。要及时将一些有用的电子邮件地址记下来并存入通讯簿。

实训活动

一、技能题

1. 作为办公室工作人员，请演练拨打电话通知各部门经理开会的整个过程。

2. 有一位客户所购产品出了一些问题，打电话来，火气很大。请分组演示整个接听电话的过程。

二、案例题

案例一

小王正在拟写一份紧急声明，工作很急。此时电话铃响起，小王皱了一下眉头，显得很不耐烦，铃声响了好多遍，才拿起电话。

小王："喂，找谁？"

客人："你们公司经理在吗？"

小王："不在。"

客人："那她什么时候在办公室？"

小王："不清楚，你等会儿再打过来吧。"

说完小王就把电话挂了。

请就本案例谈谈小王接电话的过程中有哪些做法不恰当？

案例二

一场由著名大师指挥的交响乐在北京音乐厅进行。音乐演奏到高潮处，全场鸦雀无声，凝神谛听，突然手机铃声响起，在宁静的大厅中显得格外刺耳。演奏者、观众的情绪都被打断，大家纷纷回头用眼神责备手机的主人。

请就本案例分析不和谐的手机声为什么会引起人们的反感？

案例三

"喂，王姐，你的电话，是个男的"。小赵接了一个电话，大声地招呼王姐过去接电话。整个办公室的人都听到了有个男的找王姐，大家都抬起头来看着她。王姐非常不高兴地过去接了电话。

谈谈本案例中王姐为什么很不高兴？

案例四

一位消费者新买的某品牌电脑出现了故障，她忘了该电脑的维修电话，于是从查号台查到该公司电话后打了过去。一位小姐接了电话后，犹豫几秒钟后说道："我帮你找人来说，你稍等。"谁知这一等就是好几分钟，这位消费者能听到办公室嘈杂的声音，但就是没人再接电话，那位小姐好像也不知去向。她非常生气，从此对这个品牌印象大打折扣。

如果你是该案例中接电话的小姐，你应该怎么做？从这个小细节能反映公司的什么问题？

任务二

乘车礼仪

案例导入

在一篇题为《香港交通工具的眼中钉》的文章中，评比出了“十大我们必须忍受的最烦人”的行为，其中剪指甲排在首位。文章称，在交通工具上剪指甲，不仅那种“咔、咔”声烦人，旁边的乘客还必须时刻防止乱飞的指甲屑，“只能希望剪的不是脚趾甲了”。在香港的巴士上，甚至会贴出“请勿在车厢内修剪指甲”的提醒。排在第二位的是开大音量听音乐，以致周边乘客也被迫成为“听众”。排在第三位的则是被戏称为“钢管舞乘客”，特指在港铁上那些全身贴在扶手杆上的人，文章指出，无论是否有人抓住扶手，“钢管舞乘客”都会靠上去，而且不会把身体挪开。除此之外，在车厢中大声打电话、化妆、挤在港铁车厢门口、让小孩用塑料袋小便、一人占用多个座位、在车厢里吃东西以及在巴士上用膝盖顶住前座，均被入选“十大烦人行为”。还有更夸张的是，近日有网友在网上爆出女乘客在地铁上敷面膜的照片，照片中一位女乘客旁若无人地敷着一张面膜，而旁边男乘客以手掩口，将脸转向一旁。

现实生活中还可以看到哪些不文明使用交通工具的现象呢？

任务目标

1. 掌握轿车的座位顺序。
2. 掌握常用交通工具礼仪。

相关知识

商务人员在商务活动和商务交往当中，需要经常搭乘各种交通运输工具，如汽车、火车、轮船、飞机、电梯等，而所乘坐的交通运输工具都会有相应的规则、制度和礼仪要求来规范人们的行为，以保证每个人的交通安全和社会秩序的稳定。

一、轿车

乘坐轿车已成为人们日常生活的一个组成部分，在乘坐轿车时应注意如下礼仪。

（一）乘车的座次

按照国际惯例，轿车的座次安排常规是：右高左低，后高前低。常见的座位安排如图 4-1 所示。

图 4-1　乘车座次图示 1

（1）专职司机驾驶双排五人轿车时，上座次依次为后排右座、后排左座、后排中座、前排副驾驶座。此时副驾驶座一般为秘书、翻译、警卫等人坐，所以此座又称随员座，如图 4-2 所示。

（2）专职司机驾驶三排七人轿车时，上座依次为后排右座、后排左座、后排中座、中排右座、中排左座、前排副驾驶座，如图 4-3 所示。

（3）主人亲自驾驶双排五人轿车时，上座次依次为前排副驾驶座、后排右座、后排左座、后排中座，如图 4-4 所示。

（4）主人亲自驾驶三排七人轿车时，上座次依次为前排副驾驶座、后排右座、后排左座、后排中座，中排右座、中排左座，如图 4-5 所示。

（5）主人亲自驾车时前排座位不能空着。若乘客只有一人，应坐在主人旁边；若同坐多人，中途坐前座的客人下车后，在后面坐的客人应改坐前座。

（6）正式场合中，应引导客人坐上座，但客人上车后不论坐哪个座位都不算错，客人坐哪个座位，哪个座位就为上座，不要纠正并请他挪动位置。

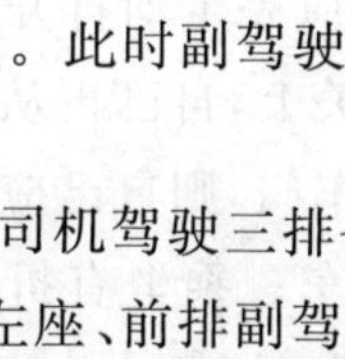

图 4-2　乘车座次图示 2

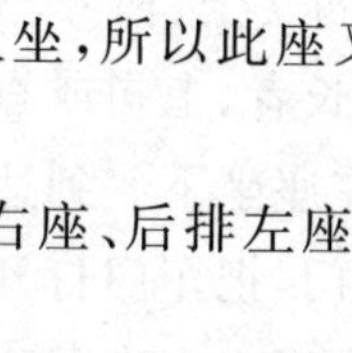

图 4-3　乘车座次图示 3

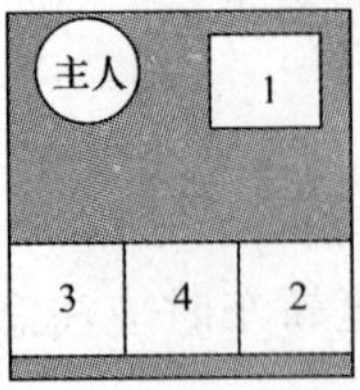

图 4-4　乘车座次图示 4

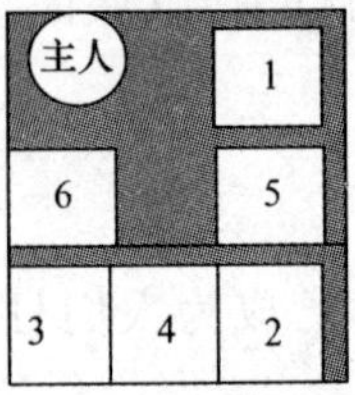

图 4-5　乘车座次图示 5

(二) 车上谈吐举止

在轿车行驶过程中,乘车人之间可以适当交谈,但不宜过多与司机交谈,以免司机分神。话题一般不要谈及车祸、劫车、凶杀、死亡等使人晦气的事情,也不要谈论隐私性内容以及一些敏感且有争议的话题,可以讲一些沿途景观、风土人情或畅叙友情等能够使大家高兴的事,使大家的旅行轻松愉快。举止要文明,不要争抢座位,不要在车内吸烟(因为车内相对封闭、空气容易浑浊),不要在车内脱鞋赤脚,女士不要在车内化妆,不要在车内乱吃东西、喝饮料,不要在车内吐痰或向车外吐痰,更不要通过车窗向车外扔东西,这既有损个人形象,也违反社会公德。

(三) 上下车顺序与举止规范

在正式的情况下,与他人一起乘坐轿车时,上下车的先后顺序要遵守以下规范。

(1) 如果同女士、长者、上司或嘉宾乘坐双排座轿车时,应先主动打开车后排的右侧车门,请女士、长者、上司或嘉宾在右座上就座,然后把车门关上,自己再从车后绕到左侧打开车门,在左座坐下。到达目的地后,若无专人负责开启车门,则自己应先从左侧门下车后绕到右侧门,把车门打开,请女士、长者、上司或嘉宾下车。乘坐有折叠椅的 3 排座轿车时,循例应当由在中间一排加座上就座者最后登车,最先下车。

(2) 商务人员如果身为低位,则在上下车时需主动地为高位者开关车门。具体来讲,当高位者准备登车时,低位者应当先行一步,以右手或左右两只手同时并用,为高位者拉开车门。拉开车门时,应尽量将其全部拉开,即形成 90 度的夹角。

(3) 由主人亲自开车时,出于对乘客的尊重与照顾,可以由主人最后一个上车,最先下车。

(4) 商务人员在上下车时,动作应当轻缓,避免大步跨上跨下。女士上下车的姿势十分讲究:将身体尽量移近车门,从哪边下车则应先将该方向的脚踏出车外,然后将身体移出车外,最后踏出另一只脚,基本原则就是“脚先头后”;如果是穿低胸服装外出,不妨披一条围巾,这样可以在下车时避免尴尬,也可利用钱包或手袋轻按胸前,并保持身体稍直的姿势;穿短裙的女士,上车时,应首先背对车门,坐下之后,再慢慢地将并拢的双腿一齐收入,然后再转向正前方;下车时,应首先转向车门,先将并拢的双脚移出车门,再缓缓地移出身去。

(四) 亲自驾车的礼仪

如果亲自驾车,应自觉遵守交通规则,文明开车,表现出良好的驾车风度。

(1) 要注意礼让、考虑别人，要了解各路段的时速限制，注意路上的交通标志，集中精力、谨慎驾驶。要遵守交通信号，不抢行，不乱按喇叭。

(2) 下雨天开车，要尽量慢行，尽量避开水坑，以免使污水溅到行人身上。道路拥挤或车辆堵塞时，应耐心等待，不可随意超车堵道。

(3) 在快、慢车道分明的公路上行车，应根据自己的情况合理选择，既不要在快车道上开"蜗牛车"，也不要在慢车道上开"飞车"，不要来回频繁变换车道，以免影响后面车辆行驶。

(4) 夜晚开车时要适时变换远近灯光，绝不可一直用远光直射对方。需要停车时，应到允许停放的地方停放，停车时不挡车道及出入口。

二、公共汽车

公共汽车是城乡主要交通工具，大多数群众，尤其是朝九晚五的上班族及学生，几乎天天都需要搭乘公共汽车等公共交通工具，在乘坐公共汽车时应注意以下几个方面。

(一) 按顺序上下车

车到站时，要先下后上，自觉排队，不要拥挤。一般情况下，"男女有别，长幼有序"是大家都要遵守的准则。遇有行动不便者，应主动给予帮助。绝不可凭借自己身强力壮，车尚未停稳便推开众人往上挤，这样不仅显得十分野蛮，而且极不道德。

(二) 注意文明细节

搭乘公共汽车时即使是小小的细节失礼，都可能会影响他人，引起不悦。

(1) 上车后应主动买票、打卡、投币或出示月票。

(2) 上车后应尽量往里走，不要堵在车门口。一般情况下，一上公共汽车，如果车上仍有很多座位，应该避免坐老弱妇孺专座，如果大家都就座，只剩下老弱妇孺专座，那么暂且坐下无妨，但在下一站若有老弱妇孺上车，第一个必须起立让座的是这个座位上的乘客，这是毋庸置疑的。

(3) 不能在车上大声聊天、谈论别人的隐私；不能放任幼儿在车上啼哭、嬉戏，妨碍同车者的情绪，甚至影响司机开车的注意力；禁止在车厢内吸烟、随地吐痰、乱扔废弃物等。

(三) 提前做下车准备

车到站以前，应提前做好下车准备。如果自己不靠近车门，应先礼貌地询问前面的乘客是否下车，如前面的乘客不下车，要设法与其调换一下位置。

三、地铁

乘坐地铁时应注意以下几个方面。一是主动购买足额车票。二是乘坐手扶电梯时，应尽量站在右侧，方便赶时间的乘客走左侧通道快行。三是候车时要注意地面的标识，在等候区排队等候，这条礼仪被看做是最重要的地铁礼仪。生活中常常可以看到，原本乘客队伍都自觉让出了中间的下客区间，当地铁列车进站时，突然有几个人从队伍里窜出来，一下挤到中间的下客区间，想抢先上车，导致原本从中间区域出站的客流被冲散到两侧，而排在两侧的乘客根本无法上车，这样无疑就影响了上车的速度，也给一些不法分子创造了可乘之机。四是站或坐都不应妨碍他人。站要有站相，坐要有坐相，不要一个人坐了几个人的位置，不要用包占位。

四、火车、轮船

火车、轮船都是重要的交通工具。良好的乘车、乘船环境需要大家共同努力，因此在乘车、乘船过程中要讲文明、懂礼貌，多一分宽容，多一分礼让，这样，不仅能减少许多不必要的麻烦，还能保持良好的心情，减轻旅途疲劳。

（一）讲究等候规则

（1）乘客在候车、候船时，要爱护等候室的公共设施，不大声喧哗，携带的物品要放在座位下方或前部，不抢占座位或多占座位，更不要躺在座位上使别人无法休息。

（2）要保持等候室的卫生，不在等候室吸烟，瓜果皮核等废弃物要主动扔到垃圾筒里，不要随手乱扔，不随地吐痰。

（二）维护秩序

（1）检票时自觉排队，不乱拥乱挤，要有秩序地进入车厢、船舱。一般船上的扶梯较陡，走道较窄，年轻人或男士应留意照顾老人、儿童、残障人士和女士，进入车厢、船舱后要对号入座或铺位。

（2）按要求放好行李。行李应放在行李架上，不应放在过道、小桌子上或他人座位上。放、取行李时应先脱掉鞋子再站到座位上，以免踩脏别人的座位。自己的行李要摆放整齐，尽量不压在别人的行李上，或者先征得别人的同意。

（3）不要随意触摸火车、轮船上的各种开关和设施，不能随意在火车过道内、舱内的走道和甲板上奔跑追逐；船在航行时，白天不要在船舷上舞动花衣服和手绢，晚上不要拿手电筒乱照，避免被其他船只误认为旗语或信号。不能在车厢内、船舱里吸烟，不随地吐痰、乱扔废弃物。

（4）到达目的地后，拿好自己的物品有礼貌地与邻座旅客道别，有序下车，不要抢道拥挤。

（三）注意礼貌交谈

长途旅行时，与邻座的旅客有较长的时间相处，有兴趣时可以共同探讨一些彼此都乐于交谈的话题。但应注意交谈礼貌：交谈前应看清对象，与不喜欢交谈的人谈话是不明智的，和正在思考问题的人谈话也是失礼的。即使与旅伴谈得很投机，也不要没完没了，看到对方有倦意就应立刻停止谈话。注意谈话中不要问对方的姓名、住址及家庭情况，这些不是旅行中适宜的交谈话题，另外，交谈时声音不能过大。

五、飞机

在乘坐飞机时，必须要认真遵守乘机礼仪。具体来讲，主要应当在以下两个方面多加注意。

（一）维护乘机安全

（1）不能违规携带有碍飞行安全的物品。不能携带枪支、弹药、管制刀具以及其他一切武器或凶器，不能携带一切易燃、易爆、剧毒、放射性物质以及其他任何有碍于航空安全的危险物品。在托运的行李之中夹带此类物品，也是绝对不允许的。

（2）要认真配合例行的安全检查。在通过安全门检查时，要配合工作人员，不要拒绝合作，或无端进行指责。

（3）务必要遵守有关安全乘机的各项规定。飞行期间，严禁使用移动电话，在飞机起飞及降落时禁止使用手提电脑、激光唱机、微型电视机、调频收音机、电子玩具、电子游戏机等电子设备。

（二）从严要求自己

（1）对飞行前乘务员演示的救生方法以及飞机上介绍的紧急出口、疏散办法的视频等要认真倾听收看，以便对飞机上的设备有一定程度的了解。同时要特别注意，不要乱摸、乱动飞机上的安全用品。

（2）使用洗手间时，关上门后确定灯亮，表示门已上锁，以免造成尴尬场面，用毕要冲水。离开洗手间前擦干洗脸台，以方便下一位旅客使用。在洗手间内吸烟是绝对禁止的。

（3）在飞机上与他人交谈时，说笑声切勿过高，跟身边的乘客可以打招呼或是稍作交谈，但不要与其谈论令人不安的劫机、撞机、坠机事件等，也不要影响到对方的休息。在座位上就座时，不要当众脱衣、脱鞋，尤其不要把腿、脚乱伸乱放。不要盯视、窥视素不相识的乘客。不要在飞机上吸烟或者乱吐东西，呕吐时，务必要使用专用的清洁袋。对待客舱服务员和机组工作人员，要表示理解与尊重，不要蓄意滋事，或向其提出过高要求。

（4）上下飞机，依次而行。在机上放置自己携带的物品时，与其他乘客要互谅互让。飞机降落后未停妥之前，不要急于起身取行李，应等待安全灯熄灭后才起身。有些乘客喜欢在飞机一着陆就迫不及待地打开通信设备，打电话或是发短信，这个时候飞机还在滑行，通电话可能会干扰信号接收，要做到对个人的安全负责，也要做到对别人的安全负责，所以一定要坚持飞机停稳、舱门打开后再开手机。

六、电梯

现代都市，高层建筑越来越多，电梯作为现代化的交通工具，给人们带来了便利、舒适，越来越被人们所熟悉、了解，与我们的生活紧密相关。常见的电梯有自动扶梯式电梯和轿厢式电梯。

(一) 乘坐自动扶梯式电梯的礼仪

(1) 乘坐自动扶梯时，应靠右侧站立，空出左侧通道，以便有急事的人通行；应主动照顾同行的老人与小孩踏上扶梯，以防跌倒；如需从左侧急行通过时，应向给自己让路的人致谢。

(2) 使用自动扶梯时，不论上楼还是下楼，主人应走在前面，而且，这样做可使主人到达目的地后迎接并引导客人。

(3) 男女同事在使用楼梯和自动扶梯时应按先来后到的顺序，事实上，有时候并肩走也是可以的，但不要和你前面的人靠得太近。

(4) 在楼梯上催促他人是危险而且不礼貌的。要么放慢脚步，要么从左侧超过他人，但不要强迫他人加速。

(二) 乘坐轿厢式电梯的礼仪

(1) 当电梯因超载而发出报警音时，最后进入电梯的人应自觉退出电梯，改乘下一班电梯。

(2) 进入电梯后，按下要去的楼层按钮；如果电梯行进间有其他人员进入，可主动询问要去几楼，帮忙按下；如果你够不着所在楼层的指示键，可以请人代劳，并向他致以谢意。

(3) 按电梯按钮时，不要反复乱按，更不要用伞柄、木棍、钥匙等器物代劳，显得没有素质。

(4) 电梯内可视状况决定是否寒暄，例如没有其他人员时可略作寒暄，有外人在时，可斟酌是否有必要寒暄。

(5) 上、下电梯时，当遇有老人、孕妇、小朋友或行动不便的乘客时，应主动让他们先行，自觉地为他们按住电梯的开门按钮，以防止电梯门突然关闭给他们的人身安全造成伤害，并应将有扶手的一侧位置让给他们。

(6) 引导客人乘坐电梯时，接待人员应先进入电梯，等客人进入后关闭电梯门；到达时由接待人员按开电梯门，让客人先走出电梯门。

(7) 不在电梯内大声喧哗、嬉戏，不在轿厢内乱写乱画，不乱扔废弃物，自觉维护电梯内良好的环境。

实训活动

一、技能题

1. 秘书小张陪同经理乘坐小轿车去机场接一位客人，请分别就司机驾车和经理驾车这两种方式安排座次。

2. 分组演练上下车的动作要领，各组派代表上台展示自己设计的乘车情境，其他组成员进行点评。

二、案例题

案例一

小邓是一家企业业务部经理的秘书。一次，在与一位重要客人谈判之后，由于接下来还有一个会议，经理不能亲自开车将这位客人送走，于是就让司机把客人送往车站。客人一拉开前排车门，就坐在副驾驶的位置上，小邓一看，忙说："您应该坐后面，上座在后排。"经理赶紧说："没关系，您就坐这儿也行。"客人刚把脚拿出车外，又赶紧收回，很是尴尬。

本案例中小邓和经理的做法在哪些方面存在着问题？

案例二

两个总公司的高层领导、一个分公司领导和一个女秘书一行四人乘坐轿厢式电梯。

这个分公司的领导是上海人，衣着得体，着一套藏青日式小腰身西装，风衣搭在小臂上。他说着流利的英语，与身旁的上司低语。他们的楼层到了，电梯门开。他立刻很有风度地伸出手去，用自己的胳膊挡住门，好让他的上司先出去，而不至于被门夹到。可是他竟然把他的女同事落在了后面，她险些撞到门上，幸好反应敏捷，飞快地闪了出去。

本案例中这个分公司领导的做法有哪些不对的地方？

任务三

拜访礼仪

案例导入

A公司派经理及副经理一行六人前往一著名旅游城市的长期合作单位B公司进行答谢拜访,B公司在得知六人均为男性后便提前为他们预订了三间标准间。然而,A公司的成员一下车,B公司负责接待的经理顿时傻眼了,不是说好全是男性吗,怎么有一位女性?原来,A公司的一位业务经理临行前一天被派往另一个城市出差,于是就临时更换成了一位女经理。然而,正处于旅游旺季的该城市每家酒店都爆满,没有房间可增加,双方都感到非常尴尬。

拜访前的准备工作有哪些?A公司的拜访为何会出现问题?

任务目标

1. 拜访前的注意事项。
2. 拜访中的行为举止。
3. 公务拜访与家庭拜访的差异。

相关知识

拜访是商务活动乃至家庭生活中常用的交际形式,它注重感情的沟通,更注重礼节的规范。拜访人员在拜访中的礼仪表现,不仅关乎他个人的素养,而且还涉及他所代表的组织形象。因此,拜访礼仪历来很受重视。

一、拜访前的注意事项

拜访客户或朋友,务必选好时机,这是进行拜访活动的首要原则。在与我们所要拜访的对象进行预约时，我们应把拜访预约的几个要素表达清楚。

（一）选择预约定方式

预约的方式一般有三种方式，即电话预约、当面预约或者书信预约等。无论是哪种预约，口气和语言一定是友好、请求、商量式的，而不能以强求命令式的口气要求对方。

在交往中，未曾约定的拜访，属于失礼的表现，很不受欢迎。如果有要紧的事必须前往时，一定要表示歉意并解释清楚。

（二）安排拜访时间

安排的拜访时间应该是对方是否接受拜访的首要条件。约定时间时，需要注意以下几个方面。

(1) 如果是公务拜访，应该选择对方上班时间。但一定要注意要避开对方工作繁忙的时间和吃饭、休息时间。例如，一般公司星期一上午是工作最繁忙的时间，常因商洽与会议而忙得不可开交。如果此时你前往拜访，必然会给对方带来不便。

(2) 如果是私人拜访，就以不影响对方休息为原则，尽量避免在吃饭、午休或者晚间的十点钟以后登门。一般情况下，可选择在节假日的下午三点以后五点以前或平时晚饭后即晚上七点后九点前。

(3) 预约的时间不仅包括自己到达的时间，还要包括自己将要离去的大致时间。

（三）选择拜访地点

根据自己所要拜访的对象所在位置和自己的拜访主题来选择合适的地点。总的来说，拜访地点主要有以下几种。

(1) 办公区域。在商务活动中拜访客户时，通常会将地点选择为对方的办公区域。

(2) 私人住宅。到私人住宅拜访也是常见的一种拜访地点。

(3) 休闲娱乐场所。除了上述两个地点外，很多人会选择酒店的咖啡厅、茶楼等公共休闲娱乐场所。

（四）明确拜访人数

(1) 拜访任何人，都必须事先约定具体人数，也就是说会有几个人去拜访。在商务礼仪中，这一点是非常重要的。拜访人数一经确定，不要随意变动，尤其是主要成员，例如重要的领导，往往是对方关注的焦点人物，如果随意变动，会打乱主人的计划和安排，影响拜访效果。

(2) 一般在私人拜访活动中，明确人数是一种尊重对方的表现。明确拜访的人数，可以让对方有所准备，以避免尴尬状况的发生。携带孩子前往时一定要征得对方同意。

（五）确定拜访主题

拜访他人之前，要根据自己拜访所要达到的目的来确定拜访的主题是什么，并提前告知对方，以便对方能够妥善从容地做好这方面的准备，这样可以节省双方的时间。

（六）再次确认拜访事宜

拜访出行前，应再次通过电话等方式和对方确认，以避免对方临时有一些不可预见的事情而无法接受拜访。

二、商务拜访中的举止礼仪

（一）守时守约

约定好拜访的时间后就必须认真遵守，最好提前 5 分钟到，但也不要太早到，否则可能让主人措手不及。如果因特殊情况不能前往，应及时通知对方，轻易失约是极不礼貌的行为。如因故不得不晚到，应立即通知对方要晚一些到，并表达自己的歉意。如果是对方要晚些到，你也要先到，充分利用富余的时间再做一些准备工作。例如，坐在汽车里仔细想一想，整理一下文件或询问接待方是否可以安排在接待室里先休息。

（二）表明身份

当你到达时，应告诉接待方你的名字和约见的时间，最好递上名片以便对方清晰地了解你的身份。

（三）平静等待

若对方告知要晚到时，要保持平静的心情，不要通过打电话或聊天来消磨时间。有抽烟习惯的人，要特别注意观察该场所是否有禁止吸烟的警示，切不可随意抽烟。如果等待时间过久，可向有关人员说明，并另定时间，不要显现出不耐烦，要做到彬彬有礼，坦然处之。

（四）进入正题

当你被引到约见者办公室时，如果是第一次见面，要先做简单的自我介绍，并递上自己的名片；如果已经认识了，只要互相问候并握手即可。一般情况下，简单的寒暄后你要尽快地进入正题，清楚直接地表达你要说的事情，不要海阔天空、讲一些无关紧要的客套话、浪费时间。说完后，应认真听取对方的意见，若与对方意见不同时，不要随意打断，也不要争论不休，可以在对方讲完之后再发表自己的意见。

（五）适时告辞

当拜访的目的基本实现或到达预约的时间时，应诚挚地表达自己的感谢之情，礼貌地告别。切忌在对方说完一段话后立即起身告辞，这容易使人产生误解，也不要在另一位客人刚到时就告辞，应再坐片刻再走。当接待者有结束会见的表示时，应立即起身告辞。

三、家庭拜访中的举止礼仪

(一) 拜访前的准备工作

拜访时，保持仪容仪表干净整洁，服装整洁、朴素、大方。男士夏天不能穿拖鞋、短裤；女士不穿奇装异服，更不能穿着轻佻。

(二) 拜访中的基本礼仪

(1) 拜访时，要准时赴约。

(2) 到达拜访地点时应先轻轻敲门或按门铃，当有人应声允许进入或出来迎接时方可入内。敲门要用食指，力度适中，不宜太重或太急，间隔有序地敲三下，等待回音。如无人应声，可再稍加力度，再敲三下，如有应声，再侧身隐立于右门框一侧，待门开时再向前迈半步，与主人相对。切不可不打招呼擅自闯入，即使门开着，也要敲门或以其他方式告知主人有客来访。

(3) 如带有物品或礼品，或随身带有外衣和雨具等，应该搁放到主人指定的地方，而不应当乱扔、乱放。

(4) 进门后，应向主人及其在场家人问好，如有其他客人在场，无论认识与否，都应主动向对方问好。后来的客人到达时，先到的客人应该站起来，等待介绍。

(5) 进屋后应等待主人安排指点后再坐下，不要太过随便，即使是十分熟悉的朋友。如欲参观，应在主人引导下进行，未经主人的邀请或许可，不可在主人家里到处乱跑、乱翻东西，更不能损坏或贬低主人家的物品。

(6) 主人倒茶或递水果、饮料时，应从座位上欠身，双手捧接并表示感谢。吸烟者应在主人敬烟或征得主人同意后，方可吸烟。

(7) 交谈时谈吐要文雅，举止要适度。不要过度关心主人的家庭情况。有要事与主人商量或向对方请教时，应尽快表明来意，不要东拉西扯，浪费时间。不可独自滔滔不绝，让主人插不上话。主人说话时要注意倾听和观察，若主人有不耐烦的神色，适时告辞更为明智。

(三) 礼貌告别

礼节性拜访的时间不可太长，一般以半小时为宜。离开时要主动告别，告辞时要同主人和其他客人一一告别，说“再见”“谢谢”。主人相送时，应说“请回”“留步”“再见”等。

实训活动

一、技能题

假设你是某公司业务经理，某日，要去拜访一位重要客户。请分小组演练整个拜访的情境，并派代表上台展示，其他各组成员进行点评。

二、案例题

案例一

即将毕业的研究生刘文在王老师的推荐下，前去王老师的同学张总家拜访，希望通过此次拜访获得一个发展的机会。拜访时间是晚上7点整。刘文知道张总是一个知名的企业家，又是推荐老师的朋友，于是一番精心打扮后早早出门，结果下午6点钟就到达了张总家门口。张总很客气地把刘文迎进家里，并邀请刘文共进晚餐。刘文一想自己没吃晚饭，就不客气地和张总一家人坐在了餐桌台上。出于礼貌，张总问刘文喝酒吗？刘文平时就喜欢喝酒，一听马上说喜欢喝白酒，张总于是拿出了一瓶五粮液放在桌子上，并给刘文倒了一小杯，推辞自己不喝。而刘文也不客气地一个人自饮起来，高兴之时还拿出香烟叼在嘴上腾云驾雾。转眼已经到了晚上8点钟，刘文才算酒足饭饱，于是拿出了自己的简历对张总说，我虽然刚毕业，但我的能力很强，老师也很欣赏我，张总给我个部门经理干干如何？张总听后付诸一笑……结果刘文自然是未得到任何机会。

请问刘文的这次拜访有哪些不对之处呢？

案例二

李先生前往某市洽谈业务，顺便拜访其老乡周先生。在明确了只有李先生一人后，周先生在一饭店预定了一间四人小包房盛情款待。李先生到达后，就和周先生说："刚刚在路上有几位同学也打电话邀请我去吃饭，我让他们全都上这儿来吃算了，你不介意吧？"很快，李先生的同学陆陆续续来了，共五个人。由于预定的小包房难以容纳七人用餐，而当时又是用餐的高峰期，无法更换大包房，结果这顿饭大家都没吃好。

请问李先生有哪些做法不妥当？

任务四

接待礼仪

案例导入

东北某集团公司要和某著名企业进行合作。一切准备就绪后，该企业派来了全权代表。既是远道而来的客人，又是将来的合作者，礼遇可想而知。在欢迎晚宴上，集团公司特别安排了东北名菜“猪肉炖粉条”和朝鲜族的特色菜狗肉来招待这位客人。本来气氛和谐而热烈的晚宴，在压轴菜“猪肉炖粉条”和狗肉上来后，这位客人很不愉快。事后接待人员才知道这位客人是不吃肉的，最终这桩合作彻底泡了汤。

在接待客人时应注意的细节有哪些？

任务目标

1. 接待前的准备工作。
2. 接待的注意事项。

相关知识

迎来送往是商务接待活动中最基本的形式和重要环节，是体现主人情谊和个人素养的重要方面。尤其是迎接，如能给客人留下良好的第一印象，就能达到事半功倍的效果，不仅有助于建立良好的人际关系，还能维护个人、单位形象，更能为下一步合作奠定基础。

一、接待前的准备工作

准确掌握来访客人的单位、人数、身份、目的、将要商谈的事情等信息。对远道而来的客人，还应了解对方抵达的准确时间、车次（航班）以及食宿和日程的安排。做好交通工具安排以及费用支出。根据客人提供的信息，按照客人的民族习惯、兴趣爱好做好食宿安排。

二、正式接待的礼仪

（一）迎接客人

（1）要按照客人的身份、职务等级安排与其身份相当、专业对口或宗教、习俗相近的人员接待。级别较高、身份较高的客人，企业有关领导应亲自迎接，对于一般客人，可由部门经理或总经理秘书代为迎接。

（2）在商务场合，迎接人员应着西装提前到达机场、码头、车站恭候客人的到来，决不能迟到、让客人久等，避免给客人留下失职和不守信誉的印象。

（3）若对所要迎接的客人不熟悉时，需要准备写有“热烈欢迎×××”字样及本单位名称的迎接牌。

（4）接到客人后，首先向其及随行人员问好，如果是第一次见面，应向对方作简单的自我介绍，如果有名片，应送予对方。

（二）安顿客人

客人抵达后，不宜立即谈公事，应先将其安排到入住的酒店或待客厅、会议室休息，随后再将活动的计划、日程安排、背景材料、就餐地点、时间告诉客人，并将自己的联系方式留下，以便及时联络，给客人留下充足的休息时间和空间。

（三）组织活动

（1）客人食宿问题解决以后，按照接待方案组织客人进行商务洽谈、参观游览等活动。

（2）客人在商务洽谈、游览活动中所提出的意见必须及时向有关领导反馈，尽可能满足客人的需求。

（3）活动结束后，应安排时间让有关领导和客人见面，以示对客人的尊敬。倘若整个活动过程中，客人都没有见过公司领导，必然会对公司产生看法，影响公司的形象。

（4）如果客人有旅游或购物的意向，可准备好地图、旅游图及介绍当地风土人情、自然景观、名胜古迹、特产等的材料送给客人。

（四）送别客人

（1）如果客人要离开，则应按照客人的要求，为其安排返程时间，尽快为其预订机票、车船票。

（2）根据客人的身份地位和迎接的规格确定送别的规格。一般说来，主要迎候人员都应参加送别活动。如果客人系贵宾，则视具体情况决定是否举行专门的欢送仪式。送行人员可直接前往客人下榻处，与客人一起乘车到达机场、车站或码头。客人在上飞机、轮船、火车之前，送行人员应按照身份和职务的高低一一与客人握手告别。在客人登上飞机、轮船或火车、汽车时，送行人员要向客人挥手致意。待他们在视野里消失后，方可离去。

三、家庭迎客礼仪

（一）准备工作

搞好个人卫生和室内、外的卫生，家庭布置要干净美观，主人的服饰要整洁，女主人可化淡妆，以示对客人的尊重，提前备好茶点、水果、饮料等待客物品。

（二）热情待客

(1) 客人在约定时间到达，主人应提前到门口迎接，不宜在房中静候。

(2) 如果客人手提物品，主人应主动帮忙，对长者或弱者可上前搀扶，进入室内应把最佳位置让给客人坐。

(3) 如果客人是初次来访，应向家人和客人作相互介绍。

(4) 如果客人带有礼物，主人在接受时应眼睛注视着对方并双手接过礼物，同时表示感谢。中国传统习惯是接过礼物不打开包装，等客人走后再打开。欧美习惯是立即打开，打开后还要称赞一番，否则会让客人觉得你对他所送的礼物毫无兴趣。礼物即使不好也应表示出高兴的样子，说一些感谢、赞美的话。

(5) 如有客人突然到来，要热情相待，主人应主动握手，切不可流露出厌烦的情绪。

(6) 客人落座后，应马上敬茶水、饮料或糖果。敬茶水时应双手捧上放在客人的右手上方，茶水以八分满为宜，水温不宜太烫，以免客人不小心被烫伤。

(7) 奉敬茶水、糖果之后，应及时与之交谈，话题内容可视情况而定。一般来说应谈一些客人熟悉的事情，若无法陪客人交谈，可安排身份相当者代陪或提供报纸杂志、打开电视机供客人消遣，切不可出现主人自己只管忙自己，把客人晾在一边的现象。

（三）礼貌送客

当客人要走时，应礼貌婉言相留，当客人起身告辞时，主人和在场的人都应起身道别。送客时客人走在前面，主人送客应送到门外或楼下，待客人伸出手来握手告别时，方可以伸手相握，而不可在送客时先站起来或先伸手相握，免得有厌客之嫌。目送客人走远时，可挥手致意，并道“欢迎再来”。远客或年纪大的客人，如有需要应送到车站或码头，待客人上车、上船并等车船开动消失在视线以外再返回。送客人到机场时，应等客人通过安全检查后再返回。一般情况下，客人走时可根据具体情况为客人准备相应的礼品。

实训活动

一、技能题

1. 几位远道而来的重要客户将要拜访你们公司，作为办公室主任的你应做哪些安排？

2. 天达公司总经理张天达前往智海公司拜访其总经理马智海，办公室刘助理引领张经理进入马经理的会客室，并为其奉上茶水。请演练以上情境，并派组员上台展示，其他组成员进行点评。

二、案例题

案例一

某市与日本某市缔结友好城市，在某饭店举办大型中餐宴会，邀请该市最著名的演员助兴。这位演员到达后，费了很长时间才找到了自己的位置。当她入座后发现同桌的许多客人都是接送领导和客人的司机，演员感到自尊心受到了伤害，没有同任何人打招呼就悄悄地离开了饭店。当时宴会的组织者并未觉察到这一点，直到宴会主持人拟邀请这位演员演唱时，才发现演员并不在现场。幸好主持人头脑灵活，临时改换其他节目，才算没有出现“冷场”。

本案例中的演员为什么不辞而别？接待方有什么地方做得不对？

案例二

郭先生是一位外贸公司的业务经理，有一次，郭先生因为工作上的需要，设宴招待一位来自英国的生意伙伴。有意思的是，那一顿饭吃下来，令对方最为欣赏的，倒不是郭先生专门为其所准备的菜肴，而是郭先生在陪同对方用餐时的一处细小的举止表现。用那位英国客人当时的原话来讲就是：“郭先生，你在用餐时一点儿响声都没有，使我感到你的确具有良好的教养。”

英国客人为什么欣赏郭先生的举止表现？从中说明了一个什么问题？

任务五

馈赠礼仪

案例导入

2005年4月29日，连战访问北京大学，获得北京大学赠送的一份特殊的礼物：母亲赵兰坤女士在76年前毕业于燕京大学的学籍档案和相片，其中包括在宗教系就读的档案、高中推荐信、入学登记表、成绩单等，大多是她亲笔写的字。在这份特殊的礼物面前，一贯严谨的连战先生也难掩内心的激动。他高举起母亲年轻的照片，然后在面前细细端详，眼里泛着晶莹的泪光。这一刻，他满脸都是幸福的微笑。

以上案例说明并不是价格越高的礼品就越珍贵，馈赠礼品的选择有何技巧？

任务目标

1. 礼品的选择和赠礼的技巧。
2. 各种鲜花的含义。
3. 国际交往中馈赠的注意事项。

相关知识

馈赠作为社交活动的重要手段之一，受到古今中外人士的普遍肯定。馈赠作为一种非语言的重要交际方式，是以物的形式出现，以物表情，礼载于物，起到寄情言意的“无声胜有声”的作用。得体的馈赠，恰似无声的使者，给交际活动锦上添花，给人们之间的感情和友谊注入新的活力。送礼的目的决定了送礼的档次和时间。然而送给谁、为什么送、如何送、送什么、何时送、在什么场合送，是一个既复杂又重要的问题。因此，我们只有在明确馈赠目的和遵循馈赠基本原则的前提下，在明确弄清以上问题的基础上，才能真正发挥馈赠在交际中的重要作用。

一、馈赠的目的

任何馈赠都是有目的的，或为增进友谊，或为祝颂庆贺，或为酬宾谢客，或为其他。

（一）以交际为目的的馈赠

这是一种为达到交际目的而进行的馈赠，有两个特点。一是送礼目的与交际目的的直接一致。无论是个人还是组织机构，在社交中为达到一定目的，针对交往中的关键人物和部门，通过赠送一定的礼品，以促使交际目的的达成。二是礼品的内容与送礼者的形象一致。礼品的选择，一个非常重要的原则就是要使礼品能反映送礼者的寓意和思想感情的倾向，并使寓意和思想倾向与送礼者的形象有机地结合起来。

（二）以巩固和维系人际关系为目的的馈赠

这类馈赠，即为人们常说的“人情礼”。在人际交往过程中，无论是个人之间抑或是组织机构之间，必然产生各类关系和各种感情。人与生俱来的社会性，又要求人们必须重视这些关系和感情，因而，围绕着如何巩固和维系人际关系和感情，人们采取了许多办法。其中之一就是馈赠。这类馈赠强调礼尚往来，以“来而不往非礼也”为基本行为准则。因此，从礼品的种类、价值的轻重、档次的高低、包装的精美、蕴含的情义等方面来看，这类馈赠都呈现多样性和复杂性。这在民间交际中尤其具有重要的作用。

（三）以酬谢为目的的馈赠

这类馈赠是为答谢他人的帮助而进行的，因此在礼品的选择上十分强调其物质价值。礼品的选择，首先，取决于他人帮助的性质。帮助的性质分为物质的和精神的两类。一般说来，物质的帮助往往是有形的，能估量的。而精神的帮助则是无形的，难以估量的，然而其作用又是相当大的。其次，取决于帮助的目的——是慷慨无私的，或是另有所图的，或是公私兼顾的。只有那种真正无私的帮助，才是值得真心酬谢的。再次，取决于帮助的时机，一般情况下，危难之中见真情，因此，得到帮助的时机是日后酬谢他人的最重要的衡量标准。

（四）以公关为目的的馈赠

这种馈赠，表面上看来不求回报，而实质上其索取的回报往往更深地隐藏在其后的交往中，或是金钱，或是权势，或是其他功利，是一种为达到某种目的而用礼品的形式进行的活动。多发生在对经济、政治利益的追求和对其他利益的追求活动中。

二、赠礼注意事项

要让交往对象愉快地接受馈赠并不是件容易的事情，因为即便是你在馈赠原则指导之下选择了礼品，如果不讲究赠礼的艺术和礼仪，也很难使馈赠成为社会交往的手段，甚至会适得其反。那么，馈赠时应注意哪些艺术和礼仪呢？

（一）赠送时机

常见馈赠时机有节假良辰、喜庆婚嫁、探望病人、亲友远行、拜访做客，等等。但很多时候也可以选择一些特殊时机进行馈赠，以赋予馈赠以特殊的意义。1998 年 6 月中国、美国文物部门和警方联合在北京举行仪式，庆祝美国警方和中国警方合作成功追回了一件中国的被盗文物——千年石刻。美国方面非常看重这次合作的成功，为表示对中国友好，他们把归还时间安排在克林顿总统访华期间，将文物归还作为美国总统送给中国人民的礼物，这在某种程度上富有特殊的意义。

赠礼场合的选择是十分重要的，尤其那些出于酬谢、应酬或有特殊目的的馈赠，更应注意赠礼场合的选择。通常情况下，当众只给一群人中的某一个人赠礼是不合适的，因为那会使受礼人有受贿和受愚弄之感，而且会使没有受礼的人有受冷落和受轻视之感。给关系密切的人送礼也不宜在公开场合进行。既然是关系密切，送礼的场合就应避开公众而在私下进行，以免给公众留下你们关系密切完全是靠物质在支撑的感觉。只有那些能表达特殊情感的特殊礼品，如一本特别的书，一份特别的纪念品等，方可在公众面前赠予，因为这时公众已变成你们真挚友情的见证人。赠礼是为了巩固和维持双方的关系，赠礼也必须是有针对对象的。因此赠礼时应当着受礼人的面，以便于观察受礼人对礼品的感受，并适时解答和说明礼品的功能、特性等，还可有意识地向受礼人传递你选择礼品时独具匠心的考虑，从而激发受礼人对你一片真情的感激和喜悦之情。

（二）礼品选择

1. 佳礼的特点

一份好的礼品一般有几个特点。一是要有适应性。“宝刀赠猛士，鲜花赠美人”，学生送文具，老师送书籍，新居送字画，等等，如果送他人很不适合的物品，很有可能不但不能增进双方情感，反而会让对方感觉难堪。二是纪念性。三是要有独创性。应匠心独运，独创一面。如果每年生日礼物都是送同一种礼物，那就会就少了很多期待。四是要有时尚性，不落伍、不老土。

2. 禁忌礼品

送礼不能想当然地自作主张，在努力选择上佳礼品之时，应当有意识地回避对方不喜欢的礼品。要自觉主动地避开对方的禁忌。

一是忌违法物品，泄露国家秘密或本单位的商业机密，涉黄、涉毒、涉枪等产品，送人则害人害己，值得一提的是给国外朋友的礼品要考虑不违反对方所在国家的法律。二是忌犯规物品，如有些礼品送给他人，会让对方有受贿之疑，这也会给对方增加心理负担。三是忌败俗物品，与交往不深者、国外人士相赠时应考虑对方的风俗，如中国老年人送“钟”、给情人送“伞”、给别人送药品等都是大忌。四是忌犯忌的物品，送高血压患者含脂肪高、胆固醇高的食品，等等。此外，我国有“好事成双”的说法，因而凡是大贺大喜之事，所送之礼均好双忌单，但广东人则忌讳“4”这个偶数；在西方国家，奇数是吉利的象征，但“13”是不吉利的。五是忌有害的物品，如香烟、烈酒、赌具等，这些东西也许会一时投人所好，但从长久来看都不是好的礼品选择。六是忌废弃的物品，除古董、文物以外，一般不要把自家的旧物、废品、淘汰品送人。七是忌广告类物品，除家人之外，不要送给别人此类物品，让人有免费为你做宣传之嫌。

（三）精心包装

包装前要贴上写有自己祝词并签名的卡片，以示诚意，国际场合尤其注意。精美的包装不仅使礼品的外观更具艺术性和高雅的情调，并显现出赠礼人的文化和艺术品位，而且还可以使礼品产生和保持一种神秘感，既有利于交往，又能引起受礼人的兴趣和探究心理及好奇心理，从而令双方愉快。好的礼品若没有讲究的包装，不仅会使礼品逊色，使其内在价值大打折扣，而且还易使受礼人轻视礼品的内在价值，而无谓地折损由礼品所寄托的情谊。

（四）表现大方

1. 举止大方

不要好像做了什么“亏心事”一样，“见不得阳光”，偷偷摸摸，手足无措。见面之后，应郑重其事地站立，走近受礼者，递上礼品，一般应递到对方的手中，不要放下后由对方自取。如果礼品过大，可以由他人协助递交，自己也要援之以手。向多人送礼时，应先长辈后晚辈，先女士后男士，先上司后下级。千万不要把送给他人的礼品乱塞乱掖在对方的居所之内，或悄悄地放下。

2. 认真说明

赠送礼品时可以表明因何而送，如“祝生日快乐”；可以表明自己的态度，如“这是我精心挑选的，相信你一定会喜欢”，而不应说“没什么好东西，凑合用吧”“临时买的”之类的话；可以讲一讲礼品的美好寓意；此外对于一些实用的礼品，还可以讲一讲礼品的具体用途。

3. 清除价格标签

礼品的价值体现在情义上，而不应当是体现在价格上。如果保留价格标签，太贵的东西，会让对方心理有负担；太便宜的东西，自己又会觉得显得过于寒酸。

三、受礼注意事项

（1）欣然笑纳。若对方诚心相赠，又不违法，应当大方接受。

（2）神态专注：当他人口头上宣布有礼相送之时，不管自己在做什么事情，都应立即中止，起身站立，面对对方，以便有所准备。对方取礼品时，不应伸手过快，开口相询，双眼紧张，而应保持风度、神态专注、稳重大方。

（3）双手捧接：不要一只手去接礼品，特别不要单用左手去接。双手接过礼品，然后伸出右手，握对方之手，并面带微笑，注视对方双眼。若接过来的是礼单时，则应立即从头到尾细读一遍。不要信手乱丢礼品，不到万不得已不要将礼品直接放在地上。不要倒拎着礼品或转送他人。

(4) 认真道谢：接受礼品时要真诚地道谢；不要虚情假意，口上说“不要，不要”，手却早就伸出去了。

(5) 拆封有讲究：当面拆封在国际上非常普遍，但在国内还是讲究不要当面拆封。送礼的对象不同，受礼人应当针对不同的风俗习惯给予不同的反应。

(6) 表示欣赏：对送礼人最好的感谢，莫过于表达出对礼品的欣赏。如将鲜花闻一闻再将其插入花瓶，将他人送的手表经常戴在手上，等等。受礼人的使用无疑是对礼品的充分肯定。

四、赠送鲜花的礼仪

现代社会，鲜花作为礼物在联系情感、增进友谊等方面起着很重要的作用。人们越来越多地以鲜花作为礼物馈赠他人，鲜花已成为现代人日常生活中不可或缺的时尚礼品。结婚时送鲜花，表示甜蜜、爱恋；乔迁时送鲜花，表示隆重、庆贺；生日时送鲜花，表示祝福、喜庆；探病时送鲜花，表示慰问、祝福；情人节送鲜花，表示浪漫。千姿百态的花朵述说着千言万语，因此什么时候送什么花，什么场合选什么花，什么人喜欢什么花，都需要根据具体情况，因时、因地、因对象而精心选择。否则因考虑不周而闹出误解，反而会失去馈赠鲜花的初衷。

(一) 赠送鲜花的时机

赠送鲜花一般有以下几种时机。

(1) 道喜、道贺。如：结婚之喜、生子之喜、乔迁之喜、开业之喜等。

(2) 慰问。如：生病、住院等。

(3) 奖励、鼓励。如：运动会等。

(4) 表达爱情，传递友谊。

(二) 赠送鲜花的形式

(1) 花束。将鲜花用包装纸结成一束后送给他人，这种形式在生活中最常见。

(2) 盆花。适用于乔迁之喜或喜爱养花的人。

(3) 篮花。把鲜花做成花篮送给他人，有郑重其事之意，适用于开业之喜。

(4) 花环。一些民族和一些国家，通常把自己喜欢的鲜花做成花环，挂在他人的脖子上或套上手腕上，表示祝福、吉祥。

(5) 花圈。对逝者表达追思之情，要送花圈。

(三) 通用花语

月季、菊花、香石竹、唐菖蒲(剑兰)代表“友谊长青”；茉莉花(末利)代表“重义轻利”；柳枝代表“送别、依依不舍”；冬青枝代表“友谊长青”；菊花代表“晚节”；红枫代表“老有所为、老当益壮”；兰花代表“德高望重”；牡丹代表“深深的祝福”；红石竹、香石竹（康乃馨）代表“母爱”；萱草代表“忘忧”；茉莉代表“母亲之花”（国际通用）；玫瑰、月季、蔷薇、海棠、碧桃、山茶代表“爱情、相爱”；含笑、茉莉、白兰、栀子、晚香玉、夜来香、君子兰代表“传情、爱慕、思念”；石榴代表“多子、早生贵子”；芍药代表“惜别”；桂花代表“光荣”（桂冠、蟾宫折桂）；山茶代表“奋斗、胜利”；木棉（攀枝花）代表“英雄”；木兰代表“扬眉吐气”；马蹄莲代表“春风得意”；紫薇花代表“好运气”（紫气东升）。

以上介绍的花语存在一种花多种花语的情况，花语的运用不能一概而论，最好还要结合当地的民俗。

（四）花色的含义

黄色在东方代表尊贵、优雅，西方基督教以黄色为耻辱的象征；红色是原始人类最崇拜、最爱好的颜色，给人以热情、大方、勇气、富贵、温暖、兴奋、光明、活力之感，表示热情、兴奋、刺激，容易鼓舞勇气，西方以此作为战神，象征牺牲之意，东方则代表吉祥、欢乐喜庆之意；橙色兼备红、黄两色混合的情感反应，给人以明亮、华美、庄严、温暖、明快、成熟之感；粉红色娇嫩、青春、明快，象征典雅、可爱、浪漫、关心，是一种鲜明的、有生气而美丽的颜色；蓝色表示沉静、幽远，是冷色调中最寒冷寂静的一种，和蓝天、大海联系在一起，使人心胸开阔，给人以安宁、清新、秀丽、悠远之感，同时又给人以悲伤、压抑、冷漠、冷清之感，在欧洲把蓝色作为对国家之忠诚的象征；紫色兼有红色的热情、蓝色的悠远，给人以雍容、华丽、典雅、冷艳、优雅、忧郁之感；绿色代表安全、平静、舒适之感，在四季分明的地方，如果见到春天的树木，树上有绿色的嫩叶，看了使人有新生之感，在佛教中绿色表示喜悦、新生和恩爱（在基督教中则表示希望、喜悦和平安）；黑色是无情色，具有神秘之感，庄严、沉虑，如和其他颜色相配合则有集中和重心感；白色有光亮而无热力，给人以纯洁、神圣、朴素、高洁、单纯、肃穆、哀伤、寒冷之感。

（五）送花的禁忌

英国人和加拿大人忌讳送百合花，因为这意味着死亡；送花给法国人的时候不要送菊花、杜鹃花及黄色的花，因为黄色的花是不忠诚的表示；在印度和欧洲国家，玫瑰和白色百合花，是送死者的虔诚悼念品；日本人讨厌莲花，认为莲花是人死后的那个世界用的花，送菊花给日本人的话，只能送有 15 片花瓣的；在拉丁美洲，千万不能送菊花，人们将菊花看做一种“妖花”，只有人死了才会送一束菊花；在巴西，绛紫的花主要是用于葬礼，看望病人时，不要送那些有浓烈香气的花；与德国、瑞士人交往，送花给朋友妻子或普通异性朋友时，不要送红玫瑰，因为红玫瑰代表爱情，会使她们误会；德国人视郁金香为“无情之花”，送此花给他们代表绝交；在意大利，西班牙、德国、法国、比利时等国，菊花象征着悲哀和痛苦，绝不能作为礼物相送；在俄罗斯等国家若送鲜花的话，一定要送单数，因为双数被视为不吉祥；罗马尼亚人什么颜色的花都喜欢，但一般送花时，送单数而不送双数，过生日时则例外，如果参加亲朋好友的生日酒会，将两枝鲜花放在餐桌上，那是最受欢迎的。

五、国际交往中的馈赠常识

世界各国，由于文化上的差异以及不同历史、民族、社会、宗教的影响，在馈赠问题上的观念、喜好和禁忌有所不同。只有把握这些常识，在商务交往的馈赠活动中才能达到目的。

（一）东方国家的馈赠

东方国家虽然因社会的、民族的、宗教的情况有很大不同，但在馈赠方面却有很多相似之处。

1. 形式重于内容

对东方国家人士的馈赠，名牌商品或具有民族特色的手工艺品是上好的礼品。至于礼品的实用性，则位于知识性和艺术性之后，尤其是日本人和阿拉伯人，非常重视礼品的品牌和外在形式。

2. 崇尚礼尚往来

在东方，无论何地，人们都认为来而不往是有失尊严的，这涉及自身形象。因此，一般人都倾向于先送礼品给他人。而且，收到礼品，在回礼时则常在礼品的内在价值、外在包装上更下工夫，以呈现自己的慷慨和对他人的恭敬。

3. 讲究馈赠对象的具体指向性

选择和馈赠礼品时十分注意馈赠对象的具体指向性，这是东方人的特点。一般来说，送给老人和孩子礼品常常是令人高兴的，无论送什么，人们都乐于接受。但若是送他人妻子礼品，则需考虑交往双方的关系及对方的忌讳；如阿拉伯人最忌讳给别人的妻子赠送礼品，这被认为是对其隐私的侵犯和对其人格的侮辱。

4. 忌讳颇多

不同国家对礼品数字、颜色、图案等有诸多忌讳，如日本对 4 有忌，把 4 视为预示厄运的数字。阿拉伯人忌讳动物图案，特别是猪等图案的物品；而日本人对装饰着狐狸和獾的图案的东西甚为反感，认为狐狸是贪婪的象征，獾则代表狡诈。

（二）西方国家的馈赠

西方国家与东方国家不同，在礼品的选择喜好等方面没有太多讲究，可用作礼品的物品多种多样。

(1) 实用的内容加漂亮的形式。西方人对礼品更倾向于实用，一束鲜花，一瓶好酒，一盒巧克力，一块手表，甚至一同游览、参观等，都是上佳的礼品。当然，如果对礼品的牌子和包装再有点讲究，就更好了。

(2) 赠受双方喜欢共享礼品带来的欢快。西方人馈赠礼品时，受赠人常常当着赠礼人的面打开包装并表赞美后，邀赠礼人一同享受或欣赏礼品。

(3) 讲究赠礼的时机。一般情况下，西方人常在社交活动即将结束时，即在社交已有成果时方才赠礼，以避免有行贿、受贿之嫌。

实训活动

一、技能题

1. 某公司在某地开设分公司，举行开业庆典，你作为我方公司的代表前去庆贺，该怎样挑选礼物？

2. 朋友喜得贵子，你会挑选什么礼物前去庆贺？

3. 列举现实生活中礼品选择或是馈赠出了问题的案例，制作成 PPT 并向全班同学展示讲解。

二、案例题

李秘书陪同公关部经理前往某医院探望公司的重要客户王先生，在出发之前，李秘书去花店买了一大束百合花搭配玫瑰花的花束，又去超市买了两罐蜂蜜。来到医院，李秘书递上花束和蜂蜜时，发现病房根本没有花瓶可供使用，只好将整束花放在墙脚，再洒上点水。在问王先生病情时才发现王先生患有多年的糖尿病。李秘书匆忙选择的礼品没能很好地完成领导交办的任务。

请帮李秘书确定此次探望选择礼品的技巧与注意事项。

项目五

商务宴请

宴请是指盛情邀请宾客宴饮的聚会，作为款待宾客、进行友好交往、团聚、联络感情、畅叙友情的一种社交活动。对于商务人士来说，宴会是绝佳的商务沟通和会谈的场合，是非常有效的沟通感情、传递信息、开展商务活动的工具。古人云：“设宴待嘉宾，无礼不成席。”要想让商务宴请达到理想效果，礼仪同样不可忽视。

任务一

宴请筹备礼仪

案例导入

中国人把宴请看作彼此联络、加强沟通、增进情感的一种重要的方式。酒桌上我们常常可以听到“感情深一口闷；感情浅舔一舔”之类的劝酒辞。刚刚参加工作的王海，也一直把这些奉为至理名言。有一天，从美国来了几位客人，为了满足客人的要求，公司特意选中了当地最有名的一家中国川菜馆。王海作为这一次接待的陪同人员，在酒桌上不停地为客人斟酒、劝酒，以不醉不归为目的，结果事与愿违，弄得客方满脸的不高兴。

中式宴请与西式宴请有哪些共同点？又有哪些不同点？

任务目标

1. 了解宴请的类型。
2. 掌握正式宴请的具体筹备工作。

相关知识

一、宴请的类型

商务宴请常常涉及主客两个方面，宴请的主体可以是各类机关、企事业单位、各类社会团体，也可以是个人。作为一种高层次的商务活动，商务宴请的礼仪规范较多，不论是作为宴请主体的筹备方，还是作为宴请客体的赴宴人员，都应遵守各自的礼仪规范。

当前，国际上宴请的形式一般可以分为宴会、招待会、茶会和工作餐四种。具体采用哪一种宴请形式应根据宴请目的、宴请对象、双方身份和关系以及时间因素等方面综合进行考虑。

宴会的种类较为繁多，按照不同的分类标准我们可以将宴会做如下区分。从规格上宴会可以分为国宴、正式宴会、便宴。从礼仪角度可以分为欢迎宴会、答谢宴会、庆贺宴会等。从时间上也可以分为早宴、午宴和晚宴。商务人员应当了解宴会的不同类型，这样才能在筹办或参加各类宴会时做到举止得体、落落大方。

（一）国宴

国宴是规格最高的宴会，它是国家元首或政府首脑为国家的庆典或为外国元首、政府首脑的到来而举行的宴会。在宴请时，宴会厅内要悬挂国旗，安排乐队演奏国歌及席间音乐，并有致辞或祝酒。参加国宴者有严格的服装要求，按礼宾次序入座。宴请的餐具、酒水、菜肴等十分讲究并有专门的规定。正因为如此，国宴是最隆重的一种宴会。

（二）正式宴会

正式宴会的规格仅次于国宴，不悬挂国旗、不演奏国歌，但也要按一定的规格和程序进行操作。正式宴会对环境的布置、餐具的摆设、酒水种类、菜肴道数等都比较讲究，对出席者及服务人员的仪容、仪态也有较严格的要求。

（三）便宴

便宴不如以上两种宴会正式，它是一种非正式型的宴会，一般用于招待亲朋好友。这种宴请规模小，没有严格的礼仪要求，不事先排定座次，也不做正式的致辞或祝酒，菜肴及酒水也可根据具体情况灵活处理。这种宴会多营造一种轻松、亲切、悠闲的用餐氛围。便宴可以在一般的餐馆或酒店进行，也可以在主人的家中进行。在家里举行的便宴也可叫家宴，由主人亲自下厨，家人共同招待客人。

（四）招待会

招待会不备正餐，只备食品、酒水、软饮料等，是较为自由的宴请方式。客人可根据自己的口味自行选择个人喜欢的食物和饮料，可与他人共同进餐，也可一人独自用餐。招待会一般不排座次，可以自由活动，常见的招待会有酒会、冷餐会、自助餐三种。

1. 鸡尾酒会

鸡尾酒会是一种以酒类和饮料为主招待客人的宴请形式。在这种酒会上，酒的品种较多，果汁饮料较丰富，此外会略备一些小吃，这样就能够满足与会不同人士的需求。作为一种西方文化的引入，现在我国也经常采用这种宴请方式。酒会的规格可高可低，高规格的以请柬邀请客人，低规格的小型酒会也可以用电话邀请。酒会的形式活泼，气氛轻松，时间要求上也较正式的宴会宽松，可以允许适当的迟到。酒会一般不设座位，客人可以举杯四处走动，自由交流，相互敬酒，结交朋友。服务员托盘在酒会中走动，来宾可以自由选取食物。在酒会上建议用左手取饮料，腾出右手来与人握手。

2. 自助餐

自助餐是目前国际上通行的一种非正式的西式宴会，在大型的商务活动中尤为多见。因为自助餐具有工作量小、不易造成浪费、气氛祥和、便于交流、规格可高可低等特点，目前已成为我国社交活动中一种很盛行的款待客人的方式。自助餐的菜肴比较丰富，摆放在餐桌上，由客人自取。酒水可由服务员托送，也可由客人自取。自助餐有的不设座位，只是站立而食，人们自由交谈，也有的自助餐设部分座位，供就餐者自由就座。自助餐虽然是自己取食、自由入座，但也要注意：排队按序取食，不可争抢；取用食物要量力而行，不要造成不必要的浪费，如果确实喜欢某样食品，要坚持少取多跑的原则，即可以多跑几次，但不要一次性端着几大盘堆积如山的食物。在进餐的同时，要积极参与交际，广交朋友；男士应当为女士提供一定的帮助和服务，当然这并不意味着女士就可以像女王那样从头到尾都对男士呼来喝去地指挥。

3. 茶会

茶会重“谈”不重“吃”，是一种以茶会友的简便的招待形式，以茶为主，对茶叶的品种、沏茶的用水以及茶具比较讲究，同时还备有一定的水果、糕点、地方风味小吃。茶会可以在专业的茶馆进行，也可以在家里进行。在茶会上，要选择陶质器皿，不宜用玻璃杯，更不能用一次性的塑料杯或纸杯；不可用热水瓶代替茶壶；为客人上茶时不要用手直接抓取，应使用茶叶勺。既然是茶会，一般应以上等的茶叶招待客人，不可以低档茶叶来敷衍了事。由于茶会简朴而不失高雅，气氛随和而热烈，受到很多人的偏爱。

4. 工作餐

工作餐是最常用的一种非正式宴请方式，重在以餐会友，是借用餐的形式继续进行商务活动，参加者利用共同进餐的时间，边吃边谈工作。工作餐具有简便快速、经济实惠的特点，一般不发正式请柬，规模通常也较小，时间、地点的选择很多时候是临时决定的。工作餐按用餐时间可以分为早餐、中餐、晚餐，其中以工作午餐较为多见。

二、主方筹备工作

在宴请活动中，为了营造和谐的、欢快的氛围，也为了使宾主双方在这种氛围中建立、巩固相互信任的关系，增进相互的友谊，宴请的筹备工作就显得特别重要。主办方通过精心的筹备工作，既能体现出对客人的尊重，也能体现出主办方团队的整体形象。

（一）明确宴请的目的

宴请的目的是多种多样的，例如，庆祝双方合作的成功，庆贺公司某个特别的纪念日，某项工程的开工或竣工，迎送某位重要的客人，等等。只有明确了宴请的目的，才能在这个目的的基础上确定其他相应的筹备工作。

（二）确定宴请的名义和对象范围

在确定了宴请的目的之后，主办方接着就应当考虑以何人的名义来邀请客人。可以个人的名义，也可以单位的名义。大型的宴请多以单位的名义发出邀请，有时也以个人名义发邀请；便宴多以个人或是夫妇的名义共同发出邀请。具体以谁的名义来发出邀请可根据主客双方的关系来确定，一般的原则是要做到双方关系对等，以身份低者接待客人难免让客人感到被冷落了，但如果每次宴请都由最高领导出席也会给领导的工作增加很多额外的负担。

宴请的对象范围指的是请哪些人士，请多少人，请到哪一个级别；主办方谁来主陪，多少人来辅陪；如果是多方客人的话，还应当考虑到多方客人之间的关系。在确定了宴请的目的、对象范围以后，再确定具体的宴请形式。

(三) 确定宴请的形式

在决定采用何种类型的宴请时，应当考虑宾主双方的关系、宴请规模的大小、时间的长短、当地习惯等因素。一般而言，正式的、规格高的、人数少的情况以正式宴会为宜；人数多、规模大的情况可安排自助餐；工作时间的间隙如果要安排进餐，则宜采用工作餐的形式。

(四) 确定宴请的时间与地点

宴请时间有时候按主人的需要安排，如企业开业庆典、主人的生日聚会等；有时候由客人的因素决定，如为客人接风、送行等；有时候宴请的时间由重要的主人或客人来定，特别是对主宾而言，一定要是合适的时间。在宴请时间的问题上要注意：避开客人的禁忌日，不要选择重大的节假日以及有重大的政治事件发生之时进行。对信奉基督教的人士应当避开 13 日，尤其是 13 日又是星期五的日子。通常，正式的宴请一般放在晚上进行，有的时候主办方工作人员可事先征求客人的意见，再决定宴请的具体时间。宴请时间的具体长短要根据宴请的类型来决定，一般认为，正式宴会时间为 2 个小时左右，便宴则 1 个小时左右，工作餐的时间则更短。对宴请时间一定要进行必要的把握，不能太短，否则客人可能还没有吃饱；也不能太长，以至于拖拖拉拉、浪费时间。

宴请地点的选择要考虑宴请的性质、人数、环境、卫生、交通、费用等因素。交通方便、环境幽雅、服务到位、干净卫生的宴请地点能表达主办方对客人的重视和尊重。熟人之间的宴请可以选择在家里或是双方熟悉的地点，大型活动的宴请则宜选在高档的宾馆饭店进行。现代人宴请不仅仅是为了吃东西，有时候还要“吃”文化，如果宴请地点档次过低，即便菜肴有特色，服务很到位，也难以满足现代人的饮食需求。作为宴请的主人，不妨与不同价位的酒店建立一定的往来关系，以便宴请的时候能够做到“常客熟门熟路”，受到的礼遇和招待自然与一般的客人不同。

(五) 布置宴会场所

1. 布置环境

选定宴请地点之后，应当根据宴请的目的和性质布置宴会厅。主办方可以根据活动的需要，在宴会厅的正面上方悬挂横幅；在宴会厅的两侧摆放一些绿树花卉；在宴会厅的正门口布置喜庆的气球以及欢迎牌，还可布置宴会致辞所需要的麦克风、投影等；此外，还可为宴会准备一些合适的音乐，因为音乐往往有助于烘托、调节宴会的气氛，增进客人的就餐兴致。具体的布置工作可请宾馆饭店代为布置，也可由公司派专人前往宾馆饭店进行布置。

2. 布置桌次

桌次是桌位的高低次序。宴会桌次的安排有严格的礼仪规范。中餐一般使用圆桌，偶尔也使用方桌；西餐则一般使用长桌。在排定桌次时，应当首先确定主桌的位置。主桌面门定位，一般以离门远者、干扰少者为佳；平行桌则以右为尊，有时也会考虑以中心的桌次为主桌。在确定了主桌以后，其他桌次坚持“远低近高”的原则，离主桌近的桌次较高，反之则桌次较低。具体情况如图 5-1 至图 5-6 所示。

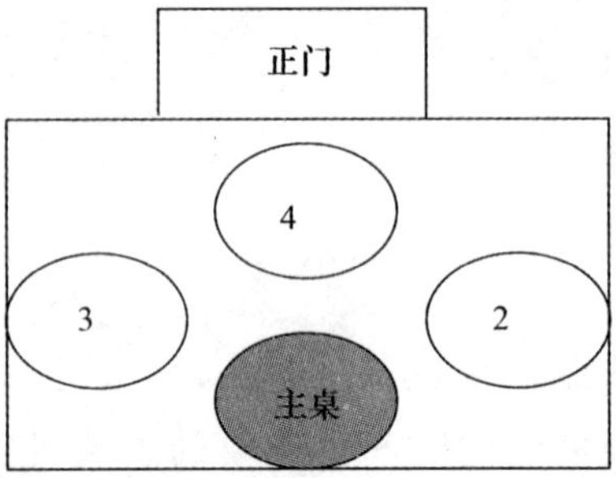

图 5-1　中餐桌次安排 1

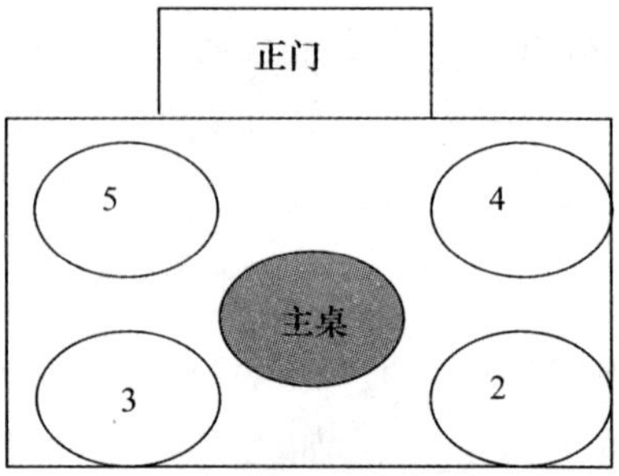

图 5-2　中餐桌次安排 2

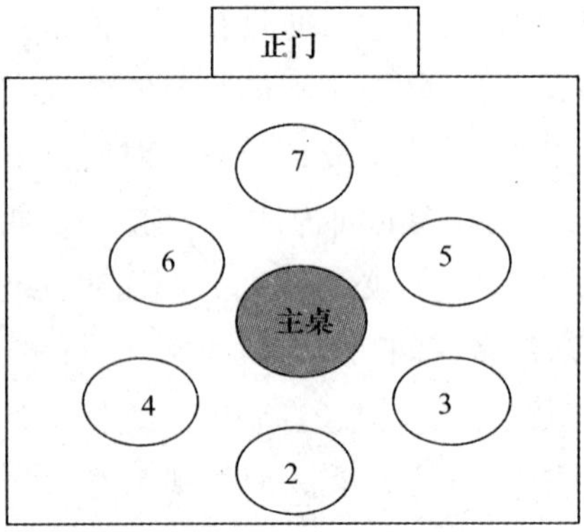

图 5-3　中餐桌次安排 3

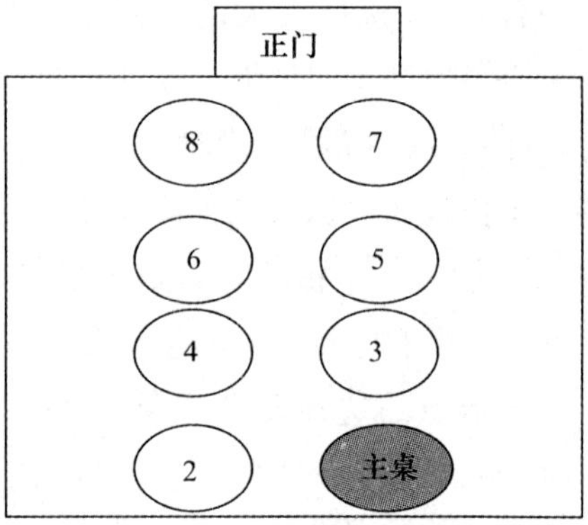

图 5-4　中餐桌次安排 4

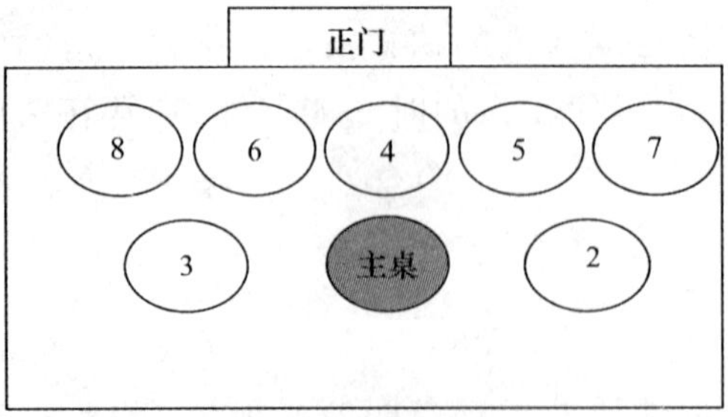

图 5-5　中餐桌次安排 5

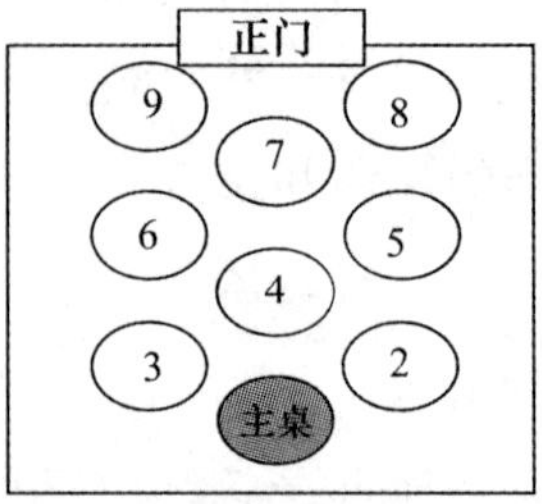

图 5-6　中餐桌次安排 6

对于中餐宴会，主桌可以稍有不同，比如较其他各桌的桌子略大，或是铺设规格较其他各桌略高；但主桌以外的其他桌次的大小、铺设规格等应当一致，不要随意地使用参差不齐的餐桌。宴请桌次较多的时候，应当在来宾请柬上注明具体桌次和座次，在宴会厅门口悬挂示意图，在桌子上放置桌次牌，以便于来宾准确就座，大型宴会一般应有工作人员引导来宾入座。

西餐习惯用一张长桌或是几条长桌拼接成一条更长的长桌，所以桌次问题就不像中餐的桌次问题那么复杂。

3. 布置座次

座次是座位的高低次序。餐馆内的座次以靠窗户、视野好或是安静舒适的角落为佳；而靠近过道、离洗手间较近的位子，容易被人打扰，因而不是理想的座位。安排主位时应当坚持“面门为尊、观景为佳”的原则。具体来说，面对门的位置为上座，背对门的位置为下座；也可以面对主桌的位置为上座，以背对主桌的位置为下座；以面对舞台的位置为上座，以背对舞台的位置为下座。在确定了主位以后，以主位为中心坚持“近高远低，以右为尊”的原则，具体来说，离主位近者位次较高，离主位远者位次较低，同样的距离则以右为尊。

中餐宴会，男主人坐在上座，主宾在男主人的右手边；如遇主宾身份高于主人，为表示尊重，可请主宾坐在主人的位置上，而主人坐在主宾的位置上；如有女主人，则女主人坐男主人相对的位置上，主宾夫人则安排在女主人的右手位置。主办方陪同人员与客方陪同人员交叉而坐，避免主办方人员坐在一起而冷落了客人。

西餐宴会，则以女主人坐在上位，男主宾坐在女主人的右手边，男主宾则坐在女主人的右手边，男女交叉排列。

图 5-7 至图 5-9 是中西餐的几种座次的排列示意图。便宴、家宴的座次安排不及正式宴会要求严格，座位安排稍稍灵活，但基本上还是遵循“面门为上，以右为尊”的原则。

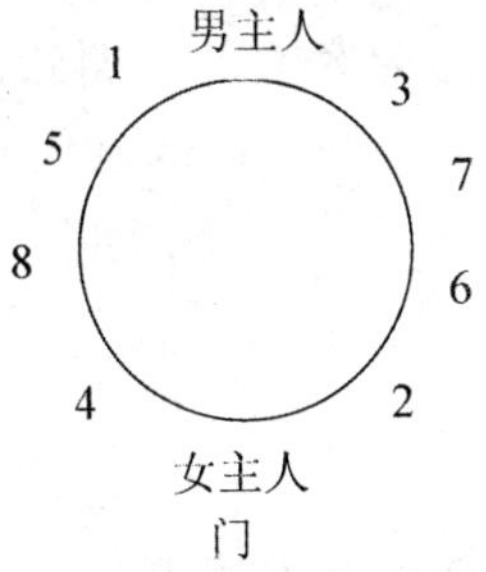

图 5-7　中餐座次安排 1

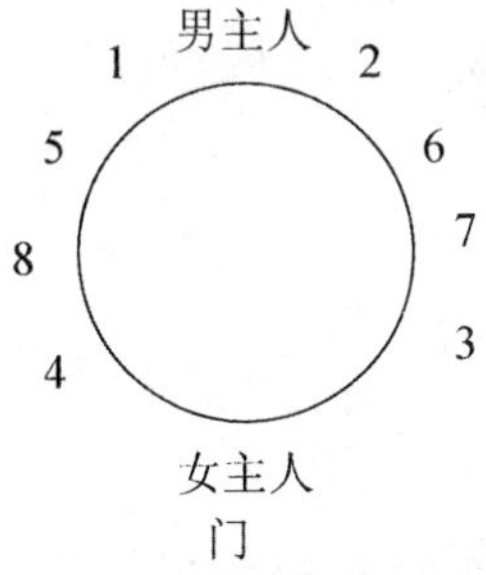

图 5-8　中餐座次安排 2

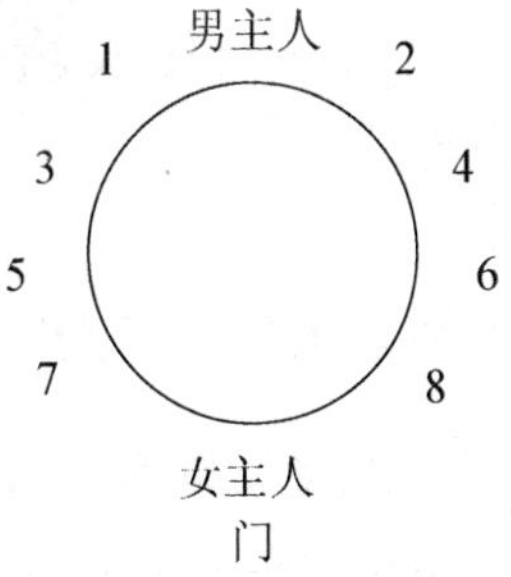

图 5-9　中餐座次安排 3

（六）发出邀请

一般情况下，向客人发出的邀请有正式与非正式之分。正式的邀请大多采用书面形式；非正式的邀请则通常以口头形式来表现，显得比较随便和灵活。正式宴会向客人发出的邀请多为请柬，较为正式，请柬可以寄发，也可以派专人上门亲自提前递送请柬。寄送请柬一定要注意寄送时间，通常以两周为宜，时间太早，客人可能看过后又忘了；时间太晚，客人毫无准备的时间，有时即使是客人想参加宴请，时间可能已经过了。请柬以印刷精美为佳，请柬上要注明宴会的时间、地点、主人姓名、赴宴的要求（着装要求、桌次座次等）、是否需要回复、电话号码等内容。在需要安排座次的外事宴请中，英文格式的请柬上，在左下角标注“R. S. V. P. ”表示“敬请赐复”；“Regrets only”表示“因故不能出席者请答复”；“To remind”表示不需要答复，只是提醒对方别忘了赴宴。中文格式的请柬没有上述的这些提示，但邀请人通常会打电话来进一步确认邀请。主办方人员应当根据请柬的回复情况，估计客人的出席率并调整席位。一般的便宴或是家宴，可电话邀请或是当面亲口邀请。

（七）确定菜单

宴请的菜肴及酒水，需根据宴请活动的性质和形式来确定，同时要注意把费用控制在公司的经费预算范围内。选择菜肴及酒水时要考虑客人的喜好、饮食习惯、通行的常规、地方特色。主人应尽可能照顾赴宴者，尤其是一些有特殊要求的客人。例如，有的西方国家人士不食动物内脏及动物的血液。菜单确定以后，若为单位的宴请，应报相关的主管批准。较大的宴会最好准备三种以上酒水，且应在宴会桌上放置一份或多份菜单，方便客人心中有数并依据个人喜好取食。有时候每人一份菜单，宴请结束后，客人可以将精美的菜单带回留作纪念。但是要注意，不可将菜肴的价格也打在菜单上。定制菜单应当在多种口味上动脑筋，并不是越贵越好、越稀有的越好。在便宴或是家宴上，往往是现场点菜，这个时候，主人应“主随客便”请客人点菜；客人则也要“客随主便”，照顾到主人和其他宾客的需求。

（八）撰写讲话稿或祝酒词

正式的宴请通常有正式的讲话或祝酒词，讲话稿应提前撰写。讲话稿的内容不应太长，以简短为宜，突出宴请的主题。讲话稿写好后，要交给客方，为客方的答谢致辞提供方便。

三、客方的筹备工作

（一）接受邀请

在接到主办方的口头或是书面的邀请之后，受邀方应尽快给主办方明确的是否出席的答复，这是对主人的尊重，也是为了便于主人做相应的准备工作。接受邀请之后一般不要随意改动，万一遇到特殊情况不能出席时，尤其是主宾，应尽早向主人郑重解释、道歉，有的时候还需要亲自登门致歉。接受邀请参加活动之前，要核实宴请活动的时间、地点、有无服饰要求、有无邀请配偶、是否需要准备礼物等，提前做好相应的各项准备，防止匆匆忙忙、出现差错。当然，即使是拒绝对方的邀请，也不要忘了对其表示感谢。

（二）注重仪容与仪表

出席正式的宴会要注重个人的仪容与仪表，做到整洁大方、精神饱满。精神萎靡、蓬头垢面、衣冠不整的客人会被他人耻笑，同时也会被认为是对主人的不尊重和对宴会的不重视。正式的宴会，男士一般着西装前往，要注意保持个人的清洁，应事先刮好胡须、梳理好头发；女士可着得体的裙装，有时候可着旗袍，适当的化妆可让女士显得精神、优雅，同时也表示对主人的尊重和重视，不过千万要注意不要在宴会桌前化妆，更不可当着其他客人的面涂脂抹粉。

便宴和家宴对仪容和仪表的要求略低，但客人也千万不要认为穿着拖鞋、沙滩裤就可以直接前去参加一般的宴请活动了。另外，出席宴请活动前，为保持个人清新的口气，出发前最好不要吃大蒜、大葱、芫荽、榴莲等气味较重的食物。

（三）准时出席

出席宴会应当准时抵达，过早或过晚抵达都会给主人的宴请活动带来不必要的麻烦。太早到达宴请地点，有可能主人还没有准备好，这个时候还得挤出时间来接待提前到的客人；太晚到达，尤其是主宾，会使大家面对着一大桌的美食迟迟不能动筷，从而影响宴请活动的整体计划和安排。一般而言，按中国人的习惯，客人可提前几分钟到达，主宾则比其他客人晚到一步；而西方人的习惯则是宁可晚到几分钟，也不要提前到达，而主宾大多比其他客人早到，以便与主人共同迎客。如果是出席酒会，客人的出席时间则更可以灵活掌握，但迟到也应以不超过半小时为限。

出发前一定要事先对宴会的地点以及行车路线做到心中有底，以免出现找不到宴会地点的情形；另外，对自己的桌次和座次号码也要牢记在心，免得在进入宴会厅后，东张西望，探头探脑，这些都会让个人的形象大打折扣。

（四）备好礼物

礼物的选择应当根据宴请的性质而定。在西方一般是为女主人准备一束鲜花即可。在中国的结婚宴、生日宴、乔迁宴大多以赠送红包为主，在红包上写明个人的名字；若为单位之间的宴请，则准备花篮、牌匾等礼物。不论礼物价值的高低，客人均应将事先准备好的礼物双手递给主人。有些宴请活动会请客人在入口处签名，所以商务人员应当认真写下自己的名字，名字不要写得太大或太小，也不要过于潦草，让人无法辨认。

四、宴请的程序

（一）抵达与迎宾

在客人抵达宴会厅之前，主办方就应提前安排好迎宾人员在宴会厅入口处等候。迎宾时，主人一般在门口迎接，而官方活动除男女主人之外，还有少数其他官员陪同主人排列成迎宾行，通常称为迎宾线。迎宾人员与客人握手并相互问候。

（二）引宾入席

如果有可能的话，主人应当尽量安排迎宾人员或是宾馆的服务人员引领来宾入席。常规的做法是：先引一般客人入席，再引主宾入席。客人应当按照请柬上注明的号码入席，就算没有人引导入座，也不要到处乱逛。如果自己身边就座的是女士或是年长者，应主动协助他们落座。入座应轻、稳，不要将自己放倒在座位上，坐姿应端正、自然，不可慵懒地斜靠着椅背；不可将椅子往前倾或是往后翘；不要将自己的双腿伸得过长影响他人，不要无所事事地玩弄桌上的餐具，甚至是敲敲打打。如果是西餐或者家宴，不要掏出自己的餐巾纸擦拭主人家里的餐具，这样就等于在向主人示意：这套餐具不干净。

（三）致辞

在正式开席之前，特别是正式宴请活动，主人应该站起身来致敬酒辞，对宾客的光临表示感谢和欢迎。敬酒辞一般应简短并体现出主人的热情欢迎，3—5 分钟就可以了，不要长篇大论，动辄大半个小时，这样让客人面对一大桌丰盛的美味佳肴而不能享受，很不合情理。主人致敬酒辞时，作为客人应当仔细地倾听，不要趁着这个时间交头接耳、吞云吐雾，或是闭目养神。我们常说"客随主便"，即便是敬酒辞偏长，客人也应当体现出宽容、耐心，面含微笑地注视着主人致辞的方向。

（四）开席

主人致敬酒辞之后，会提议全体来宾共同举杯。这时，客人应起立举杯，目视主人举杯方向。在主人与主桌贵宾碰杯以后，主人往往会再到其他桌依次敬酒。当主桌未祝酒时，其他桌不可起立或串桌敬酒。作为客人，不宜首先提议为主人干杯，以免喧宾夺主。当有人提议为你干杯时，不要随意拒绝，即使不能喝也应有所表示。在敬酒时如果不能碰到对方的杯子，可以酒杯底碰触一下桌子以示过渡，不要交叉干杯。

（五）进餐

1. 取食有序

开席后，主人招呼大家动筷，即可开始进餐。在中餐中，每道菜上桌之后，应先请主宾取食，不可争抢，那样会显得有失教养。自己取食时，个人喜爱的食品不可取得过多，个人不爱吃的食物，不可一点儿也不沾，更不可表示出厌恶的情绪，或是对菜肴品头论足。如由服务人员统一分菜或是主人亲自推荐品尝的菜肴，不要一口拒绝，实在不爱吃，可取少量放在盘内。

2. 进餐文明

进餐时应细嚼慢咽，不宜狼吞虎咽、摇头晃脑。不要在吃得酒足饭饱之时，打嗝拍肚，更不要吃得满头大汗。有些人喜欢在吃到肚子撑的时候松松皮带、宽衣解扣、捋衣袖、挽裤腿等，这些动作都不宜当着众人的面进行，或者可以去到餐馆的洗手间解决，这样只会让他人觉得粗俗野蛮。进餐时，不要吸烟，尤其不要当着女士的面吸烟，实在克制不了，可以去宴会厅外面的走廊或是吸烟室吸烟。参加正式的宴会，饮酒要做到掌握分寸，不要喝得酩酊大醉，这样容易误事，也容易在众人面前出丑。

3. 不要一惊一乍

在进餐的时候，即使出现食物里面有虫子的情况，也不要大呼小叫，正确的做法是：不要做声，立即用餐巾将不干净的东西包住，然后悄悄地放在残渣碟里。吃到头发等不洁净的东西时，也不要拿着向大家展示，这容易影响他人的食欲，同时也会让主人感到非常尴尬。当然也不要大发牢骚，抱怨餐馆的服务质量，因为这也是让主人失面子的做法，毕竟餐馆是主人选定的，责备餐馆其实是在某种程度上责备主人。

（六）交谈有度

在整个进餐的过程中，一言不发、只顾埋头进餐的来宾是不受他人欢迎的。交谈时宜选择一些轻松愉快、不易引发矛盾的话题，忌谈一些让人大倒胃口、恐怖血腥的话题。如果是家宴，可以不失时机地赞美一下主人的手艺，或是家庭环境。口里满含食物时不宜说话，应将嘴里的食物先吞下去之后再发言；如有问题向某人请教，应趁对方吞下食物或是暂时休息时进行，当对方正在大口咀嚼食物时，你向他询问问题，对方会觉得很难堪。宴请活动是一种相互联络、增进情感的交际活动，所以与会人员应当注意积极地参与交谈。另外，不要只顾着跟自己邻座或是熟人谈得火热，而对离自己稍远的来宾或是不认识的来宾就视而不见，这样是有违礼仪规范的。总之，宴请时的交谈以增进友谊、活跃气氛为目的，所以要讲究一定的交谈艺术。

（七）离席

离席时要注意先后次序，宜让身份高者、年长者、女士先离席，贵宾一般是最先离席的，与之身份相当的人可以同时离席。离席时注意要轻、要稳，不可突然一下子站起来，打翻了椅子、碰倒了杯子。离席时，顺手将椅子移回原位，男士也可为身边的女士提供帮助。

（八）告辞与送客

在宴请活动中，不要一吃完饭，抹抹嘴就走，离开时应当向主人告辞。客人告辞不宜过早也不宜过迟。如果是主宾，应先于其他客人向主人告辞，否则会给其他客人带来不便；但也不能太早。如果是一般客人，则应在宴会结束主宾告辞后及时向主人告辞，不可因为贪杯而拖延不走，但也不能先于主宾告辞。不论是主宾还是普通宾客，一般不要中途离开。若确有急事，应向主人说明并表示歉意后，轻轻离开；也可事先说明，到时悄悄离开，不要大呼小叫惊扰到其他客人、破坏宴请的热烈气氛。有些人因为不懂得告辞的礼节，参加酒会、茶会中途准备离去时，一一询问所认识的每一个人要不要一起走，结果本来热热闹闹的场面，一下子便提前散场了。这种闹场的事，最难被宴会主人谅解，一个有风度的人，可千万不要犯下这种错误。

作为主人应提前安排好相应的送客人员，并提前在宴会厅门口送客。离开前，主宾之间应礼貌地握手并相互道别，客人与主人打过招呼后，应该马上就走，不要拉着主人在门口聊个没完。因为现场也还有许多其他客人等待主人去招呼，如果占用主人太多时间，会造成他（她）在其他客人面前失礼。如果主人有礼品相送，可以在这个时候奉上，客人可欣然收下这些小礼品。除了主人相送的礼品或是纪念物（如精美的菜单）之外，客人不要将招待来宾的食品、香烟、酒水等随意带走。

（九）致谢

客人在参加了宴会后的一两天之内应当给主人打个致谢的电话，或送上一份致谢的便函。

实训活动

一、技能题

1. 在正式的宴请活动中，活动的主办方应当做好哪些相应的准备工作？

2. 公司即将举办十周年庆典的大型宴请活动，请设计相关的情景，并拟订一份公司宴请筹备工作安排表。

二、案例题

案例一

张小姐受邀参加一次正式的宴请活动，在进餐的过程中，她突然在青菜里发现了一条小虫，张小姐大惊失色叫道："天哪！这道菜里有虫子，大家吃的时候小心！"张小姐是一片好心，不过听了张小姐的话，大家吃饭的时候就格外小心起来。主人劝菜的时候也老是有些心有余悸。

请分析张小姐这样的做法是否合理。

案例二

马小姐应邀去参加某公司的商务宴请，宴请进行到中途，马小姐因为自己手头还有一点儿事要去处理，于是马小姐对主人说明情况后，又向在场的十几位朋友一一告别，她还问其中几位要好的朋友："要不要一起走哇？吃得差不多了吧？"

请分析马小姐的做法有何不妥。

案例三

张先生代表公司到南方某城市参加智达公司的周年庆典活动。在活动期间，智达公司为来宾准备了丰盛的自助餐。张先生走入自助餐厅一看，这么多美味的食物，十分高兴，想着既然是自助，那就没必要讲究太多的礼节了。为了避免在自助餐厅里走来走去，张先生取了两个大大的盘子，装满了两大盘，其中自己爱吃的大龙虾就足足装了一个大盘子。端着这两个大盘子，张先生找了个安静的角落，独自享受着美味。

请就以上案例，分析张先生的表现有何不妥之处。

任务二

中餐礼仪

案例导入

一个炎炎夏日的中午，李波作为主宾应邀参加一个正式的宴请活动。由于出门时没有考虑好公交堵车的问题，结果宴请的时间已经到了，他还堵在路上。情急之下，李波只好下了公交车换乘出租车。当李波匆匆忙忙抵达宴会餐厅时，他满头大汗，主人和客人也已等候他多时了。主人见主宾李波已到，立即叫厨房准备开席。李波接过服务人员递过来的餐巾又是擦汗又是擦脖子，还不停地说："热死人了！今天这坐的什么破公交车呀！"抱怨完之后，李波捋起衣袖，清清了嗓子就开始吃了起来。他一边吃一边不停地点评每一道菜肴："这道鱼，不错，做得比较鲜美。这道鸡嘛，其实还可以再多蒸五分钟。哟，这是什么菜？做的花样还真是新颖呀，呀，原来是普通的胡萝卜……"路上李波因为太着急，可能饿坏了，他大口大口地嚼着饭菜，咕咚咕咚地喝着啤酒，谈兴也特别的高。不一会儿，他就吃不动了，肚子胀得圆圆的，坐着有些难受，于是他站起来将皮带松了两个孔。他拍着肚皮对大家说："今天吃得可真爽呀！"

请评价一下李波这次赴宴的过程？应邀出席正式的宴请活动时应注意的礼节有哪些？

任务目标

1. 掌握中餐的上菜顺序。
2. 掌握中餐的进餐礼仪。

相关知识

中餐具有自身的特色,大多使用合餐制,一桌人团团围坐着吃一桌菜;中餐多使用圆桌,有时也使用方桌。中餐宴会展示了中华民族的传统文化,同时也突显了浓郁的民族特色,是我国商界比较常用的宴请形式。在中式宴会的整个过程中,从宴会开始到宴会结束,有一套完整的礼仪规范。

一、中餐的菜肴及上菜顺序

(一) 宜选菜肴与忌选菜肴

正式的中餐宴请一般事先就要确定菜单。中餐的菜单一定要体现出中餐特色、本地特色、餐馆特色,宴请外地的客人不妨选择一些本地的特色菜,例如:北京的烤鸭、四川的毛血旺、云南的过桥米线、湖南的腊肉、广东的各式靓汤;如果是宴请本地的客人,则可以挑选本餐馆的特色菜肴。

如果说一份中餐菜单达不到体现特色的要求,那么最起码也一定要避开客人的宗教或民族禁忌。对于这一点,在安排菜单时,一定要予以兼顾。此外,还要考虑个人的其他禁忌,有些人出于身体的原因不能食用某些菜肴,也应当给予细心考虑。如果达不到这些最起码的要求,宴请也不会有好的氛围。

(二) 上菜顺序

中餐的菜肴是一道一道分先后次序上,上菜一般先从主桌开始,但主桌与其他桌上菜的时间也不能相差太多,或是菜的道数相差甚远,这样难免会给客人以厚此薄彼之感。中餐菜肴上菜顺序一般为:冷盘——热炒——主菜——点心和汤——水果拼盘。参加中餐宴请活动时,应熟悉中餐上菜的顺序,便于做到心中有数。在我国广东地区,一般是将汤放在前面,所以第一道上来的往往是汤。上菜的方式有时是每人一份式的,比如例汤;有的是由服务员现场为每个宾客分配菜肴;也有的是将大盘的菜肴放在桌上,由宾客们自行取食。如果上的是全鸡、全鱼、全乳猪之类有头有尾的菜,头的一边一定要朝向主位。

二、中餐的桌次与座位

中餐的座位涉及两个方面:一个是桌次,另一个是座次。在排列桌次时,应当坚持“面门定位,主桌定位,远门为上,临台观景为上,干扰少者为上,以右为上,以中心为上”等原则。在排定中餐的座次时,坚持“面门为上,背门为下;以右为尊,近尊远卑”等原则。相关的示意图可参看任务一宴请筹备相关内容。

三、进餐礼仪

（一）检点"吃相"

进餐时，有些人喜欢动筷之前，或是取菜之前，清清嗓子、打打响指、卷衣挽袖，就好似准备大干一场，这种做法会给人留下粗俗的印象。在餐桌前不要打哈欠，这样会让主人觉得你对餐桌上的饭菜不感兴趣。如果实在控制不了，也一定要马上用手捂住嘴，然后向大家说声"对不起"。

还有一个细节，就是进餐时接听电话。很多人喜欢在吃饭的时候当着大家的面接打电话，洪亮的声音伴随着横飞的唾沫，使在座的用餐者没办法放松和自然地用餐。如果在进餐时有电话打进来，一般应向在座的表示"对不起，我接个电话"，然后转过身去接听电话，如果通话时间比较长，最好是出去接电话。那种在餐桌前打电话，一打就是近半个小时，弄得在场的人想说话又怕影响打电话者接听电话，不说话又有偷听电话之嫌，实在是进退两难。另外，在餐桌前接听电话确实容易泄露信息。比如：在同业务伙伴进餐时，好不容易建立起来其乐融融的气氛，突然一个电话打进来，主人回了句"等会再打过来吧，我这边在陪客户吃饭呢"，让用餐的人突然醒悟过来，自己只是主人的"客户"，这样的话其实可以改成"我在陪我的朋友们吃饭"，更能拉进双方的距离。

（二）取菜有度

取食菜肴应依序进行，一般请主位的宾客先取食，不管是哪一道菜，主宾没有动筷，其他人不要先取。如果作为主宾出席宴请活动，就应当尽快取菜，而不要久久不动，弄得其他人想吃也不能吃。等主宾取过菜之后，其他客人再按顺序取食。取食时，应尽量取位于自己面前的菜肴，如有些菜肴离自己较远，不要起身夹菜，可以按顺时针的方向旋转转盘，但是当他人正在夹菜时，不要旋转菜盘，尽量避免几个人同时将筷子伸向一个盘子夹菜。个人不喜欢的菜肴也应稍稍品尝，不可面露难色、紧皱眉头或是说三道四；个人喜欢的菜肴也不可大吃特吃，让他人没有机会享用。取菜的时候不要左挑右翻，更不能夹过来后，发现自己不爱吃，又把食物送回去。

（三）喝汤有礼

喝汤时不要发出声音，用调羹取少量的汤试试温度，太烫的话可以等汤凉了以后再喝，不可将汤喝进去发现太烫又马上吐出来，不可用嘴对着汤吹来吹去，不要端着汤碗"咕咚咕咚"地喝汤。

（四）劝菜适度

主人如果觉得某道菜很不错，可以向客人推荐，但一般不宜为客人夹菜。主人应当意识到：每个人喜欢的口味不同，自己喜欢的客人不一定喜欢，作为主人强行夹菜给客人，也许会让客人觉得为难。可是，有的主人很喜欢为客人夹菜，认为不把客人的碗碟装满就好像不够热情，面对这种情况时，客人也应当理解主人的一片盛情，首先表示感谢，不可面露愠色，同时也可以客气地致谢："谢谢！够了，我自己来吧！"有时候碰到自己确实不能吃的菜，就应当告诉主人，求得主人的理解。

（五）关于酒水

正式的宴请一般不上啤酒，便宴或是家宴中则可以。在正式宴会上，一般摆放在宾客前面的有三个杯子，白酒杯、葡萄酒杯、水杯。这个三个杯子不要乱用，用白酒杯来喝水，或是水杯来喝葡萄酒都是不合礼仪的。

当侍者为宾客斟酒时，宾客一般只要点头致谢即可，但若是主人亲自前来为客人斟酒，客人则必须站起来，或端起酒杯点头欠身表示感谢。主人为客人斟酒时也要注意：要从主宾开始，按顺时针方向依次为客人斟酒；斟酒时应站在客人的右边；除啤酒之外，瓶口不可接触杯子；斟酒时不要让酒水洒到客人的身上或是桌上，要控制好酒瓶的斜度，倒完酒后可以顺势旋转瓶身；倒啤酒时要倒满，速度宜慢，倒葡萄酒时则不必倒满。

敬酒要讲究一定的顺序，一般是客人、长辈、女士首先向主人、晚辈、男士敬酒。在正式的宴会中，当主人致完敬酒辞后，首先向所有客人敬酒。主人除了应当向主宾敬酒以外，还可向其他桌的客人依次敬酒。在主人敬过酒后，其他桌也可以回敬主人，客人与客人之间亦可相互敬酒。敬酒时要讲究一定的礼节：碰杯时应起身站立，左手也可托住杯底，右手端起酒杯至眼睛的高度，面带微笑，注视对方，并说一些祝福的话语；敬酒时如果能说出几句精彩而又精辟的话语，往往能够活跃宴会的气氛，同时也会给其他的宾客留下深刻的印象；如果提议的是"干杯"，就最好把酒喝完，如果提议"自便"，这时可根据个人的情况，酌量饮用；碰杯时，一般身份或职务较低的人应控制好自己酒杯的高度，使其不高于对方的酒杯，以示敬重。

中餐强调"无酒不成宴"，在传统的中餐上，主人有时会反复向客人劝酒，现在的商务宴请则越来越趋向于不强人所难，过去的那种"不放倒客人不罢休"的观念也逐渐为饮酒时量力而行所取代。

（六）品茶有方

我国历来就有以茶敬客的风格。待客以茶要注意相关的礼仪。首先要分清茶的门类，不同的人喜好不同的茶，所以为客人沏茶前，最好问问客人的意见，在可能的范围内奉上客人最喜欢的茶。要选择清洁、完好的陶质茶具为客人奉茶，破了口的茶杯就不要再拿出来供客人使用。取茶的时候不要用手抓取，而应当用茶匙。为客人奉上茶水时，应双手捧茶，从客人的右方奉上，同时说声"请用茶"，客人这个时候应起身并回应"谢谢"。如果有多人的话，为客人上茶要讲究顺序：主客相比，要先为客人上茶；客人与客人相比，则先为主宾上茶。茶杯宜放在客人的右手边，方便客人取用。如果客人的茶喝完了，主人要及时为客人续水。中国人的习惯是"浅茶满酒"，所以不要将客人的茶杯斟满，因为这样就有下逐客令之嫌。当主人为客人斟茶时，客人应当尽量有所表示，如点头、欠身或是行叩指礼，千万不可认为这是主人理所当然要做的事情，自己只管享受主人的服务即可。饮茶时宜小口小口地品，如遇茶水中漂有茶叶，可用茶盖轻轻拂开。

（七）不违食俗

任何国家都有自己的餐饮习惯，中餐也是如此。比如：在中国某些沿海地区，吃鱼时不能翻动鱼身，认为这不吉利，有些司机也有这方面的忌讳。所以在食用这类菜肴时一定要注意这些相关的食俗。

（八）交谈适度

在中餐宴席上，欲与身旁人交谈时，不要先用手碰一下对方，也不要以“喂”开始双方的交谈。最好不要隔着人交谈，特别是隔着两个人以上，这就意味着把中间的人当成了透明人。同身旁的人说话时，注意不要背对着另一个人。若所谈的事情不便被他人听到，可以安排宴会后的其他时间再谈，当着其他人的面耳语容易给人感觉是在议人是非。在餐桌前不可不交谈，但也不可谈论太多，一个人高谈阔论、口若悬河、滔滔不绝，容易让他人感到厌烦，从卫生的角度来看，唾沫也容易飞得到处都是。吃饭时要营造一种和谐、放松的气氛，所以在餐桌前不要讨论一些容易引起大家争论的话题，这样会影响大家进餐的心情。如果不是主人，不要过分殷勤地向其他人劝菜，特别是向身边就座的女士殷勤劝菜，这样容易给人以喧宾夺主之感。

在正式的宴会中交谈所涉及的话题，不像私人朋友在一起吃饭时那样随心所欲。当你想谈论一个话题时，一定要先考虑一下在场的其他人的情况，考虑一下这个话题是否合适。有的人爱谈婚姻，但如果在场的人当中有离婚独居的，或是有大龄女青年尚未结婚的，这种话题就不太适合。有的人喜欢谈房子，说到自己家里买的三房两厅是如何不够用，这样会让在场的仍然还处在租房居住阶段的来宾感到不舒服。可见，在宴会上，一定要选择好合适的话题，不可信口开河，否则会影响别人的情绪，破坏宴会的气氛。

四、餐具的正确使用

（一）餐巾

中餐进餐前有热的湿毛巾，供客人擦手之用，但不要用这个湿毛巾当场擦脸、擦胳膊、擦脖子等。餐巾主要用来防止食物掉在衣服上，不要把餐巾当做围脖，也不要把餐巾别在皮带上。如果餐巾较大，在打开使用时，不要铺被单似的使劲地抖动。进餐时，饭店提供的干的或湿的纸巾主要用来擦嘴。

（二）筷子

中餐传统的用餐方式是每人使用一双筷子，随着人们对卫生要求的提高，中餐的餐桌上出现了公筷。中国几千年的饮食文化，筷子的使用形成了一定的规范。

(1) 筷子应摆放在筷子座上，不要直接放在餐桌上，或是交叉放在碟盘上，也不要直接横放在碗上。作为客人，在使用筷子的过程中也要注意轻拿轻放。

(2) 握筷高度要适中，不可过高或过低。在正式宴会中取菜时讲究用公筷或调羹将所需菜肴夹到自己的碟盘中，然后再用自己的筷子慢慢进食，不能用自己的筷子直接夹菜。

(3) 右手持筷，成双使用，不要倒拿筷子，不要用单只筷子叉取菜肴。不要一手握筷一手持匙，这样左右开弓，会让人觉得你有些饥不择食。

(4) 注意保持筷子的干净，不要让自己的筷子上沾满饭粒和菜汁。

(5) 不要将筷子放在嘴里含着甚至是吮吸筷子，并发出“吱吱”声。

(6) 不要用筷子敲打杯盘碗碟。

(7) 不要以筷子指人。

(8) 不要将筷子插在米饭上，在中国很多地方这种方式用于祭祀的时候。

(9) 几双筷子不要“打架”，当他人在取食时，自己可以稍等片刻，不要你争我夺。用筷子夹取菜肴不可取得太快或太慢，甚至掉得满桌都是汤汁。

(三) 调羹

中餐进餐时，调羹主要用来舀取流质的食物。以调羹取食不要太满，为了避免汤汁洒出来，用调羹取菜时可以稍稍停一停，当然也可少取一些。品尝食物时，不要将整个调羹都送入嘴里，更不要舔调羹。进餐过程中要注意保持整个调羹的干净，不要让它沾满饭菜。此外，不要将调羹插在米饭中，不要将调羹碰得叮当直响。

(四) 碗碟

中餐桌上的碟子主要用来盛放食物或堆放残渣。要注意的是，吃剩的骨头或是残渣不要直接吐在碟子内，可用筷子或是调羹作为中转，或以手作为中转，然后再放入碟子。不要将残渣直接吐在桌面上，不要把面前的桌面弄得杯盘狼藉。

(五) 水盂

在中餐中菜肴太大不便用筷子取食时，有时候饭店会为客人配上相应的手套，但有的时候则是用手直接取食。碰到这种情况，服务人员会为客人端上精美的水盂，里面有时还会飘着柠檬片或一些花瓣。请注意：水盂里的水是用来洗手指尖的，不要拿来洗脸，更不要端着喝。

(六) 水杯

水杯不可倒扣在桌子上，也不可将已经入口的酒水又吐回水杯之中。

(七) 牙签

女士在宴会上应尽量少使用牙签；男士则尽量不要当众剔牙，非剔不可时则必须以餐巾或手掩盖后方可操作。倘若是张着大嘴，毫无顾忌地直接用手抠、用牙签剔，会给人留下野蛮的印象。剔牙之后不要乱弹，应以纸巾包住牙签。叼着牙签不放，拿着牙签挥来挥去，用剔过牙的牙签继续叉食其他食物，这些举止只会显得很没修养。

实训活动

一、技能题

1. 请将现实生活中的不文明用餐行为整理成 PPT,向全班同学展示并进行讲解。

2. 请选择学校附近的几家中餐馆作为考察对象,确定不同规格的几套菜单并制作成 PPT,向全班同学说明菜单的确定过程及相关考虑因素。

二、案例题

案例一

一个摩托车企业的经销商会议结束了,会议结束后是聚餐饮酒,饭桌上的敬酒是少不了的。

得益于中国的传统文化,作为培训老师的赵教授自然首先受到销售经理的敬酒,心里很是舒畅。紧接着,销售经理拿起酒杯,面对自己的老板讲道:"刘总,下边我敬领导一杯,谢谢领导对我工作的支持和对我的培养……"话音未落,老板就打断了他的话,责备道:"怎么能先给我敬酒呢?应先给各位经销商老板敬酒,他们可是我们的客户,我们的上帝呀!"

销售经理立马转了话题:"喔!不好意思,各位经销商老板,王老板、李老板、周老板,下面我敬各位一杯,谢谢大家对我们公司的信任,谢谢大家对我们企业摩托车的大力推广。"各位经销商老板马上附和道:"客气!客气!也祝我们飞天摩托车业务繁荣,财源广进。"渐渐地,饭桌上的气氛就热闹起来了。

请就以上的案例分析中餐的敬酒有什么要注意的礼节。

案例二

某五星级大酒店要求服务人员在为顾客上菜以后,首先退一步,然后以右手手掌指向该菜所在方向,为客人报上菜名,并作简短的特点介绍,最后加上一句"请慢用"。

请分析这家大酒店的做法有何可取之处。

案例三

午餐时间，一位台商在某餐厅用餐，当服务员发现这位60多岁的台商面前是空饭碗时，就轻步走上前，柔声说道："请问老先生，您还要饭吗？"那位先生摇了摇头。服务员又问道："那先生您用完了吗？"只见那位老先生冷冷一笑，说："小姐，我今年60多岁了，自食其力，这辈子还没落到要饭吃的地步，怎么会要饭呢？我的身体还硬朗着呢，不会一下子就完的。"

请谈谈上述案例中服务员的说法有何不妥？现实生活中还有哪些说法在就餐时是禁忌的？请搜集整理并向其他同学讲解。

案例四

在某宾馆的多功能餐厅，众多的宾客在恭维台湾吴老先生来内地投资，吴老先生神采飞扬，高兴地应承着这些祝贺的话。宾主频频碰杯，服务小姐忙进忙出，热情服务。不料，服务小姐不小心将桌上的一双筷子拂落在地。服务小姐连忙道歉，随手从邻桌上拿过一双筷子，褪去纸包，搁在老先生的台上。

吴老先生的脸上顿时多云转阴，煞是难看，默默地注视着服务小姐的一连贯动作，刚举起的酒杯一直停留在胸前。众人看到这里，纷纷帮腔，指责服务小姐。服务小姐很窘，一时不知所措。

吴老先生终于从牙缝里挤出了话："晦气！"顿了顿："唉，你怎么这么不当心，你知道吗？这筷子落地意味着什么？"边说边瞪大眼睛："落地即落第，考试落第，名落孙山，倒霉呀，我第一次在内地投资，就这么不讨吉利。"

服务小姐一听，更慌了，"对不起，对不起"，结果又将桌上的小碗打碎在地。服务小姐尴尬万分，虚汗浸背，不知如何是好，一桌人有的目瞪口呆，有的吵吵嚷嚷。

就在这时，餐厅领班来到客人面前，拿起桌上的筷子，双手递上去，微笑着说："啊，吴老先生。筷子落地哪有倒霉之理，筷子落地，筷落，就是快乐，就是快快乐乐。"

"这碗么，"领班一边思索，同时瞥了一眼服务小姐，示意打扫碎碗。服务小姐顿时领悟，连忙收拾碎碗片。"碗碎了，这也是好事成双，我们中国不是有一句老话吗——岁岁平安，这是吉祥的兆头，应该恭喜您才是呢。您老这次在内地投资，一定快乐，一定平安。"

刚才还满面阴郁的吴老先生听到这话，顿时转怒为喜，马上拿起一瓶葡萄酒，亲自为领班和自己各斟了满满一杯，站起来笑着说："小姐，你说得真好！借你的吉言和口彩，我们大家快乐平安，为我的投资成功，来干一杯！"

结合这个案例谈谈就餐过程中的注意事项有哪些。

任务三

西餐礼仪

案例导入

著名学者钱歌川先生曾经举过两个吃西餐闹笑话的例子。一是在某次盛大的宴会上，一位使节按照在国内进餐的习惯，用餐巾去揩拭刀叉，殊不知这种做法是极不礼貌的，等于是责备刀叉不干净。主人一见，立即命令侍者将全体客人的餐具一律重新换过，使那位使节窘迫极了。二是有一次李鸿章出使德国时出的洋相。李鸿章应俾斯麦首相之邀请前往赴宴，由于不懂西餐礼仪，他把一碗吃水果后用来洗手的水喝了。当时俾斯麦为了不使李鸿章出丑，他也将洗手水一饮而尽，见此情形，其他文武百官只得奉陪了。

原来，在西餐中用餐巾擦拭刀叉，表示认为刀叉不干净，这样主人只好重新更换刀叉；西餐中水盂中的水是用来洗手用的，水杯中的水才是用来喝的。

在吃西餐的时候，我们应当掌握的礼仪知识有哪些？

任务目标

1. 了解西餐的主要特点。
2. 掌握西餐与中餐的相同点及不同点。
3. 掌握西餐餐具的使用。

相关知识

西餐，是对西式饭菜的一种统称，它的菜式主要有：法国菜、意大利菜、英国菜、美国菜、俄罗斯菜等，这些菜式虽各有特点，亦有不少共通之处。作为商务人员，应掌握一些必备的西餐礼仪知识，才能在正式的西式宴会中展示个人潇洒的风度并体现对他人的尊重。

一、西餐座次的排列

西餐常见的餐台形式有便宴台、冷宴台、宴会台和鸡尾酒会台、茶会台。这些不同类型的餐台的设计和摆法也不同。人数较少时可以使用小方台，人数稍多就可以用两张小桌拼在一块儿，如果人数更多的话，可以将多张餐桌拼成长方形，或是拼成 T 字形。位次的高低取决于离主位的远近。西餐一般更多考虑的是位次的问题，桌次问题会在极其隆重的盛宴中会涉及，一般涉及较少。

(一) 座位排列规则

1. 恭敬主宾

西餐宴请中主宾往往备受恭敬，这种恭敬体现为：即使用餐的来宾中有人在地位、身份、年龄方面高于主宾，但主宾仍然是主人关注的中心，仍然是整个宴请活动的中心。在排定位次时，应请男、女主宾分别紧靠女主人和男主人就座，以便男女主人更好地照顾男女主宾。

2. 女士优先

一般是女主人就座于主位，而男主人退居第二主位，所以面门而坐的往往是女主人，背门而坐成为第二主人的往往是男主人。这和西方社会讲究尊重女士的理念是一致的，所以很多传统的西餐厅里一概不用女服务员。中餐的情况则是男主人面门而坐，女主人则背门而坐。

3. 以右为尊

在距离男女主人位置远近相同时，西餐坚持以右为尊、面门为上。面对餐厅正门的位子，通常要在序列上高于背对餐厅正门的位子。一般来说，西餐桌上位次的尊卑与距主位的远近相关，离主位近的位子高于离主位远的位置。

4. 交叉排列

中餐的用餐者经常是与熟人、恋人、配偶在一起就座；在西餐中，往往男女交叉排列、不熟悉的人与熟悉的人交叉排列，以便来宾更好地结交朋友、扩大交际圈。这么一来，在西餐中，一个人座位的对面和两侧往往是异性，而且大多是自己不太熟悉的，不过这也就要求最好用餐人数是双数，并且男女人数各半；如果宴请的都是熟悉的人或是男女人数不均，那情况就会不同了。

(二) 座次排列详情

一般的西餐餐桌有长桌、方桌和圆桌，有时还会拼成其他各种图案。最常见的是长桌。

1. 长桌

以长桌排位，一般有两种办法。一是男、女主人在长桌中央对面而坐，餐桌两端可以坐人，也可以不坐人，如图 5-10 所示；二是男、女主人分别就座于长桌的两端，如图 5-11

所示。如果人数较多,还可以参照以上的方法,以长桌拼成其他图案,以便大家一起用餐,如图 5-12 所示。

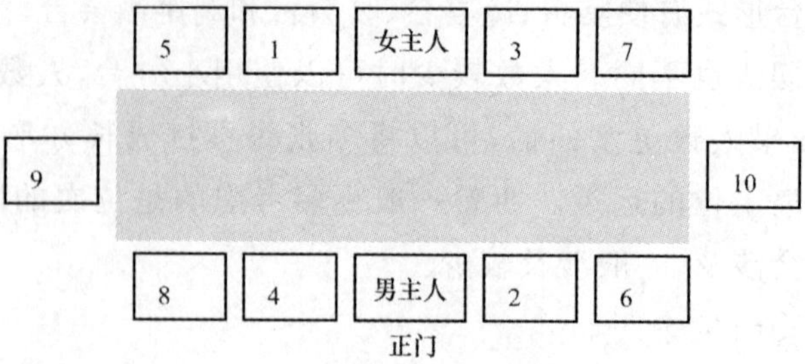

图 5-10 西餐座次 1

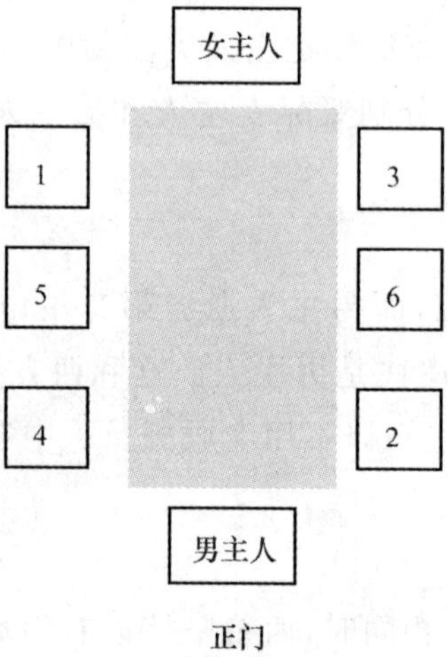

图 5-11 西餐座次 2

图 5-12 西餐座次 3

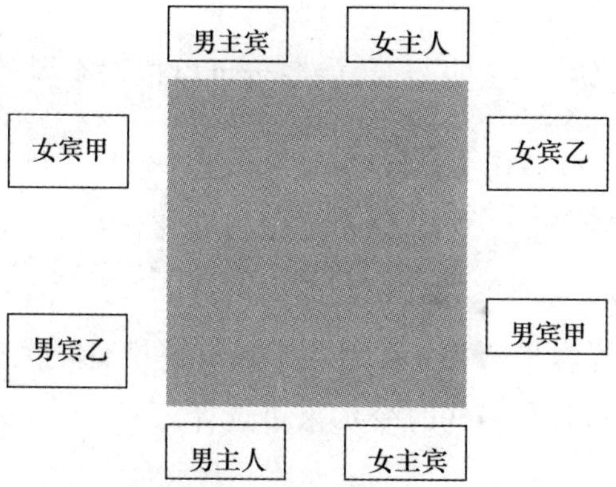

图 5-13 西餐座次 4

2. 方桌

以方桌排列位次时,就座于餐桌四面的人数应相等。一般是每边坐两个人,男、女主人与男、女主宾斜对面,所有人均与自己的恋人或配偶成斜对角,如图 5-13 所示。

3. 圆桌

在西餐里,很少使用圆桌,尤其是正式的西餐宴会,更为罕见。

二、上菜顺序

(一) 头盘

西餐的第一道菜叫做头盘,也称为开胃菜。开胃菜的目的不在于满足食欲,而在于刺激食欲。开胃菜有冷头盘和热头盘之分,常见的如:鱼子酱、鹅肝酱、焗蜗牛等。因为是用来开胃的,所以开胃菜一般都有特色风味,味道以麻、酸、咸、辣为主,而且量比较少。

(二) 面包和汤

面包多为切片的面包。汤是西餐中绝对不可少的部分,有蔬菜汤、浓汤、清汤、奶油汤、冷汤、鸡汁汤、对虾汁汤等。不同的汤口感不同,只有开始喝汤时,才算正式开始吃西餐了。

(三) 主菜

主菜一般包括鱼类、水产类、禽畜肉类。鱼类菜肴肉质鲜嫩,比较容易消化,所以大多放在禽畜肉类菜肴之前上菜。肉类菜肴多取牛、羊、猪肉为原料,有时候也会取兔肉等为原料,依据所取部位的不同,其烹调的方法也稍有差异,最有代表性的是牛肉或牛排,其烹调的方法有烤、煎、铁扒等。禽类菜肴的原料取自鸡、鸭、鹅,比如:火鸡、山鸡、竹鸡等,其烹调方法有煮、炸、烤、焖。有时在上肉类菜肴的同时或稍后会上蔬菜类菜肴,在西餐中称为“沙拉”,和主菜同时食用的沙拉的原料有生菜、西红柿、黄瓜等。

（四）点心

点心一般包括蛋糕、饼干、三明治等，就餐者可以依据个人的喜好有所选择地食用。

（五）甜品

甜品在饭后食用，包括布丁、冰淇淋、奶昔等。

（六）果品

果品包括干果与新鲜水果两类：常用的干果有核桃、榛子、杏仁、开心果、腰果等；新鲜水果则会根据季节不同而有一些时令水果可选择。

（七）热饮

最正规的热饮是红茶或黑咖啡。二者只能选择一样，不同时享用。它们的作用是助消化。热饮可以在餐桌上喝，也可以换个地方，离开餐桌去客厅或休息厅里喝。

以上介绍的是比较正式的西餐宴请的上菜顺序。在一般的西式便餐会上，上菜顺序则从简从便。西餐的快餐最为简便，有的时候就是一个汉堡加一杯咖啡。

三、餐具的使用

常见的西餐餐具的摆放如图 5-14 所示。

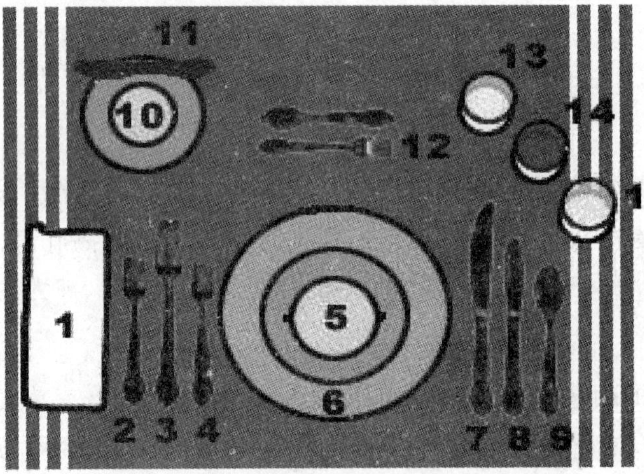

图 5-14　西餐餐具的摆放

1. 餐巾 Napkin
2. 鱼叉 Fish Fork
3. 主菜叉 Dinner or Main Course Fork
4. 沙拉叉 Salad Fork
5. 汤杯及汤底盘 Soup Bowl & Plate
6. 主菜盘 Dinner Plate
7. 主菜刀 Dinner Knife
8. 鱼刀 Fish Knife
9. 汤匙 Soup Spoon
10. 面包及奶油盘 Bread & Butter Plate
11. 奶油刀 Butter Knife
12. 点心匙及点心叉 Dessert Spoon and Cake Fork
13. 水杯 Sterling Water Goblet
14. 红酒杯 Red Wine Goblet
15. 白酒杯 White Wine Goblet

(一) 刀叉

1. 刀叉的分类

中餐进餐的主要工具是筷子,而西餐进餐的主要工具是刀叉。右手拿刀,左手拿叉。刀叉各有用处,不能替代或混用,刀用来切食,不要用刀挑起食物往嘴里送。西餐中的刀分为鱼刀、肉刀、黄油刀、水果刀,不同的刀功能不同,不可混用。一般吃肉的刀较大,吃海鲜的刀稍小,吃水果、色拉的刀则更小。叉用来叉起食物往嘴里送,只将食物送入而不要将整个叉送入嘴里,嘴唇以不触及叉齿为最标准。另外,注意不要叉起一整块食物,一口一口地咬。在使用刀叉配合进餐时,不要让刀叉碰到牙齿或餐盘发出声响。

2. 正确使用

正规的西餐,通常都讲究吃一道菜换一副刀叉,即在吃每道菜时,都要使用专门的刀叉。吃鱼所用的刀叉和吃肉所用的刀叉不可以乱用,也不可以从头到尾只用一副刀叉。刀叉的位置应当是餐刀在右、餐叉在左,分别纵向摆放在用餐者面前的餐盘两侧。有时,餐盘左右有好几副刀叉,要想不出错,请依次分别从两边由外向内取用。吃黄油所用的餐刀,没有与之匹配的餐叉,它的正确位置是横放在用餐者左手的正前方。吃甜品用的刀叉,应于最后使用,它们一般被横向放置在用餐者正前方。

英国式西餐,要求进餐时始终以右手持刀,左手持叉,一边切割一边叉食,我们称这种吃法为"优雅型"。美国式西餐,一般先是右刀左叉,一口气把餐盘里要吃的食物全部切好,然后把右手的刀斜放在餐盘前方,将左手中的叉换到右手,再来进食,我们称这种吃法为"省事型"。当盘内的食物过于细碎时,可以用刀子挡着,再以叉子靠近舀起,也可以用叉子将料理聚集到汤匙上,再以汤匙将食物送入口中。

为了更好地切割食物,一定要掌握正确的姿势。肩膀与手肘放松,两臂不要张开。在切割食物时不要弄得餐盘"咯吱"作响。如果刀叉不慎掉落,不要趴到桌子底下满地找刀叉,可示意侍者更换。餐刀临时不用时,刀口不可外向。

3. 刀叉的暗示

西餐中刀叉的放置不同,其所传递的信息也就不同。如果用餐还没有结束,但是想休息一下再用餐,这个时候可以把刀叉分开放,左叉右刀,刀口向内,叉齿向下,呈汉字的"八"字形,它的含义是"此菜尚未用毕",当盘中食物吃完时,这种方式又表示"请给我添食",但不要摆成"十"字形,因为这是令西方人感到十分晦气的图案。如果用餐已经结束,不想再吃了,可以刀口向内,叉齿向上,左叉右刀并排纵放,刀柄和叉柄朝向自己的胸部,也可以刀上叉下并排横放在餐盘里,这样等于告知侍者"本人已用好此道菜了,请把它收掉"。

(二) 餐匙

1. 餐匙类别

西餐中一般会用至少两把餐匙,即汤匙和甜品匙。头较大的餐匙为汤匙,通常它与餐刀并列纵放在用餐者右侧的最外端;头较小的餐匙为甜品匙,在通常情况下,它应当被横向摆放在吃甜品所用的刀叉正上方,并与其并列。这两者各有各的用途,不要相互代替。茶匙或咖啡匙在上茶或咖啡时会一道奉上。

2. 餐匙的用法

使用餐匙取食时要动作利索,切勿在汤或甜品中搅来搅去。取用适量,一旦入口就要一次用完,不要一餐匙的东西反复吃好几次。汤匙用来舀汤,甜品匙用来吃甜品,不可用来舀取其他任何主食、菜肴。用餐过程中要保持餐匙的干净,已使用过的餐匙不要放回原处。例如,汤匙就放在汤盆里,不要再放回餐桌桌面。不要将餐匙插在甜品、浓汤中。

(三) 餐巾

餐巾一般被叠成一定的形状,放在就餐者右前方的水杯里,或是直接放在用餐者右侧的桌面上。使用时应注意以下几个方面。

1. 取用的时机

女主人铺开餐巾就等于宣布开始用餐了,这时客人可取下餐巾,否则会被认为有些急不可待;当女主人把餐巾放回到餐桌上,就等于宣告用餐结束了。

2. 摆放的位置

用餐时,餐巾应平铺于并拢的大腿上。正方形的餐巾应将其折成等腰三角形,并将直角朝向膝盖方向;若为长方形餐巾,对折后将折口向外平铺。不要将餐巾围在脖子上、衣领口,或夹在皮带上。打开餐巾时不要在桌下抖动。中途离席时,将餐巾放置于本人椅面上即可,千万不要将餐巾放到桌上,因为这样意味着你不想再吃了。用餐结束后,先拿起腿上的餐巾,稍稍折一下放在餐桌的左侧,不用折得太整齐,但也不要弄成一团,站起来甩动或折叠餐巾是不合礼节的。如有主宾或长辈在座,要等他们拿起餐巾折叠时才可跟着操作。

3. 合理的使用

充分发挥餐巾的遮羞和清洁功能,不要满嘴是油的时候和他人说话。擦拭嘴巴时用餐巾的末端轻压一下即可,餐巾上弄脏的部分不要让人看见,往内卷起。不要用餐巾擦脸、擦汗,特别是不要用来擦餐具。西餐中如果要剔牙就用左手拿餐巾挡住嘴部,以右手剔牙。如果有要吐的骨、刺,也可用餐巾遮嘴,用右手持餐叉接住残渣后,再将其移到餐盘,也可以直接吐到餐巾内,将餐巾卷起来,再更换一条新的餐巾。西餐中弄脏餐巾不失礼,不要因为想保持餐巾的干净而舍不得用,而将自己的手帕或面纸拿出来用。这样是违反西餐用餐礼仪的,反而会让主人以为你嫌弃这里的餐巾。

(四) 杯子

在正式的西餐上,一道菜会配一种不同的酒,每一种酒会配一种不同的酒杯。酒杯常放在主菜盘的右上方,配上一道菜的酒不能在用下一道菜时喝,在取用杯子的时候也可跟着女主人的行动。使用杯子的时候,不要把杯沿弄脏,嘴上有油渍或是口红时应当事先做好相应的处理后再饮酒，那种酒杯上到处是口红印或油渍会让人觉得邋遢。如果不想饮酒，可向服务人员声明，而不要将杯子倒扣在桌子上。

（五）盘子

摆放在餐具中间的盘子是用来放主菜的主菜盘，如果有两道主菜就会有两个主菜盘，在主菜盘上通常会有一个稍小的备用盘，这个备用盘可以用来放开胃小吃，可以用做汤碗的托盘，亦可以用来放鱼刺、骨头等残渣，这个备用盘使用完就会被撤走。主菜盘的左上方有一个放面包和黄油的小盘。甜食盘是在主菜盘撤走以后再摆上来的。

四、西餐菜肴的食用

（一）面包和黄油

西餐中，一般喝过汤之后就可以开始吃面包了。西餐有"左面包，右水杯"的说法，即面包一般放在主菜的左方，而不要错拿了自己右方的面包。当然，在一些高档西餐餐厅，面包是由服务人员现场送过来的，餐厅往往会提供多款面包供客人选择，这个时候可根据自己的喜好酌情选择，不要贪多求全。在食用面包时，若为鲜面包可以用左手将面包取过来，用右手撕成正好能放入口中的大小后再进食，勿像捧着汉堡那样啃着吃，也不要拿着一大块咬着吃。吃烤面包时，为了避免面包屑乱飞，不要撕着吃，只能慢慢地咬着吃，可配些黄油或是鱼子酱，味道更好。注意：在西餐中面包只是副食，所以不要吃得太多。

西餐中有专门的黄油碟装黄油。取黄油时，若黄油刀正好在自己面前，可用其取适当量的黄油，再递给他人；若不在自己的面前，可请服务人员或邻座代取，不要站起来伸手去取黄油。抹黄油时，一般是用黄油刀将黄油抹在面包上，不要用面包直接去蘸取黄油，不要把黄油直接放入口中。吃一块面包就抹一次黄油，不要把整块面包全抹上黄油。一般来说，黄油会放在一个公用的黄油盘里，配有公用的小刀，每个人可以用刀取出少许黄油放入自己的盘内。

（二）沙拉

在西餐中沙拉可作为主菜的配菜，如蔬菜沙拉；也可作为间隔菜放在主菜和甜品之间，如鸡肉沙拉。如果沙拉是一大盘，就使用沙拉叉；如果沙拉是和主菜放在一起的，食用时则要使用主菜叉。

（三）鱼

西餐中虽然有一些鱼类菜肴是事先切成块状的，但也有很多时候是将整条鱼端上桌的。在食用整条鱼的时候，左手拿叉，按住整条鱼，右手拿刀把鱼鳍取下，放入剩物盘，用刀把鱼皮从头到尾取下，然后再将鱼头和尾轻轻切一下，但不要切断，最后取下上面的整片鱼肉。取下的鱼刺与头部、尾部一同放入剩物盘中。用刀把下面的鱼肉向旁边推开，以此将鱼皮与鱼肉剥离，鱼皮放入剩物盘。西方人通常是不吃鱼皮的。在吃鱼的过程中不要翻鱼身，如果吃到鱼刺，最好先吐到叉子上，再放入剩物盘。

(四) 汤

喝汤时以右手持匙，由近及远、由内向外舀食(不同于中国人习惯的由外向内舀食)。喝汤时不可出声，喝汤时出声音是非常失礼的。一汤匙的汤不要分成数小口慢慢啜饮；如果盘中所剩的汤不多了，可以用左手将盘子倾斜，再用右手持匙舀食，不要用面包去蘸盘子里的汤或是擦盘子(虽然在某些不太正式的场合，有些人喜欢使用这种方式)，也不要端起汤来喝，更不要趴到汤盘上喝。如果汤太烫了，不要用嘴去吹，也不要用汤匙反复搅拌。喝汤时不要吮吸汤匙、把玩汤匙；喝完汤后，汤匙应放在汤盆里，匙把指向自己。

(五) 肉

西餐中的肉类菜肴一般包括猪、牛、羊肉，在切食时，要注意从左往右切，切成大小刚好一口能吃下，不要叉起肉一边咬一边咀嚼或是分成好几次来吃。如果食用带骨头的肉类时，服务员附上了洗手水，那么可以用手拿着吃，吃后再用水轻轻将手洗净，动作不要太大，也不要洗手后乱甩手上的水渍。

(六) 水果

吃水果时，不要拿着整个水果去咬，应先用水果刀将水果切成几瓣，再用刀去掉皮和核后用叉子叉着吃。吃苹果时，先切成大小相仿的四块，然后逐块去皮，再以刀叉食用，也可以用手拿着去皮的小块苹果直接吃。吃香蕉时，应先剥除外皮，再用刀叉切成小段，逐段食用，不要一边用手剥一边咬着吃。吃普通的草莓，可用手取食，如果是带了调味汁的草莓则应使用餐匙。吃葡萄时，成串的葡萄就一粒一粒地取下来吃，如果是放在盘子里的不成串的葡萄就最好用餐叉来帮助取食。无籽葡萄吃起来比较方便；若葡萄有籽，就先把葡萄放入口中吸食果肉，然后把籽吐到手中，最后把留在手中的葡萄籽放在盘里。吃柿子时，有两种方法：一是先切成两半，然后用勺挖出柿肉食用；二是将柿子竖直放在盘中，柄部朝下，切成四块，然后再借助刀叉切成适当大小的块状，食用时将柿核吐在勺中，放到盘子的一边。

五、西餐中的酒水礼仪

(一) 西餐中酒水的分类

(1) 餐前酒：也称为开胃酒，通常具有强烈的辣味，常喝的有鸡尾酒、苏格兰威士忌、啤酒、马丁尼、伏特加等，开胃酒的目的是刺激食欲，喝得太多反而没有食欲，所以不要喝得太多。

(2) 佐餐酒：在正式的西餐里，每上一道菜，侍者就会奉上一次酒，“白酒配白肉，红酒配红肉。”这里的白酒和红酒指的是葡萄酒，白肉指的是鱼肉、海鲜、鸡肉，红肉指的是牛肉、羊肉、猪肉等。

(3) 餐后酒：主要用来帮助消化，去除吃饱后的疲倦感，多用白兰地酒，如：勃艮地、波尔图酒等。

以上的区分并不是十分严格的，有的时候某种酒可能是餐前酒，也有可能是佐餐酒。不同的酒水用不同的酒杯。在每位用餐者桌面右边餐刀的上方，大多会有三四只酒水杯，可依次从外向内取用，也可以根据女主人的选择而紧随其后。

（二）几种常见的酒水的特色及饮用

1. 葡萄酒

葡萄酒以葡萄为主要原料发酵制成。葡萄酒的酒精含量不高，味道纯美，富含营养。根据色彩的不同，有白葡萄酒、红葡萄酒、桃红葡萄酒之分。根据糖分含量不同分为微干、半干、干、微甜、半甜、甜等几种，这里的“干”指的是它基本不含糖分。世界上最有名的葡萄酒产在法国的波尔多地区。喝不同的葡萄酒有不同的温度要求，白葡萄酒宜在7℃左右喝，故应当加冰块；红葡萄酒则以18℃左右为最佳，所以不加冰。不同酒杯的握法也是有一定讲究的，握红葡萄酒杯时，讲究用手指握住杯身，而不要以手掌握住杯身，然后轻轻摇动杯中之酒，以利于酒与空气充分混合接触；握白葡萄酒杯时，则只可用手指握住杯柄部分即可，避免体温影响白葡萄酒的口感。白葡萄酒在饮用前，整瓶酒都是放在有冰块的冰桶之中的，瓶外还加上白色餐巾，避免冰块融化时弄湿了手指。

2. 白兰地酒

白兰地酒在所有的“洋酒”中比较名贵，它曾与威士忌、茅台酒并称为“世界三大名酒”。白兰地酒是葡萄酒当中特殊的一员，它是用葡萄干发酵以后蒸馏精制而成的，称为“蒸馏葡萄酒”，酒精含量为40°，色泽金黄。最佳饮用温度为18℃，应将其放在专用的大肚、收口、矮脚杯内，用手掌由下往上包住杯身，利用手掌的温度为其加温，待其香味洋溢时，闻过后小口品味，不要端起酒杯就一饮而尽。

3. 威士忌酒

如果说白兰地是“洋酒”中的贵族，那么威士忌则是物美价廉、雅俗共赏的。它是用谷物发酵制成的烈性蒸馏酒，酒精含量为40°。世界上最有名的首推英国苏格兰地区生产的威士忌酒。威士忌酒可以干喝，而加入冰块、苏打水或姜汁口感会更好。

4. 香槟酒

香槟酒也叫“发泡葡萄酒”“爆塞酒”，它是以特种工艺制成的、富含二氧化碳、起泡沫的白葡萄酒，以法国产的香槟酒最有名。开瓶时可稍稍摇晃，然后去塞，让香槟酒喷射而出，香槟酒可用在进餐、祝酒或是参加庆典仪式上为人助兴，采用笛杯盛放，饮用时握住杯脚，如果杯脚很长，可握住杯脚的最上方以便于控制。香槟笛杯如图5-15所示。

5. 鸡尾酒

鸡尾酒是一种混合型的酒。它是用各种不同的酒以及果汁、汽水、蛋清、糖浆等按一定的比例，采用专门的技法调配而成。鸡尾酒一般看起来层次分明、异彩纷呈、闪烁不定，好似雄鸡之尾。常见的鸡尾酒有：曼哈顿、血腥玛丽、马提尼、亚历山大、天使之吻、红粉佳人等。鸡尾酒采用高脚广口的玻璃杯盛放，如图 5-16 所示，饮用时握住杯脚。

图 5-15　笛杯

图 5-16　高脚广口杯

（三）斟酒

中餐讲究“酒满茶八分”，为客人斟酒以斟满为敬；而西餐中的葡萄酒、香槟酒、白兰地等不宜斟满，只宜斟到杯子 2/3 左右，因为有些酒在喝之前需要摇动酒杯，使得香气充分挥发。第一次上酒时，主人可以亲自为客人斟酒，具体的顺序为从主人右边的主宾开始，最后才是主人自己。频频劝酒是中餐的特色，而在西餐中主人不能自己开酒瓶，而应由服务人员来操作，西餐中不可不停地向客人劝酒。西餐中，酒瓶不能放在桌面上，服务人员倒完酒后，一定会将盛有酒的酒瓶放在固定的位置上，主人与客人都不要把它再拿来放在桌面上。

六、喝咖啡的礼仪

在西餐宴会中，常常配有咖啡供客人饮用。咖啡一般装在小咖啡杯中，并配有一个咖啡碟和一把咖啡匙。咖啡可以在餐桌前饮用，也可以不在餐桌前，而是端着咖啡去其他的房间饮用。关于喝咖啡的礼仪有以下几个方面。

1. 端拿咖啡杯

咖啡杯（如图 5-17 所示）的杯耳比较小，手指无法穿过去，应以右手拇指和食指捏住杯耳将杯子端起，不可以双手握杯或是用手托杯，更不可以俯身就着杯子喝。在桌子附近喝咖啡通常只需端杯子，不要端碟子；如果离桌比较远或站立、走动时喝咖啡，没有了餐桌作依托，则要用左手端咖啡碟子，右手持咖啡杯耳慢慢品尝。饮毕，要将杯子放入咖啡碟，而不要随意分开放置。

图 5-17　咖啡杯

2. 使用咖啡匙

咖啡匙用来加入牛奶等并做搅拌之用，不要用咖啡匙来舀咖啡喝，也不要用咖啡匙捣碎方糖。搅拌过咖啡的匙上面沾有咖啡，应轻轻顺着杯子的内缘，让咖啡滴流而下，不能拿着咖啡匙上下甩动，或是用舌头舔。

3. 品尝咖啡

品咖啡有一个过程，要做到一看、二闻、三啜，不要一端起咖啡杯就往嘴里倒，等到喝完了，还不知道自己喝的咖啡是什么味道。有时根据需要，可自己动手往咖啡中添加一些牛奶或方糖之类的配料，但一定要注意适量。如果加的是砂糖，可用汤匙直接舀取加入杯内；如果是方糖，应先用糖夹子把方糖夹在咖啡碟的一侧，再用汤匙把方糖加入杯内，而不要把方糖直接扔进咖啡中，因为这很容易使咖啡溅到桌布或是衣服上。添加牛奶的时候注意动作要稳，不要倒得满桌都是。

4. 搭配甜点

喝咖啡的时候，为了不伤胃，往往同时准备一些糕点、果仁、水果等甜品。需要用甜品的时候要放下咖啡杯，不要左右开弓，一边大吃一边大喝，饮咖啡时应当放下点心，吃点心时则放下咖啡杯。

5. 饮用咖啡的数量

饮用咖啡的数量不宜过多，在正式的场合，最多不要超过三杯。喝咖啡既然不是为了充饥解渴，入口宜少，喝咖啡时咕咚作响、动作粗鲁会让人发笑，端起来一饮而尽或是大口大口地如喝汽水一般同样也是失礼的。当然，如果主人亲自为客人端上热咖啡，而客人迟迟不喝也是不妥的，一般应趁热饮用咖啡，既显得有礼貌，这时咖啡的味道又最好。如果咖啡太烫，可以用咖啡匙在杯中轻轻搅拌使之冷却，或者等待其自然冷却，然后再饮用。用嘴将咖啡吹冷是很不文雅的动作。

6. 适度交谈

尽量不要在别人喝咖啡的时候向对方提出问题，让对方回答；自己喝过咖啡后若要讲话，应事先擦一下嘴。

实训活动

一、技能题

1. 李丽作为公司宴会的筹备工作人员，主要负责安排宴会的桌次和座次的工作。此次公司的宴会的客人共有12人，本公司的参加人员为6人，共18人。宴请的客人分别是A公司的经理、副经理、业务主管、财务主管及其他随行人员2人；B公司的经理、副经理、业务主管、财务主管及其他随行人员2人。李丽应当如何安排座次？在安排座次的时候应当考虑的因素有哪些？李丽排定座次后相应的工作有哪些？

2. 谈谈中餐与西餐宴请中桌次与座次的排列原则有哪些？

3. 在西餐餐具的使用上有哪些需要注意的？

4. 请结合所学知识，拟订一份中餐宴请活动的策划方案。

5. 请试着将全套西餐餐具按相关的礼仪要求摆放。

二、案例题

某公司的业务员刘先生晚饭时间在一家西餐厅就餐。服务员很快便把菜端上来了。刘先生拿起刀叉，使劲切割食物，刀盘摩擦发出阵阵刺耳的响声，他将食物切成一块块后，接着用叉子叉起一大块、一大块的食物塞进嘴里，狼吞虎咽，并将鸡骨、鱼刺吐在洁白的台布上。中途，刘先生随意将刀叉并排往餐盘上一放，顺手将餐巾放到餐桌上，起身去了趟洗手间。回来后发现盘子不见了，餐桌收拾干净了，服务员微笑着请他结账。刘先生非常生气，在那里与服务员争吵起来。

请分析刘先生的做法有哪些不当之处。

三、不定项选择题

1. 宴请时间的确定应当(　　)。

A. 避开客人的禁忌　　B. 避开重大的政治事件

C. 考虑主人的实际需要　　D. 尤其注意是否适合主宾

2. 西餐中表示还要继续进餐时，刀叉应当(　　)。

A. 根据个人喜欢，只是不要放在桌上

B. 左叉右刀，呈八字形摆放

C. 刀叉并排摆放在餐盘中

D. 将刀叉摆成十字形，放在餐盘中

3. 以下符合西餐礼仪的是(　　)。

A. 以左为尊　　B. 男女平等

C. 恭敬主宾　　D. 交叉排列

4. 以下关于西餐宴请表述正确的是(　　)。

A. 西餐中不宜频频劝酒

B. 西餐中讲究“白酒配白肉,红酒配红肉”

C. 喝咖啡时应当用小咖啡匙舀着喝

D. 中途去洗手间,可以将餐巾放在桌面

5. 在洋酒的酒瓶上标示的“XO”表示(　　)。

A. 酒龄　　B. 成分

C. 产地　　D. 品牌

6. 西餐中切肉的做法符合礼仪要求的有(　　)。

A. 从右往左切　　B. 先四周再中间

C. 从左往右切　　D. 先中间再四周

7. 选定宴请的地点要考虑的因素有(　　)。

A. 环境　　B. 交通

C. 卫生　　D. 费用

8. 中餐中使用筷子的禁忌有(　　)。

A. 左手持筷　　B. 单只用筷子

C. 倒拿筷子　　D. 将筷子放在筷子座上

9. 以下不符合喝汤礼仪的是(　　)。

A. 喝汤时不发出声响　　B. 直接端起碗来喝汤

C. 汤太烫了,用口吹　　D. 用调羹搅拌使汤凉得更快些

10. 以下关于敬酒的说法正确的是(　　)。

A. 客人先向主人敬酒

B. 身份低者敬酒时应保持酒杯低于身份高者

C. 主人先向客人敬酒

D. 酒杯高度并不重要

项目六

仪式礼仪

随着企业的蓬勃发展和业务的不断扩大，围绕着商务活动开展的各类仪式活动也频繁起来。有明确目的的商务仪式可以表明企业对相关部门、贸易伙伴以及广大客户真诚、郑重的态度，同时也可通过媒体介入和社会各界的参加，扩大影响，树立形象，让社会了解企业，增加企业知名度。

任务一

庆典礼仪

案例导入

2011年拥有139年历史的日资化妆品公司资生堂，在北京饭店举行了中国事业三十周年的盛大庆典，二百家中外媒体汇聚一堂，共同见证了这一重要的历史时刻。庆典上不仅展示了企业进驻中国三十年来的发展轨迹，同时也宣布了企业感恩中国“成就梦想育才计划”的具体内容。

“成就梦想育才计划”活动是给予肩负创造未来重任的人们，实现对美的希望与梦想的机会，活动邀请电影明星作为形象代言人。隆重和充实的内容与企业在中国三十周年的年龄定位相辅相成，企业进驻中国三十周年以来，一直源源不断地把美的意识和理念传播给大众，而周年庆典的主题语，代表了企业感恩于过去三十年中国消费者的认可，并且期待将来继续陪伴中国大众，创造更多美丽的神话。

你所了解的成功的商界庆典活动还有哪些？

任务目标

1. 掌握开业庆典程序及相关礼仪。
2. 掌握剪彩仪式的程序及相关礼仪。

相关知识

“庆典”是各种行业举办的仪式活动的统称。成功的庆典活动是突出组织形象、扩大组织知名度、提高组织美誉度的重要活动方式。在商务活动中，单位商务人员通常有很多机会去参加商务庆典和相关礼仪活动，不但有可能被单位指派去为本单位组织一场商务庆典，也有可能被邀请到其他单位去参加商务庆典。

一、庆典的类型

(1) 开业(幕)庆典

开业(幕)庆典,指第一次与公众见面的、为具有纪念意义的事件而举行的庆祝活动,包括运动会、各种文化节日的开幕典礼;企业的开业典礼;重大工程的开工典礼或奠基典礼;重大工程的首次通航、通车典礼等活动。开业(幕)典礼活动可以迅速打开工作局面,提高组织知名度与关注度,因此是最常用的一种庆典活动形式。

(2) 周年庆典

周年庆典,指为庆祝社会组织成立一定周年而开展的庆祝活动。多种形式的周年庆典活动,有助于巩固组织在公众心目中的形象,进一步提高知度,成为组织未来发展的重要里程碑。

(3) 乔迁庆典

乔迁庆典,社会组织常会因规模的扩大等原因而搬入新址。在乔迁之际举办声势浩大的庆祝活动,可以将此信息传达给有关公众,以减少搬迁对组织的不利影响,同时也可以借机扩大宣传,达到一举两得的效果。

(4) 其他重大成果庆典

其他重大成果庆典,指组织遇到某一具有"里程碑"性质的事件或取得重大成果而举行的活动。如新产品投放市场、安全生产××天、获得××重大奖项等,以此为契机举办某种形式的庆贺活动,既可以向外界迅速传播喜庆消息,使公众与组织共同分享成功的喜悦,同时也可以借机感谢公众的支持,从而增进公众对企业的认可。

二、开业庆典

开业庆典,也叫开业仪式,是指在单位创建、开业,项目完工、落成,某一建筑物正式启用,或是某项工程正式开始之际,为了表示庆贺或纪念而按照一定的程序隆重举行的专门仪式。在商界,很多商家都非常看重开业庆典,因为成功的开业庆典可以扩大社会影响力,起到良好的宣传广告的作用;同时也符合人们"好的开头是成功的一半"的心理。为了能够使开业庆典办得成功、喜庆、隆重,商务人员最好在活动之前了解开业庆典的程序及相关礼仪知识。

(一) 举办开业庆典

开业庆典活动的举办方要高度重视开业庆典活动,不仅要把握好举办开业庆典的原则,同时还应熟悉举办开业庆典的整体程序。开业庆典要营造热烈、喜庆、欢快、隆重的气氛,充分的准备工作是必不可少的。

1. 开业庆典的筹备工作

筹备开业庆典活动,要做好舆论宣传、嘉宾邀请、场地布置、现场接待、礼品馈赠等几个方面的准备工作。

(1) 舆论宣传

举办开业庆典的目的之一就是要塑造企业良好的公众形象，为了能够吸引社会各界对企业的关注，争取社会公众对企业的认可和赞赏，可以采取多种方式增强开业庆典的宣传效果。可以选择一些大众传播媒介，在开业庆典之前进行集中的广告宣传，对开业的时间、地点、经营特色、给顾客的折扣优惠等内容进行重点宣传；也可以在开业庆典活动的当天，邀请大众传媒界人士到现场进行采访；还可以邀请影视明星到场，吸引公众的注意力。

(2) 嘉宾邀请

开业庆典活动中嘉宾的身份、数量往往决定了开业庆典的影响力。在力所能及的范围内，要力争多邀请一些嘉宾参加，邀请的嘉宾最好能够兼顾到不同的方面，可以是地方领导、上级主管部门领导、合作单位领导、同行的前辈、社会名流、新闻界人士。嘉宾邀请的名单初步拟出来以后，交由本单位的领导综合考虑后最终做出决定。

对于准备邀请的嘉宾，要提前向对方发出请柬。请柬要认真书写，并装在精美的信封里，不可马虎行事。请柬最好派专人提前送达，一是给对方留出安排准备的时间，二是充分显示对对方的尊重。有时候也可以考虑通过邮局邮寄，这就更加要考虑寄发时间问题，太早寄出，到了开业活动的当天，对方容易忘记；太晚寄出，对方则有可能已有其他安排或是来不及准备。不论以何种形式邀请嘉宾，到活动的前一天，最好能够再次与嘉宾取得联系，最终落实到场嘉宾的名单。

(3) 场地布置

按照惯例，举行开业仪式时宾主一律站立，故一般不布置主席台或座椅。为了显示隆重，营造喜庆、欢快的气氛，在室外的广场或是空地上可铺设红色地毯，搭起大型拱门，插上彩旗，悬挂横幅，采用大型升空气球，还可根据具体情况准备适当的礼炮等。

此外，还应该在醒目处摆放来宾赠送的花篮、牌匾。来宾签到簿、本单位的宣传材料、待客的饮料等也应提前准备好。若在活动现场设有与观众的互动环节或现场派送活动，相应的资料、活动所需物品也应提前购买并准备到位。

音响、照明、话筒等设备在开业庆典之前，一定要安装到位，并进行多次调试，如果在开业庆典活动的现场突然出现音响声音混乱、话筒无声等情况，肯定会影响开业庆典活动的热烈气氛，也容易影响在场主人、宾客的心情。此外，根据开业庆典的情况，选择一些喜庆、朝气蓬勃的音乐作为背景音乐是必不可少的，也可与公司的宣传资料相结合，先行制作相关的视频资料以备现场播放。

(4) 现场接待

在举办开业庆典活动的现场，要根据岗位设置服务人员。迎接来宾、引导来宾签到、为来宾提供相应的服务等，服务人员要坚守岗位，以主人翁的身份热情地接待来宾，使来宾感到备受尊重。接待重要的来宾时，一定要由单位的负责人亲自出面，可专门安排相应的服务人员全程服务；接待一般来宾时，可以由礼仪人员负责。不论是负责人亲自接待，还是礼仪人员接待，主办方的工作人员一定要尽量多为来宾着想，比如：安排停车场所、提供休息室、负责饮食等。

(5) 礼品馈赠

在开业庆典活动结束后，举办方会为来宾奉上一定的礼品，礼品不仅可以传达对来宾的感激之情，也可以起到一定的纪念、宣传等作用。准备礼品时要注意：一是最好准备有一定宣传价值的礼品，可以是本单位生产的产品，也可以在礼品及其外包装上印上本单位的标志、广告用语、产品图案、开业日期等；二是准备的礼品要具有独特价值，与众不同，能够展示本单位的鲜明特色；三是准备的礼品要具有纪念意义，能引起宾主双方对开业庆典活动美好的回忆。

2. 开业庆典的程序

一般来说，开业庆典活动大多由开场、进行、结束三个阶段组成。开场阶段的内容主要包括：奏乐、邀请嘉宾入位、负责人宣布开业庆典活动开始、宣读重要嘉宾名单等。进行阶段的内容主要包括：主办方负责人讲话、来宾代表致辞、启动开业标志等。结束阶段的内容主要包括：现场联欢活动、相应的宣传促销活动、宴请活动等。

(1) 开场阶段

开场阶段主办方要做好迎接工作。接待人员在大门口迎接来宾，引导来宾签到，对于早到的来宾可引至休息室休息，也可根据时间安排引领来宾到活动现场入位。在开业庆典开始时，主办方负责人宣布开业庆典正式开始，全体起立，奏乐，宣读重要嘉宾的名单。介绍出席庆典的来宾，不仅仅是开业庆典的一个程序，同时也是为了让参加活动的所有人员了解嘉宾的身份，展示开业庆典的档次与特别意义。

(2) 进行阶段

主办方负责人讲话的主要内容是对来宾的到来表示感谢，并介绍本单位的经营理念、经营目标以及对今后单位发展前景的展望等。主办方负责人讲话之后，通常会安排来宾致辞，可请上级领导和来宾代表致辞，但要事前安排好，以免大家相互推让，导致开业庆典冷场。来宾致辞主要表达对开业单位的祝贺并寄予厚望。

主办方负责人和来宾代表致辞之后，启动某项开业标志。比如：揭幕，是由本单位负责人和一位上级领导或嘉宾代表揭去盖在牌匾上的红布，参加典礼的人员鼓掌祝贺，有时也可根据具体情况燃放礼炮，宣告企业正式成立。

揭幕完成后，可设置主客互动环节。比如：邀请记者或是嘉宾提问，由主办方负责人回答，这样可以起到进一步宣传的作用；也可以举行有奖销售、派送纪念品、优惠折扣等活动，拉进与消费者的距离，搞好与消费者的关系。

(3) 结束阶段

在开业庆典活动结束后，主办方可以邀请嘉宾参观本单位，介绍本单位的主要设施、特色商品及经营策略；举办座谈活动，虚心地听取他人的意见，增进相互之间的沟通；

举办宴请活动等。在所有这些后期活动结束之后，主办方要做好嘉宾的欢送工作。千万不要“虎头蛇尾”，嘉宾来的时候客客气气，嘉宾走的时候“无人问津”，这样容易让嘉宾感到主人在利用来宾，一利用完，就不再有“价值”了。

（二）参加开业庆典

1. 准时出席

应邀参加开业庆典的宾客，要准时参加开业典礼，如果确实遇到有特殊的情况，要提早告知举办方，免得举办方措手不及，所以宁可早到一段时间，也不要拖拖拉拉，让举办方无法按时开始庆典活动。

2. 准备礼物

参加开业庆典活动，可以准备一些祝贺性质的礼品，如花篮、镜匾等，在上面写明庆贺的对象、庆贺的缘由、贺词以及祝贺单位名称或个人姓名。

3. 精心打扮

开业庆典活动是比较正式和隆重的场合，嘉宾的形象不仅仅代表其个人，而且也会影响其他参加庆典活动人员对主办方的看法。试想，一家公司的开业庆典上邀请的嘉宾，如果个个都是蓬头垢面、衣冠不整、举止粗俗，这会让到场的其他人员有何感想呢？作为嘉宾，男士要理好头发、剃掉胡须；女士要精心地化妆。在服饰上，男士选择得体的西装并打好领带；女士可选择得体、喜庆的套裙。穿着拖鞋、背心去参加开业庆典，会让举办方感到非常为难。

4. 举止自律

参加开业庆典，要考虑到举办方的需要，尽量积极地配合主办方的工作。可以与参加开业庆典的其他来宾礼貌地打招呼、自我介绍、互换名片；不要嬉笑打闹、东张西望、一言不发、神情沮丧、心不在焉。

如果举办方敬请致辞，要提早做好准备，临时上去随便乱说乱讲、东拉西扯、离题万里都是对举办方的不尊重。致辞要体现出对活动的祝贺，对主办单位的美好祝福，不要谈一些消极悲观的因素，影响在场人员的心情；另外，致辞一定要简短，不可长得像是在作报告。

在开业庆典进行的过程中，为了配合举办方的工作，礼节性的附和是必要的。需要鼓掌的时候，不要吝惜自己的掌声；举办方邀请嘉宾参观时，应当随行，不可以“参观过了”或是“比较累”等理由表示拒绝；举办方安排留影活动，也要积极地参与合影，不要嫌麻烦。有时候，开业庆典活动中会出现一些意想不到的意外情况，作为客人应当协助举办方处理好这些意外情况，千万不要不理不问、袖手旁观，更不可有“落井下石”“喝倒彩”等行为。

5. 告辞有礼

在典礼结束后，作为客人应与主办方的领导、服务人员握手告别，同时向主办方的招待表示感谢。不要不打招呼就悄悄离开，这种做法间接传递的是生气的信息。不要在活动还没有结束的时候，特别是在活动进行到高潮的时候，大呼大叫地同举办方告别，这容易影响其他来宾的情绪；如果因为客观原因等不到活动结束，可以在活动开始前跟举办方相关人员说一声，然后择时离开现场；也可以在活动进行中，找个恰当的机会向举办方提请告辞。

三、剪彩仪式

在各类商业庆典活动中，经常会举办剪彩仪式，剪彩仪式被商务人士所重视，主要是基于如下三个方面的原因。第一，剪彩活动热热闹闹、轰轰烈烈，既能给举办方带来喜悦，又能令人产生吉祥如意之感。第二，剪彩不仅是对主人既往成绩的肯定和庆贺，而且也可以对其进行鞭策与激励，促使其再接再厉，继续进取。第三，可借剪彩活动良机向社会各界大力进行宣传。所以，在剪彩活动中，量力而行、适当投入，绝对是得大于失的。为更好地在各类商业庆典活动中发挥剪彩仪式的作用，相应的准备工作和礼仪知识也是不可忽略的。

（一）剪彩的准备

1. 场地的布置

剪彩的场地一定要选择在宽敞明亮的地方，若是过于狭小，很难营造剪彩热烈、隆重的气氛。为了突出喜庆的气氛，举办剪彩仪式的场地一定要铺上红色地毯，条件允许的话可以将范围铺得大一些，若是条件有限，至少要在剪彩者正式剪彩时的站立处铺设红地毯，宽度宜在一米以上，长度根据剪彩人数的多少以及缎带的长短来定。

剪彩仪式举行的场地应布置有彩旗、拱门、条幅、气球、花篮等，以彰显喜庆、热烈、隆重的气氛。还可根据具体的情况制作一些宣传广告、宣传单，以吸引更多人群的关注。剪彩仪式使用的背景一定要精心设计，做到与剪彩的现场环境的布置融为一体、互相呼应。

2. 物品的准备

（1）红色缎带

剪彩仪式中一般都是用红色的缎带。按照传统的做法，缎带应当用一整匹未曾使用过的红色绸缎在中间结成数朵花团而制成。花团要硕大、生动，花团的数量一般比剪彩的人数多出一个，这样剪彩人处在两朵花团之间；也可以是花团的数量比剪彩的人数少一个。

目前，有很多企业在剪彩仪式中以红色布条、红线绳、红纸条等代替红色绸缎，这体现出节俭环保的新风尚，这些用来替代红缎带的物品仍然保持红色，以示喜庆。不过不要用旧的、破的、脏的缎带来作剪彩之用，容易给人以将就行事的感觉。

（2）剪刀

剪彩仪式前要准备好锋利的新剪刀，剪刀的数量要根据剪彩人的数量来定，剪彩人每人持一把剪刀。在剪彩前应试好剪刀的锋利度，不要使用钝的剪刀，更不要拿出生锈的剪刀，因为剪彩的时候，一剪刀剪下去要能够顺利地剪断缎带。如果在剪彩的现场，剪彩人剪了半天，缎带还没有剪断，最后只好连扯带撕地将缎带弄断，这会让人觉得很扫兴。

(3) 托盘

托盘在剪彩仪式上是托在礼仪小姐手中，用来盛放红色缎带、剪刀、白色薄纱手套的。最好是崭新、洁净的银色不锈钢托盘，在正式使用时，托盘上铺上红色的布，显得正式而喜庆。在剪彩时，可以为各位剪彩者配备一个托盘，再用一个专门的托盘盛放红色缎带。

(4) 白色薄手套

剪彩时，剪彩者最好每人戴一副白色薄手套，这样比不戴手套直接剪彩会显得更郑重。白色薄纱手套除了要确保数量充足外，还要大小适度、崭新平整、洁白无瑕。不要马虎敷衍，不要用脏的、旧的、过大过小的手套来应付充数，也不要用其他颜色的手套。

(5) 其他

除了上述的准备物品之外，工作人员还应在剪彩仪式开始前准备好胸花、剪彩仪式背景音乐、话筒、音响等其他物品。

剪彩前的准备工作只有做到一丝不苟，才能确保剪彩仪式的顺利进行。

3. 人员的选定

(1) 剪彩者

根据惯例，剪彩者可以是一个人，也可以是几个人，但不要太多，最多不要超过五个。剪彩者可以是上级领导、合作伙伴、社会名流等，有些单位让员工或客户代表来剪彩，这不仅向员工和客户代表传递了尊重的信息，同时也会增强员工的主人翁意识和责任感，增进与客户的关系。确定剪彩者名单之后，应尽早告知对方，并尊重对方的意见，不要强人所难。如果由几个人同时剪彩，应告知每位剪彩者届时他将与何人同担剪彩大任，这样做是对剪彩者的尊重。千万不要“临阵磨枪”，在剪彩开始前强拉硬拽，临时找人凑数。

如果剪彩者仅一人，则剪彩者居中而立。如果剪彩者不止一人，同时上场剪彩时，就要注意事先安排好顺序。剪彩仪式中排列高低位次的规则是：中间高于两边，离中间越远位次越低，与中间距离相等时则以右为尊。所以，如果是多人剪彩，在仪式正式开始前，可以将具体的事项向剪彩人员讲明，必要时可以适当地演练一下；不要等到了剪彩时，几位剪彩者一齐走上台，不知从何下手，显得台上一片忙乱。

(2) 助剪者

助剪者是在剪彩的过程中为剪彩者提供一系列帮助的人员，大多由东道主一方的礼仪小姐来担任。助剪者可以分为迎宾者、引导者、拉彩者、捧花者、托盘者，也可一人身兼数职。迎宾者的任务是在活动现场负责迎来送往。引导者负责引导剪彩者登台和退场，在引导时要注意走在剪彩者的左前方，保持大约一米左右的距离，不要太近，也不要太远。拉彩者的任务是在剪彩时展开、拉直红色缎带。捧花者的任务是在剪彩时手托花团。托盘者的任务，则是为剪彩者提供剪刀、手套等剪彩用品。

在一般情况下，迎宾者与服务者应不止一个人。引导者既可以是一个人，也可以为每位剪彩者各配一名。拉彩者通常应为两个人。捧花者的人数则需要视花团的具体数目而定,一般应为一花一人。托盘者可以是一个人,亦可以为每位剪彩者各配一个人。有时,礼仪小姐亦可身兼数职。

(3) 礼仪小姐

礼仪小姐的基本条件是:相貌姣好、身材颀长、年轻健康、气质高雅、音色甜美、反应敏捷、机智灵活、善于交际。礼仪小姐的最佳装束应为:化淡妆、盘起头发,穿款式、面料、色彩统一的单色旗袍,佩礼仪小姐绶带,配肉色连裤丝袜、黑色高跟皮鞋。除戒指、耳环或耳钉外,不佩戴其他任何首饰。有时,礼仪小姐也可以身穿深色或单色的套裙。但她们的穿着打扮必须尽可能地整齐划一。必要时,可向外单位临时聘请礼仪小姐。选定礼仪小姐之后,要进行一定的分工并进行相应的培训,重要的环节可以进行适当的排练。

(4) 其他工作人员

在剪彩仪式中,除了礼仪小姐之外,还有相应的其他工作人员。这些工作人员同样也非常重要,同样也应当对这些工作人员进行相应的培训。剪彩仪式需要全体工作人员的共同努力,不能认为只有礼仪小姐在发挥作用。

剪彩人员要审慎选定,并于事先进行必要的培训。除主持人之外,剪彩人员主要是由剪彩者与助剪者等两部分人员所构成。

(二) 剪彩的程序

剪彩仪式要控制好时间的长短,太短容易让人感到"意犹未尽",太长又容易让人感觉到疲惫。通常,剪彩仪式的时间不要少于 15 分钟,不要超过 1 个小时,整个进程的安排要紧凑而不拖沓。剪彩仪式的基本程序有以下几个。

1. 请来宾就位

在剪彩仪式上,大多会为剪彩者、来宾和本单位的负责人安排坐席。在剪彩仪式开始前,应请大家在已排好顺序的座位上就座。为了出入方便,也为了表示对剪彩者的敬重,应请剪彩者在前排就座,多人剪彩时可按具体上台剪彩的位次安排座次。

2. 仪式开始

主持人宣布剪彩仪式正式开始,乐队演奏音乐(亦可播放音乐),全体到场人员热烈鼓掌。主持人向全体到场者介绍出席仪式的重要来宾。

3. 奏乐

此时须全体起立,演奏企业自己的标志性歌曲。

4. 发言

首先是主办单位的负责人发言,发言应体现出对来宾的感激之情,同时也可简短介绍本单位的发展情况,感谢社会各界的支持和帮助。然后可以请上级主管部门的代表、地方政府代表、合作单位的代表等发言,这些发言应以祝贺为主。无论是主办方发言,还是来宾发言,均要言简意赅,最好不要超过三分钟。

5. 剪彩

主持人介绍剪彩者的身份，剪彩者上台剪彩，全体到场者热烈鼓掌，剪彩时可以奏乐或燃放鞭炮。

6. 参观或助兴节目

剪彩之后，主人应陪同来宾参观，也可以安排一些助兴节目。仪式到此结束。

（三）剪彩的注意事项

1. 剪彩者的注意事项

作为剪彩者，一定要重视剪彩仪式，保持良好的个人形象。当主持人宣布剪彩时，剪彩者应立即在礼仪小姐的引导下登台，不可拖拖拉拉、东张西望，要根据事先的演练或要求抵达自己应站的位置。如果不是一个人剪彩，应请主剪人先行，注意剪彩人之间的顺序，保持好与其他剪彩者之间的距离，最好是站在同一横行上。当主持人介绍剪彩人身份时，剪彩人应当向大家欠身或点头致意，不可面无表情、神情恍惚。当礼仪小姐递上剪刀等剪彩物品时，应当致谢，切不可以老大自居。

准备剪彩时，应向拉彩者、捧花者示意并相互协调，待对方有所准备后，集中精力、表情严肃而庄重地将缎带一刀剪断。多名剪彩者同时剪彩时，应注意与主剪者的动作尽量保持一致，最好是大家同时将缎带剪断。不要在这个时候开小差，也不要边剪边扯，这样会影响其他的剪彩者。

剪彩完成后，可以喜悦地举起右手的剪刀，面向全体到场者致意，依次与主人握手并向主人道贺，在引导者的引领下按顺序退场。

2. 助剪者的注意事项

当主持人宣布进行剪彩，礼仪小姐应立即登台，可以从两侧登台，也可以从右侧登台。登台后，拉彩者与捧花者应当站成一行，拉彩者处于两端拉直红色缎带，捧花者各自双手捧一朵花团。托盘者须站立在拉彩者与捧花者身后一米左右，且自成一行。引导人员引领剪彩者上台，注意要身体侧向剪彩者，不可只顾自己一个人往前冲。

当剪彩者准备剪彩时，托盘者向前行至剪彩者的右后侧，将剪彩物品递上。助剪人员要注意与剪彩人员互相协调好，千万不要各行其是。剪彩后，应力求花团准确无误地落入托盘，不要掉在地上。在剪彩者完成剪彩之后，引导者引领剪彩者退场。

实训活动

一、技能题

1. 策划一次某公司的开业庆典活动，其中穿插剪彩仪式，设计整个活动的策划方案。

2. 分组模拟一次简单的剪彩仪式。

3. 请根据以下大益公司开业庆典当日时间安排表，设计一份福满堂珠宝店开业当天的时间安排表。

大益公司开业庆典当日时间安排

时　　间	工作安排
7:30am	仪式现场所需设备全部到位
8:10am	做最后的现场工作检查；调试音响；礼仪小姐、摄影师及现场所有工作人员到位；工程部电工确保电源稳定
8:20am	音响调试完毕
8:40am	现场音乐响起，聚揽人气
8:50am	礼仪小姐、现场接待工作人员到岗，准备迎接领导和嘉宾的到来；礼仪小姐为来宾佩戴胸花并进行签到服务；引领来宾至大厅入座
9:18am	公司领导、主持人及来宾齐聚典礼现场；领导、来宾致辞；礼仪小姐将揭竿、剪裁用品备妥；主持人宣布开业；公司领导揭竿同时爆喜球；嘉宾、领导剪彩瞬间礼炮齐响；掌声中"招财进宝"表演开始
9:50am	礼仪小姐引领来宾进行现场观摩，全程细致讲解，公司领导随行；前门外现场工作人员进行简单的现场清理（撤离话筒等）并继续播放音乐，吸引周边人群
10:10am	自助餐厅备好答谢酒会，由礼仪小姐引领来宾就座
10:20am	答谢酒会开始，由公司领导致答谢词；礼仪小姐向公司员工赠送礼品
10:30am	来宾就餐
11:00am	户外音乐停止，现场工作人员及庆典工作人员进行现场清理（横幅、拱门、花篮保留）；工程部协助音响撤离；保安人员保障嘉宾有序平安离场；礼仪小姐撤回大厅等候，恭送嘉宾离场
11:40am	礼仪小姐、现场工作人员经总监检查现场无异常状况后，全体撤离，并交还现场工作证及对讲机，各归各岗

二、案例题

张嘉明应东方公司的邀请作为嘉宾前去参加东方公司驻广州分公司的开业庆典活动。当他来到活动的现场，已经有不少人聚集在这里了。张先生正想找人打听活动的嘉宾席在哪儿，突然一个保安问张嘉明："你是哪来的？有什么事？"张先生向对方表示："我是今天应邀前来参加开业庆典的，不知道嘉宾席在哪？"这位保安听后说："噢，那你去找穿红色旗袍的礼仪人员吧，我是负责维持现场秩序的，她们是搞迎宾的。"张先生只好在活动现场搜寻穿红旗袍的礼仪小姐，好不容易看到了一位，他正准备开口询问，对方先问话了："您是市工商局的刘局长吗？"张嘉明说："我不是，你们不是负责接待工作的吗？"这位小姐说："不好意思，我今天是专门负责接待刘局长的，不知道您是由谁负责接待的。"

请就以上的案例分析东方公司工作人员的做法有哪些不妥之处。

任务二

谈判仪式

案例导入

郑小姐在参加一次商务谈判活动时，特意穿了一件粉色的T恤和蓝色的牛仔裤。然而，正是她新置的这身服装使谈判对方非常生气，甚至拒绝谈判。

李小姐在一次商务谈判活动前精心地布置了谈判室，可是当经理来检查谈判室的布置时，非常生气，他让李小姐马上重新布置。李小姐不理解："我花了这么多心思，为什么要重新布置呀？"

在商务谈判活动中，需要掌握的礼仪规范有哪些？

任务目标

1. 掌握商务谈判中主方礼仪。
2. 掌握商务谈判中客方礼仪。

相关知识

商务谈判礼仪看似简单，其实它包含了很多方面的内容。端庄的仪表仪容，礼貌的言谈举止，彬彬有礼的态度，对多国文化差异的理解与尊重，这些都是谈判顺利进行的重要保障。商务谈判礼仪掌握得如何，在很大程度上会直接影响商务谈判的成败。

一、商务谈判准备阶段

商务谈判根据谈判场地的不同可以分为主场谈判、客场谈判。主场谈判、客场谈判在礼仪上习惯称为主座谈判和客座谈判。主座谈判是在自己一方所在地进行，为确保谈判顺利进行，主方通常需要做一系列准备和接待工作；客座谈判是到对方所在地谈判，客方也应做相应的准备工作。

（一）主方的准备工作

主方作为东道主，需要安排谈判各项事宜，要在迎送、款待、场地布置、座次安排等各方面精心周密准备，尽量做到主随客便，主应客求，以获得客方的理解、信赖和尊重。

1. 接待工作

接待工作的好坏，不但体现了接待人员的个人素养，更反映出一个组织的工作作风和公众形象，并直接影响商务谈判的进展。因此，主方一定要在接待工作上做到有礼、有序。

(1) 成立接待小组

接待小组由后勤保障（食宿）、交通、通信、医疗等各环节的负责人员组成，涉外谈判还应备有翻译。

(2) 了解客方基本情况，收集有关信息

主方可以向客方索要谈判代表团成员的名单，了解其姓名、性别、职务、级别及一行人数，以此作为确定接待规格和食宿安排的依据。了解客方对谈判的目的要求、食宿标准、参观访问、观光游览的愿望。掌握客方抵离的具体时间、地点、交通方式，以安排迎送的车辆和人员及预订返程车船票或飞机票。

(3) 拟订接待方案

根据客方的意图和主方的实际，拟订接待计划和日程安排表。日程安排表除安排谈判日程外，还要将其他的活动内容及具体时间也一一拟出，如迎送、会见、宴请、游览观光、娱乐等，有些活动最好能穿插在谈判期间，以利于调节谈判的心态和气氛。日程安排还要注意时间紧凑，上一项活动与下一项活动之间既不能冲突，又不能间隔太长。

日程安排表拟出后，可传真给客方征询意见，待客方无异议并确定以后，即可打印。如果是涉外谈判，则要将日程安排表翻译成客方文字，以便于双方沟通。日程安排表可在客方抵达后交由客方副领队分发，亦可将其放在客方成员住房的书桌上。

根据接待计划，具体安排落实客方的食、宿、行等事项，最好每个项目指定专人负责。

主方可根据实际情况举行接风、送行、庆祝签约的宴会或招待会，客方谈判代表在谈判期间的费用通常都由其自理。当然如果主方主动邀请并事先说明承担费用，则是例外。

如果是重大项目谈判，如有必要，还应做好客方谈判代表团的安全保卫和文件资料保密的准备工作，以及安排好新闻报道工作。

除了上述这些准备工作之外，主方还应当根据实际情况做好饮料（茶水、咖啡）、礼品、纪念品的准备工作。

2. 迎送工作

根据商界对等接待的原则，主方应确定与客方谈判代表团的身份及职位对等、人数相等的接待陪同人员，并通知相应工作人员准时迎送。工作人员应准确掌握对方的抵离时间，主方所有迎送人员都应先于客方到达指定地点（通常为车站、码头、机场、宾馆、公司门口等）迎候。如客方是远道而来的，主方应主动到机场、车站、码头迎接，一般要在班机、火车、轮船到达前15分钟赶到，接站时为了方便双方确认，最好举个小牌子，牌子上可以写上“××公司欢迎您”的字样。

对于客方身份特殊或尊贵的领导，还可以安排献花。献花时，应当考虑到客方的习俗，避开客方禁忌的花类、数字、颜色。献花须用鲜花，通常由年轻女职员在参加迎接的主要领导人与客方主要领导握手后，将鲜花献上。

迎接的客人较多的时候，主方迎接人员可以按身份职位的高低顺序列队迎接，并由主方领导人先将前来迎接的人员介绍给客方人员，再由客方领导介绍其随行人员，双方人员互相握手致意，问候寒暄。

客方抵达时由机场（车站、码头）前往下榻宾馆，离开时由宾馆前往机场（车站、码头），主方应有迎送人员陪同乘车，关照好客方人员和行李的安全。

如果主方主要领导陪同乘车，应该请客方主要领导坐在其右侧。车内的坐席一般是面向车前方，最右边为上席，上车时，最好是客人从右侧门上车，主人从左侧门上车，避免从客人座前穿过。如果客人先上车，坐到了主人的位置上，则不必请客人挪动位置。如果人数较多，乘坐大、中型客车时，可由客人随意就座。

3. 谈判室的选择与布置

谈判室可选择公司（或租用商厦）的洽谈室、会议室，小规模的谈判还可安排在会客室，有条件的话最好安排两、三个房间，除一间作为主要谈判室外，另一间作为任何一方单独进行内部协商的密谈室，可能的话再配一个休息室。谈判室布置以高雅、宁静、和谐为宜，环境安静，没有其他人和电话干扰，光线充足，室温适宜，装饰陈设简洁、实用、美观。

4. 谈判座次的安排

商务谈判室的座次安排都应体现礼仪的规范和对客方的尊重。座次安排是个敏感的问题，应谨慎处理。

(1) 长方形或椭圆形

双边谈判一般采用长方形或椭圆形谈判桌，显得比较正规，通常主客双方各坐一边，若谈判桌横放（如图6-1所示），则正面对门为上座，应属于客方；背面对门为下座，属于主方。

若谈判桌竖放（如图6-2所示），则应以进门方向为准，右侧为上，属客方；左侧为下，属主方。双方主谈人（首席代表）各在己方一边的中间就座，翻译人员安排在主谈人右侧，其余人员则遵循右高左低的原则，依照职位高低自近而远地分别在主谈人两侧就座。具体操作时，可用放名签牌的方法（涉外时用双语）标明座位，这样更加简明方便。

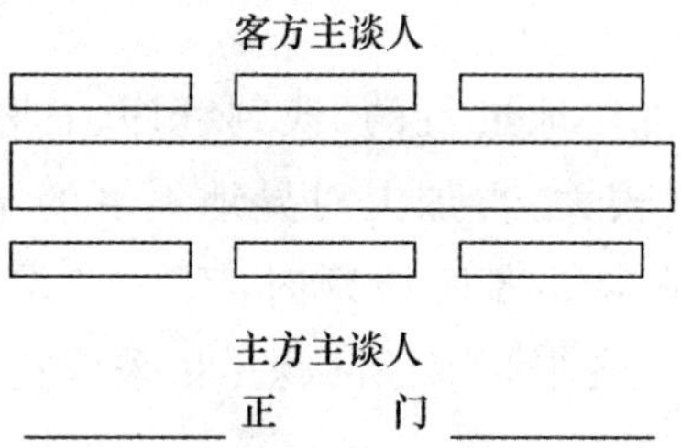

图 6-1 长桌横放

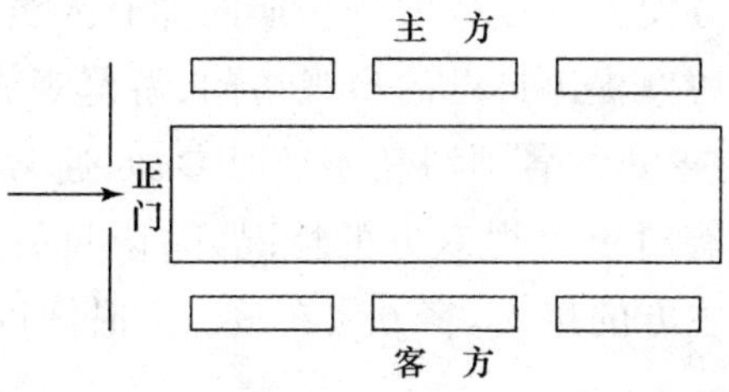

图 6-2 长桌竖放

(2) 圆形

多边谈判一般采用圆形谈判桌(如图 6-3 所示),国际惯例上称为“圆桌会议”。采用圆桌谈判,谈判各方围着桌子交叉而坐,尊卑界线被淡化了,彼此感到气氛和谐、融洽,容易达成共识。

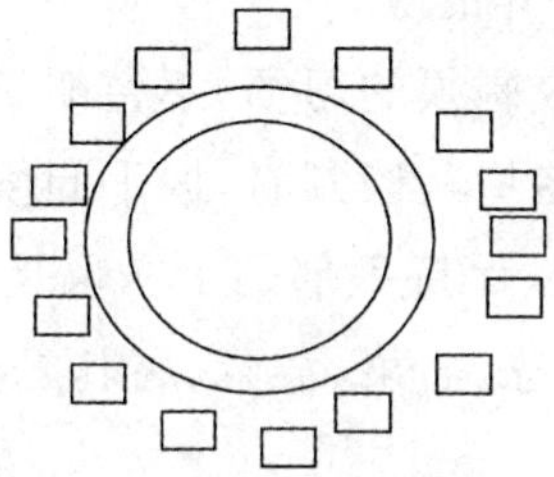

图 6-3 圆形

(3) 马蹄形

小型的谈判,也可不设谈判桌,直接在会客室沙发上进行,双方主谈人在中间长沙发就座,主左客右,翻译人员在主谈人后面,双方其余人员分坐两边(如图 6-4 所示),呈马蹄型,这样双方交谈起来比较随和友好。但较正式的谈判不宜采用这种方式。

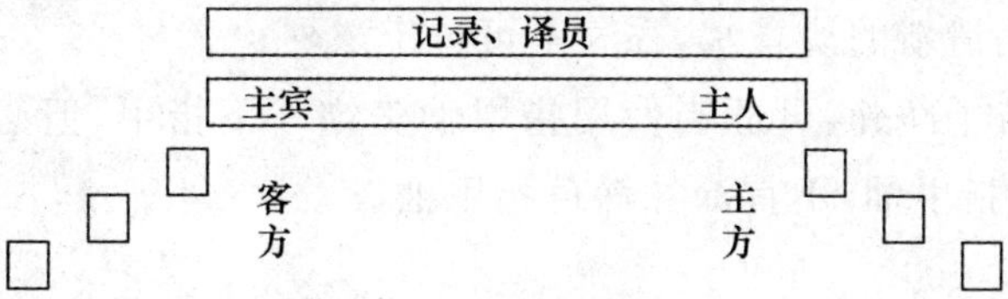

图 6-4 马蹄形

（二）客方的准备工作

客座谈判因为是在对方所在地进行的，谈判程序、日程安排等通常均由主方确定，因此，客方在选择方面受限制较大，再加上对异地他乡的文化背景、社会风俗等情况不熟悉，心理情绪上也需调整适应。客座谈判时，有一点需谨记——“入乡随俗、客随主便”。主动配合对方接待，对一些非原则性问题尽量采取宽容的态度，以保证谈判的顺利进行。

客方应明确地告诉主方自己代表团的目的、成员人数、成员组成、抵离的具体时间、航班车次、食宿标准等，以方便主方接待安排。期间如有人员变动、时间更改等，应及时知会主方。客方可与主方协商提出自己的参观访问、游览观光等活动要求，但应尊重主方安排。谈判期间，对主方安排的各项活动要准时参加，通常应按约定时间提前五分钟到达约定地点。客座谈判有时也可视双方的情况，除谈判的日程外，自行安排食宿、交通、访问、游览等活动。对主方的接待，客方应在适当的时间以适当的方式表示感谢。

（三）主客双方的准备工作

参加商务谈判时，主方和客方除了各自要做准备工作，还要共同遵守礼仪规范，要讲究仪容的整洁、服饰的规范。

1. 整洁的仪容

出席商务谈判的人员，男性具体应该做到：

（1）发型与个人的脸型、体型、年龄相协调，做到简单大方，长短适当，干净整齐，不留新潮、怪异的发型，头发不染怪异的颜色；

（2）面部保持干净清爽，养成剃须的习惯，不留胡子，不留大鬓角；

（3）手被商界称为“第二张名片”，谈判时，握手问候、交换名片和递送文件等都会将手展示于人，因此，及时修剪指甲、保持手部的干净也是必要的；

（4）谈判前，不要进食大蒜、葱、韭菜、洋葱、腐乳之类的食物，保持牙齿清洁，没有食品残留物，也没有异味。

出席商务谈判的女性应该做到：

（1）选择端庄大方的发型，短发最好修剪得体，过肩的长发应该用发卡、发箍加以固定或盘成发髻，选用的发卡、发箍也不能过于花哨，以朴实素雅为佳；过于时髦、怪异的发型及染怪异的颜色和不加以固定的长发，都不适合出现在这种场合；

（2）脸部应化淡雅的妆，保持妆容的和谐清爽，唇膏和眼影不要过于浓艳，要与服饰协调，保持同一色系为最佳；

（3）可适当使用清新的淡香水，香气不可过于浓烈；

（4）手部除保持干净外，可适当使用指甲油美饰一下指甲，但必须用无色透明或浅色（浅红、浅紫等）的指甲油，不宜涂抹深色指甲油。

2. 规范的服饰

商务谈判人员大多阅历丰富，观察力胜人一筹，他们往往可以从衣着中判断出对方的性格，所以参加商务谈判不宜穿个性化十足的服装。而且，商界历来最重视服饰规范，尤其是出席商务谈判这样的正规场合，更应穿得传统、庄重、高雅。

出席商务谈判的男性着正式西装，打领带，穿深色袜子和黑色系带式皮鞋。除结婚戒指外，一般不戴其他首饰，最好能戴上一只有品位的手表，既能掌握时间，又是最好的装饰品。在商务谈判场合，男性不应穿着夹克衫、牛仔裤、T 恤衫、旅游鞋、凉鞋等休闲服饰出席。

出席商务谈判的女性着端庄、典雅的套裙，以体现着装者的稳重、干练，配上肉色的长筒丝袜或连裤丝袜和黑色的高（中）跟鞋。与服饰搭配，适当点缀一两件首饰或胸针（花）、丝巾等。出席商务谈判的女性，切忌穿太紧、太透、太花、太露、太短的休闲装或牛仔装、运动装，也不要佩戴太多的首饰，否则既显得没有教养，也显得没有品位。

二、商务谈判进行阶段的礼仪

出席商务谈判的人员，文明的语言和得体的举止，不但能展示自己良好的教养和风度，而且能赢得对方的尊重、信任和敬意。

（一）入场

主方人员应准确掌握谈判日程安排的时间，先于客方到达谈判地点，当客方人员到达时，主方人员应在大楼门口迎候。亦可指定专人在大楼门口接引客人，主方人员只在谈判室门口迎候。

客方先行进入谈判室或宾主双方同时进入谈判室，在既定的位置同时入座，主方人员待客方人员落座后再坐下。双方由主谈人介绍各自成员，互相握手、问候、致意。双方人员入座后谈判正式开始，这时非谈判人员应全部离开谈判室。在谈判进行中，双方要关闭所有的通信工具（或调到静音），闲杂人员不要随便进出。主方工作人员如要续茶水，最好在谈判中间休息时进行。

重要的谈判在正式开始前常举行简单的仪式，如：双方做简短致辞，互赠纪念品，安排合影。安排合影位置一般遵循：主方主谈人居中，其右侧是客方主谈人，客方其余代表依次排列，主方其余代表一般站在两端。

（二）握手

握手是目前全世界最通行的见面礼仪之一，握手虽然只有几秒，却能清晰地传递握手者是否理解商业礼仪背后的含义，即相互尊重。注意把握好握手的动作要领，控制好握手时间和力度。在做到互相尊重的同时，还要体现出个人的自信和蓬勃的朝气。商务谈判双方握手时应当遵循：让自己这一方职位最高的人同谈判对方先握；轮到自己握手时，应同对方职位最高的先握。不要将握手的顺序打乱，这样很容易自乱阵脚。

（三）言谈

商务谈判人员的言谈要以尊重理解对方为前提，这样才能赢得对方感情上的接近，从而获得对方的尊重和信任。因此，在谈判之前，应当调查研究对方的心理状态，考虑选择令对方容易接受的方法和态度。

商务谈判人员要求说话表达准确、口齿清晰、言辞有礼，要多用敬语和谦语，尽量采用委婉的表达方式。如介绍他人或自我介绍时，应将姓名、单位、职务说清楚，说话速度不宜太快，涉外谈判时，更应照顾到翻译的方便。

商务谈判虽说是双方讨价还价的过程，但说话的态度要友好、和善，面带微笑，这样有助于消除对方的反感、抵触情绪，赢得他们的尊重和好感，促进问题的解决；相反，态度粗暴，言辞粗鲁，则会伤害或得罪对方，给谈判带来阻力和障碍。

商务谈判时，还要善于倾听对方的意见，要求准确把握对方的意图，以利于做出适当的反应，切忌中途打断对方的陈述和乱插话。说和听是相互的、平等的，双方发言时都要掌握各自所占用的时间，不能出现"一方独霸"的局面。

谈判过程中，当双方的观点出现类似或基本一致的情况时，应当迅速抓住时机及时肯定对方。双方这种往返的双向认同与赞美有利于双方谈判人员保持感情融洽，并为最终达成一致奠定良好的基础。

如果是涉外商务谈判，还要考虑对方国家的风俗习惯，言谈时要注意避开对方的禁忌，要尊重对方思考问题的方式，这些都要事先有所准备。只有充分地认识到不同国家、不同文化背景的差异性，在谈判时才能够做到游刃有余。

（四）表情

表情是人面部表情的简称。在商务谈判场合，要努力使个人的表情热情、友好、轻松、自然，双目注视对方。从注视的部位上来说，注视对方的部位不同，不仅说明自己的态度不同，也说明双方关系有所不同。注视对方双眼，表示自己聚精会神，重视对方，但时间不宜过久；注视对方额头，表示严肃认真、公事公办；注视对方眼部到唇部这一区间，是社交场合面对交往对象所用的常规方法。

真诚的笑容能够有效缩短双方的心理距离，为进一步深入沟通与交往创造良好条件。商务谈判人员应当努力训练，让个人的笑容做到自然、热情、真诚、友善；反之，冷笑、怪笑、窃笑等则是谈判场上的禁忌。当然，谈判本来是一件很严肃的事情，但也不需要从头到尾都板着脸，这很容易让谈判陷入僵局。有时候可以用笑容来缓和谈判的紧张气氛，同时调节自己的心情。

（五）举止

谈判过程中的举止也是不可小看的细节。因为谈判时坐在谈判桌前的时间较长，所以应该注意：入座轻柔和缓，从容稳重，避免使座椅发出大的声响，这样才能表现个人的从容、稳重，让对手从心底里敬重你；主方人员应请客方人员先入座，不要先于客方人员落座；这既是对对方的尊重，同时也能够在礼仪上赢得对方的好感；在谈判的过程中，不要双腿向前伸得太远，甚至影响谈判桌对面的谈判人员，这容易让对方感到自己受到了“侵略”，在谈判时就会据理力争；双腿抖动不止、频繁变换坐姿、双手抱在胸前或脑后、双手夹在大腿之间、玩弄手指或摆弄东西、哈欠连连……这些举止都不应当在谈判时出现，这样做的结果就是自毁在谈判对手面前的形象。

在谈判的过程中要关闭个人的手机，没有人喜欢在谈判时受到干扰。

三、商务谈判签约阶段的礼仪

谈判双方经过洽谈、摸底、僵持、让步等阶段，最终进入促成阶段，也就是签约阶段。签约，即合同的签署。双方(多方)经过充分的洽谈磋商，就谈判项目达成书面协议，为使有关各方重视合同，遵守合同，在合同签署时，应举行郑重其事的签约仪式。

(一) 签约仪式的准备

1. 签字人及参加人的确定

签字人通常由谈判各方商议确定，但各方签字人的身份应大体对等，所以有时主谈人不一定就是签字人。参加签约仪式的人员一般都是各方参加谈判的人员，一方如要增加其他人员，应征得对方同意，但各方参加人数应基本相等。

2. 签字场地的选择

举行签字仪式的场地，要视参加签字的人员规格、人数多少以及协议中的商务内容来确定，多数是选择客人所住的宾馆、饭店或东道主的会客厅、洽谈室。

3. 签字厅的布置

布置签字厅的总体原则是要庄重、整洁。一间标准的签字厅，应当在室内铺上地毯，放置必要的签字用的桌椅及文具用品。

(1) 签约座次：双边合同的座次一般由主方代为安排，主方安排时应遵守国际礼宾序列，以右为尊为上，即将客方主签人安排在签字桌右侧就座，主方主签人在左侧就座，各自的助签人在其外侧助签，其余参加人员在各自主签人的身后列队站立。站立时各方人员按职位高低由中间向边上依次排列。签订多边合同，只设一张签字椅时，各方按事先商定的先后顺序，主签人及其助签人依次上前签字。

(2) 家具陈设：将长方形签字桌(或会议桌)横放在签字厅内，桌面最好铺设深绿色台布(呢)；坐椅应根据签字方的情况来摆放；签署双边合同，在正面对门的一边摆两张坐椅；签署多边合同，则可在中间放一张坐椅，供各方签字人签字时轮流就座，或者为每位签字人各配备一张椅子。签字人签字时必须正面对门就座，除桌椅外，其他家具陈设则可全部免除，如图 6-5 所示。

(3) 文具用品：签字桌上应放置好待签合同文本、签字笔、吸墨器等，签署涉外合同还应在有关各方签字人座位的正前方插放该国国旗，国内企业之间的签字也可在签字桌的两端摆上写有企业名称的席位牌。

4. 待签合同文本的准备

待签合同的正式文本，按商界惯例应该由主方负责准备，但为了避免合同产生歧

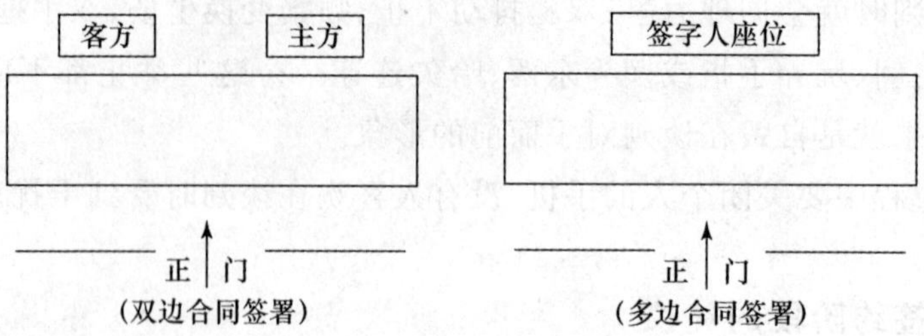

图 6-5 签字厅的布置

义,引起纠纷,因此,主方最好能会同签约各方一起指定专人,共同负责合同的定稿、校对、印刷和装订,以确保合同内容的准确无误。

依照国际惯例,涉外合同应同时使用签约各方法定的官方文字撰写,或者采用国际通行的英文、法文撰写。

待签合同文本要用 A4 规格的白纸印刷并装订成册,再配以真皮或金属封面,保护内页。除供各方正式签字的合同正本外,最好还能各备一份副本。

5. 出席人员服饰的要求

对于商界来说,合同签约仪式是一件有重要意义、庄重的事情,因此,出席签约仪式的人员服饰要整齐规范,具体是:签字人、助签人和其他参加人应穿有礼服性质的深色西服套装、中山装套装,同时配白色衬衣、黑色皮鞋和深色袜子,穿西装还应配单色领带;女性则应穿套裙,配肉色长筒丝袜(或连裤袜)和黑皮鞋;服务接待人员和礼仪人员则可穿工作制服或旗袍等礼服。

(二) 签约仪式的程序

1. 仪式正式开始

各方人员进入签字厅,按既定的位次各就各位。双边合同的双方签字人同时入座;各方陪同人员分主客两方排列站立于各签字者之后,或坐在己方签字者的对面;双方助签人员分别站在签字者的外侧,协助翻揭文本,指明签字处。

2. 正式签署

各方主签人再次确认合同内容,若无异议,在规定的位置上签字,之后由各自助签人相互交换合同文本,再在第二份合同上签字。助签人员为已签字的文件吸墨防渍。按惯例,各方签字人先签的是己方保存的合同文本,交换后再签的是对方保存的合同文本。

3. 交换文本

各方主签人起身离座至桌子中间,正式交换各自签好的合同文本,同时,热烈握手(拥抱),互致祝贺,还可以交换刚刚用过的签字笔作为纪念。其他成员则鼓掌祝贺。

4. 饮香槟酒庆祝

交换合同文本后,全体成员可合影留念。服务接待人员及时送上倒好的香槟酒,各方签字人员和其他成员相互碰杯祝贺,当场干杯,将喜庆气氛推向高潮。

5. 退场

签约仪式结束，双方可共同接受媒体的采访。接着请双方最高领导人退场，然后请客方退场，东道主最后退场。整个仪式以半个小时为宜。

谈判结束后，主方人员应将客方人员送至电梯口或送到大楼门口上车，握手告别，目送客人汽车开动后再离开。如果安排了与谈判内容密切相关的参观考察活动，主方则应在参观点安排专门的接待人员，在适当的地方悬挂欢迎的标语横幅，准备详细的文字说明材料（涉外时应有中外文对照）；实地参观时可安排专业技术人员讲解，同时也应注意一些技术保密问题。

商务合同正式签署后，还要提交有关方面进行公证后才能正式生效。签约仪式后，主方可设宴或酒会招待所有参加谈判和签约的人员，以示庆祝。

四、商务谈判的礼仪禁忌

1. 避免只考虑自己的利益

在商务谈判过程中，不能只考虑自己一方的利益，也要兼顾到对方的利益。谈判人员在谈判过程中，在不损害自己一方根本利益的条件下，要尽量替对方着想。双方各自为对方保留一定的利益，才能达到双赢的局面。

2. 避免疲劳谈判

要避免在身心疲惫时进行商务谈判。身心疲惫时，不易较快进入工作状态，强迫谈判不会取得好的效果。在进行商务谈判前，要给商务谈判人员安排充分的休息时间。如果去异地谈判，应尽量避免在长途跋涉后立刻开始谈判。

3. 避免情绪不佳时谈判

在商务谈判时，谈判人员一定要避免情绪不佳。情绪不佳时思维就会变得混乱，谈判人员就很难专心于谈判，这样就会影响商务谈判的时间和进程，使谈判的效率低下；而且情绪不佳可能导致谈判人员出现错误判断，甚至给企业带来无法挽回的损失。

4. 避免压制威胁对方

在商务谈判过程中，一定要避免压制威胁对方，要尽量说服对方不提高要求，而不是通过压制威胁让对方不敢提出合理的要求。不能因为己方占据优势就强迫对方听从自己的意见，压制威胁对方，这样会让对方产生反感情绪，甚至给商务谈判埋下严重的危机。

实训活动

一、技能题

1. 简述谈判的座次安排方式及其特点，试着模拟一个商务谈判的情景并排定座次。

2. 简述签约仪式的步骤,并模拟整个签约仪式的过程。

3. 根据所学专业知识,由 6～8 位同学组成一个小组,设计一个商务谈判的情景,并将其模拟演示出来。

二、案例题

案例一

在营销谈判中巧妙地运用语言技巧可带来营业额的高增长。某商场休息室经营咖啡和牛奶,刚开始服务员总是问顾客“先生,喝咖啡吗”或是“先生,喝牛奶吗”,其销售额平平。后来,老板要求服务员换为另外一种问法:“先生,喝咖啡还是牛奶?”结果其销售额大增。

请就以上案例,谈谈现实生活中运用谈判技巧的例子。

案例二

张先生是一位市场营销专业本科毕业生,毕业后就职于某大公司销售部,工作积极努力,成绩显著,工作三年升职任销售部经理。一次,公司要与美国某跨国公司就开发新产品问题进行谈判,公司将接待安排的重任交给张先生负责,张先生为此也做了大量的、细致的准备工作,经过几轮艰苦的谈判,双方终于达成协议。在正式签约的时候,张先生按中国传统的礼宾位次以左为上、右为下布置签约座次。客方代表团一进入签字厅就转身拂袖而去,是什么原因呢?原来在布置签字厅时,张先生将美国国旗放在签字桌的左侧。项目告吹,张先生也因此被调离岗位。

请谈谈在谈判的过程中的座次安排与会议座次安排的相同及不同之处。

项目七

商务聚会

聚会是一种常见的交际活动。聚会的形式也各种各样，内容丰富。在聚会上可以广泛地交流信息、沟通感情、结识朋友、增进友谊。在商务聚会这一个项目中，我们主要学习会议礼仪和舞会礼仪。

任务一

会议礼仪

案例导入

公司要召开新闻发布会，秘书小梁正在紧张地布置会场。一切就绪，客人们也陆续抵达。然而嘉宾们进去后竟然发生了小小的骚乱，嘉宾们都在互相谦让着主席台上的位置。这时小梁才发现自己忘记制作和摆放嘉宾们的名签牌了。会后，小梁被总经理狠狠地批评了一顿。

会议的筹备工作包括哪些内容？

任务目标

1. 掌握会议的座次安排。
2. 掌握会议发言人及主持人礼仪。

相关知识

会议是为了解决某个共同的问题或出于不同的目的聚集在一起进行讨论、交流的重要活动，在公司内部与外部工作中具有不可忽视的地位。会议的类型有多种，按参会人员来分类，会议基本上可以简单地分成公司外部会议和公司内部会议。公司外部会议，可以分成展览会、研讨会、座谈会等。公司内部会议包括定期的工作周例会、月例会、年终的总结会、表彰会等。

一、会前准备

在会前准备工作中，应先制定会议通知，通知中应包括会议时间、会议地点、会议人物、会议议题等几个方面的内容。

（一）确定会议时间及地点

会议时间是要让与会人员明确知道会议开始的时间以及会议进行时间，以便与会人员很好地安排自己的工作。开会时间宜紧凑。开"马拉松"式的长会，往往台上的在作长篇报告，台下的却在交头接耳，呵欠不断，这样的会议只能是流于形式，起不到任何实质性的效果。所以，应尽量缩短开会时间，开短会应是会议礼仪中十分重要的一条。会议地点的选择应根据会议的类型提前精心选择。

（二）明确参会人员

让与会人员知悉会议有哪些人要来参加会议，举办方由谁来出席，自己是否需要准备发言等事宜。

（三）明确会议议题

明确会议要讨论哪些问题，让与会人员做好会议议题的准备工作。要本着劳逸结合的原则安排会议议程。对于开幕式，应开得隆重而热烈，主持人要以东道主的身份致简明而热情的欢迎辞，对来参加会议的全体代表表示最诚挚的欢迎。

（四）会议座次的安排

传统的会议座次安排分成以下几类：方桌会议、圆桌会议、环绕式会议、散座式会议和主席式会议。

1. 方桌会议

会议室中是长方形的桌子（包括椭圆形），就是所谓的方桌会议。方桌可以体现主次。在方桌会议中，特别要注意座次的安排。如果只有一位领导，那么他一般坐在这个长方形的短边位，或者是比较靠里的位置。就是说以会议室的门为基准点，在里侧是主宾的位置。如果是由主客双方来参加的会议，一般分两侧来就座，主人坐在会议桌的右边，而客人坐在会议桌的左边，如图 7-1 所示。

2. 圆桌会议

为避免主次的安排，可以用圆形桌布局，在圆桌会议中，不用拘泥太多的礼节，主要记住以门作为基准点，比较靠里面的位置是比较主要的座位，如图 7-2 所示。

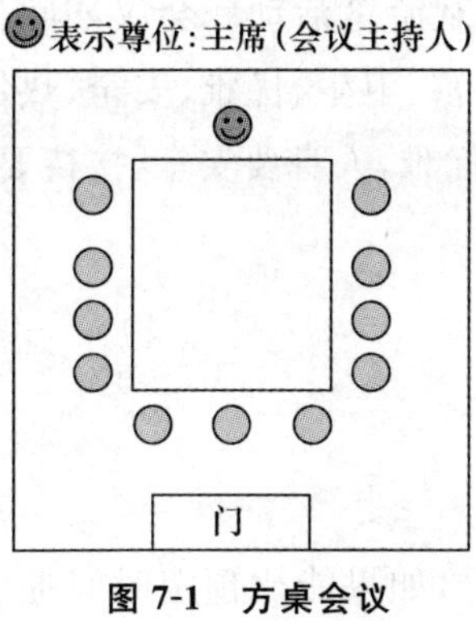

图 7-1　方桌会议

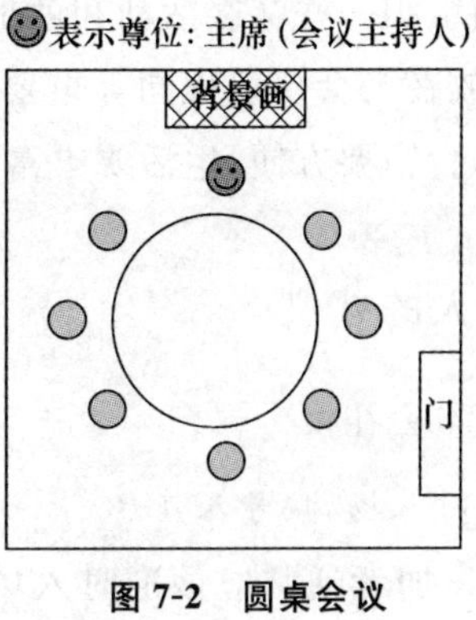

图 7-2　圆桌会议

3. 环绕式会议

环绕式会议不设立主席台,而是把坐椅、沙发、茶几摆放在会场的四周,不明确座次的具体尊卑,而听任与会者在入场后自由就座。这种安排座次的方式,与茶话会的主题最相符。

4. 散座式会议

散座式排位,常见于室外举行的茶话会。它的坐椅、沙发、茶几四处自由地组合,甚至可由与会者根据个人要求而随意安置。这样就容易创造出一种宽松、惬意的社交环境。

5. 主席式会议

这种排位是指在会场上,主持人、主人和主宾被有意识地安排在一起就座。

座次一旦确定,要选择好标志座次方法。如在主席台或会议桌上摆放名签;在与会人员出席证上注明座次(某排某号);印制座次图表并在与会成员入场之前发放。

(五) 会场环境的布置

会场布置是指根据会议的内容,选择合适的背景色调或摆放、悬挂突出会议主题的装饰物等。

1. 主席台的布置

在设有主席台的会场,主席台是布置的重点。因为主席台是整个会场的中心。一般应在主席台上方悬挂红色的会标(亦称横幅),会标上用美术字标明会议的名称。主席台背景处(亦称天幕)可悬挂会徽或红旗以及其他艺术造型等,主席台前或台下可摆放花卉。

2. 会场背景的布置

会场背景的布置除了主席台之外,主要指会场四周和会场的门口,这些地方可悬挂横幅标语、宣传画、广告、彩色气球等,还可摆放鲜花等装饰物。一些礼节性的会见,可多摆些鲜花作为装饰,同时还可在会客室四周墙壁上悬挂几幅名人字画及有特色的工艺品等作为点缀,这样更能增添会场典雅的气氛。

(六) 其他会务工作

根据会议的类型、目的确定需要哪些物品,比如纸、笔、笔记本、投影仪、咖啡、小点心等。了解与会人员是否需要接送服务。会议举办方应本着劳逸结合的原则,在紧张的会议之余,适当组织一些文娱活动和就地、就近组织适当的参观游览活动。会议期间代表的食宿问题应放在与会议议程同等重要的地位,本着方便、丰富、卫生、优雅、安全、热情的原则来安排,即食宿要方便,生活要丰富,饮食要卫生,环境要优雅,人身要安全,接待要热情。

二、参会人的礼仪

(一) 与会礼仪

1. 准时入场,按号入座

会议参加者通常应该准时入场。对于这种隆重场合,如果能比预定时间提前 5 分钟到达，更能体现对会议的重视。在安排了具体座位号的会议中，坚持按号入座；如果是没有安排具体座位号的会议，应尽量往前坐，不要坐在大门旁的位置，容易给人以随时想溜的错觉。

2. 仔细聆听，注意举止

聆听时要专心致志，与发言人保持目光接触，仔细听清对方所说的话。不要私下小声说话或交头接耳，不要三心二意、东张西望，这些都会影响听讲的效果，也会影响发言人的心情。聆听的过程更是一个积极思考的过程，要边听边想，敏锐地把握发言人话语里的深层含义。而只有准确地把握了他人的真实想法后，自己才能做出正确的判断。另外，开会过程中，不要小动作太多，应坐姿端庄，身体挺直，表现出精神饱满的状态，切忌挠头、抖腿或闭目养神。

3. 关闭手机，保持安静

在会议中，最好把手机关掉，也可以调至振动状态。这样既表现出对他人的尊重，也不会打断发言者的思路。如果有特殊情况需要离开会场，一定要轻轻离开，不要打扰到他人。

（二）主持礼仪

会议主持人一般由有一定职位和地位的人来担任，其礼仪表现对会议能否圆满成功有着重要的影响。

1. 注重形象

主持人应衣着整洁、大方庄重、精神饱满，切忌不修边幅、邋里邋遢。

2. 举止得体

主持人应提前入会场，如果需要走上主席台，应步伐稳健有力、挺胸收腹、眼观前方，切忌东张西望，显得不自信，行走的速度要根据座位到主席台的距离而定。在会议进行中，主持人对会场上的熟人不能打招呼，更不能寒暄闲谈，可以在会议开始前或会议休息时间向其点头、微笑致意。主持人发言应口齿清楚，思维敏捷，简明扼要。

3. 把握进度

主持人应严格控制时间进程，并有义务提醒会议发言人注意掌握时间。主持人应根据会议性质调节会议气氛，或庄重，或幽默，或沉稳，或活泼。

（三）发言礼仪

1. 发言简明扼要

要让他人在有限的时间内专心倾听发言，引起思索，留下深刻印象，发言内容首先必须简短有力，条理井然。啰嗦而无头绪的发言不仅会让听众失去耐心，甚至会让他们怀疑发言者的综合能力。直接有力的开场白，清晰的观点陈述，必要情况下的加以强调，这样的发言会使发言者骄人的业绩、优秀的职业素质给听众留下深刻的印象。

2. 借助体语表达坚定自信

发言者走上主席台时应该步伐稳健有力，行走的速度因会议的性质而定。一般来说，欢快、热烈的会议步频应较慢。入席后，如果是站立发言，应双腿并拢，腰背挺直；坐姿发言时，应身体挺直，双臂前伸，两手轻按于桌沿；如果是书面发言，要时常抬头扫视一下会场，不能低头读稿，旁若无人。发言时加上身体语言的辅助，能收到事半功倍的效果。发言完毕，应该对听众的倾听表示谢意。

3. 保持稳重的语调

语音语调同样不能忽视。女性一般声线较细，声调偏高，这样的声音显得纤细、敏感、不够持重，所以，在整个发言过程中，尽量采用低沉而有节奏的语调，这样的声音才有说服力。这样的声音训练秘诀很简单，就是羽西说过的“让语调尽量放低，低到不能再低的程度”。如果有会议参加者对发言人提问，发言人应礼貌作答。对不能回答的问题，应机智而礼貌地说明理由。应认真听取提问者的批评和意见，即使提问者的批评是错误的，也不应失态。

如果会议采取较随意的自由发言的形式，则要讲究发言的顺序和秩序，不要争抢发言。自由发言内容同样应简短，观点明确；如与他人有分歧，应以理服人，态度平和。自由发言要听从主持人的指挥。

三、会后的安排

如是公司外部会议，在会议完毕之后，应该注意以下细节。

(1) 会议举办方为与会人员提供纪念性服务，包括合影留念、形成与会人员的通讯录、向与会人员赠送具有纪念意义的礼品等。

(2) 参观，如参观公司、厂房或当地风景名胜等。

(3) 事先了解与会人员的返程要求，积极与民航、铁路、公路、港口等部门联系，预定返程的飞机、火车、汽车、轮船票，并准备好车辆，将客人安全送至机场、车站、码头，与他们热情话别。

(4) 会谈要形成文字结果，哪怕没有文字结果，也要形成阶段性的决议，落实到纸面上。还应有专人负责相关事务的跟进，必要时联系相关记者和媒体，做好会议的报道。

实训活动

一、技能题

某高校将召开学术研讨会，拟邀请政府主管部门和行业协会领导参加，请制定详细的会议流程和座次的安排。

二、案例题

小范所在的公司被邀请参加一个研讨会，该研讨会邀请了很多商界知名人士以及新闻界人士参加。老总特别安排小范和他一起去参加，同时也让小范见识一下大场面。小范早上睡过了头，等他赶到，会议已经进行了二十分钟。他急急忙忙推开了会议室的门，"吱"的一声，他一下子成了会场上的焦点。刚坐下不到五分钟，肃静的会场上又响起了摇篮曲，是谁在播放音乐？原来是小范的手机响了！这下子，小范可成了全会场的明星……

没过多久，小范公司的负责人就请他去另谋高就了。

上述案例中小范为什么会失去他的工作？请分析。

任务二

舞会礼仪

案例导入

小张是一位很帅气的小伙子，穿着时尚。一次，他买了件很显帅气的大衣，穿上后愈发显得潇洒大气，再配上一副墨镜，看起来像电影明星一样。这周刚好兄弟单位举行周末商务舞会。小张兴致很高，穿着新买的大衣就来到了会场。此时不少人正翩翩起舞，小张一个箭步冲到一位在座位上休息的女士面前，请这位女士共舞。那位女士看了一眼小张，很礼貌地拒绝了小张的邀舞。小张没有气馁，于是他又邀请了第二位、第三位女士，同样遭到了拒绝。小张真是心里凉透了，这是为什么呢？

案例中的小张哪些地方做得不规范？

任务目标

1. 掌握出席舞会的着装要求。
2. 掌握邀舞的礼仪。
3. 掌握拒舞的礼仪。

相关知识

无论国际的或是国内的舞会，都是一种高雅的社会活动，是一种世界性的群众活动，无疑也是展示个人魅力的场所。舞会既是一种被广泛采用的社交活动形式，也是一种健康有益的文体活动形式。因此，商务舞会常常是各企业之间促进了解、增进友谊、加强交流、建立友好协作关系、推进业务开展的一种重要的娱乐媒介。在优美的乐曲、美妙的灯光、高雅的舞姿的相互衬托下，商务人员不仅可以从容自在地获得自我放松，而且还可以联络老朋友、结识新朋友，进一步扩大自己的社交圈。

一、组织舞会

要使舞会办得成功，取得好的效果，在举办前要精心地做好各项组织准备工作。

(一) 确定时间

舞会一般在周末、节假日或开幕式、闭幕式的晚上举行。这些时间气氛活跃，便于大家尽情地娱乐，而不至于影响第二天的工作，这个时间邀请客人也容易成功。

舞会持续时间的长短应考虑各种因素，不要令人过度疲劳，不要影响正常的工作和生活等，一般来说，舞会持续的时间大致为 2～4 小时，不要超过午夜。

(二) 精心布置

1. 舞场的布置

舞会的场地要考虑人数的多少，应大小适中，过小会拥挤不堪，空气不好，难以使人尽兴；过大会显得空空荡荡，气氛不够热烈，出席舞会者的情绪会受影响，较理想的参考系数是跳舞者人均 1 平方米左右。舞会地面要清洁、平整、光滑，如果地板过于粗糙，会让舞者难以投入、不能尽情起舞，因此舞会前可以打一遍蜡。舞场的灯光要稍暗，光线要柔和，最好有彩灯、彩纸条加以装饰。如果是重要的酬宾舞会，应摆放欢迎牌，以示热情。在舞池边要准备休息的椅子，必要时，可准备些茶水、点心、水果。

2. 舞曲的挑选

比较高档的舞会一般应有乐队伴奏，以营造隆重、热烈的气氛；有时候也可播放舞曲光碟，最好定专人负责舞曲的播放。舞曲的播放音量要适中，过大会影响在舞池边休息者的交谈，过小则又难以调动大家跳舞的激情。舞曲要丰富多彩，各种舞曲要穿插播放，每种舞曲的播放时长约为 4～5 分钟，不要从头到尾都是同一种节奏类型的舞曲，应准备快、中、慢三种不同节奏的舞曲，这样才能做到有快有慢、有张有弛。青年人、中年人居多时可选择一些节奏感强的舞曲；老年人居多时则选择一些舒缓的音乐，舞曲的选择最好能兼顾出席舞会者的需要。

3. 人员的安排

在商务舞会中，主办方为了让舞会办得成功，达到既定的目的，往往要挑选一批跳舞比较好的工作人员参加舞会。如果客方以男性居多，主方则应以女性居多；若是客方以女性居多，主方则应以男性居多。如果舞会的现场男士数量多，女士就只有那么零星的几个；或者男士数量少，女士数量多，参加舞会者比较难找到舞伴，这会影响整个舞会的气氛。

在较为正式的舞会上，通常需要由一位经验丰富、具有组织才能的人士充当舞会主持人。在一般情况下，主持人应当由女士担任。主持人的主要任务是控制、调整场内的气氛，使舞会始终保持欢快、热烈的气氛。

(三) 发出邀请

邀请他人参加商务舞会时应发出请柬，请柬要写明开始时间、地点及结束时间，也可以用电话邀请。

（四）应急措施

为确保舞会顺利进行，举办单位还要制定应急措施，以防发生意外。如应急照明设施、适当的医护措施等。还应有专门迎送宾客、安排座位的招待人员，以及维持舞场秩序的安保工作人员。

二、参加舞会

（一）修饰到位

参加舞会是树立形象、进行社会交往的重要机会，因此应当遵守有关舞会的礼仪。

1. 仪容

参加舞会者容貌应干净、整洁。注意个人的口腔卫生，在参加舞会前不要吃有刺激性气味的食物；外伤患者、感冒患者和有其他传染病患者，应自觉地不参加舞会；舞会上最好不要大嚼口香糖，跳舞时更是禁止嚼口香糖。不要满身大汗或是疲惫不堪地出现在舞池中。男士禁止在舞场抽烟。

2. 服饰

如果是应邀参加大型的正规的舞会，或者有外宾参加的舞会，这时的请柬会注明：请着礼服。接到这样的请柬后一定要提早准备好礼服。女士经常参加盛大晚会的应该准备晚礼服，也可以向婚纱店租借。着露肤的晚礼服时可以佩戴成套的首饰，贵重的珠宝首饰在灯光的照耀下，会为女士的形象增添光彩；着无袖装或是短袖装时须剃去腋毛；女士参加任何性质的舞会，在服装和首饰上都不要喧宾夺主、压过主人；如果是参加普通的舞会，女士着装要求整洁、大方，可化淡妆。不论是正式的舞会还是普通的舞会，女士都不要穿着职业套装或是休闲的 T 恤、牛仔裤出席。

男士参加正式的舞会时一般可以选择黑色的燕尾服，黑色的漆皮鞋；参加普通的舞会时一般可穿西服、淡色的长袖衬衣，打领带。参加舞会时不要戴帽子、墨镜或者穿拖鞋、凉鞋、旅游鞋，也不要穿着军装、工作服，披着长大衣或是长风衣参加舞会也是不适宜的。

（二）规范举止

在舞会中虽然灯光朦胧，但仍要遵守相应的礼仪规范。

1. 初进舞场

普通舞会上，来者进入舞场，要先坐下来，观察一下全场情况，适应一下气氛，而不要气喘吁吁地就急于拉人入舞池。没有带舞伴的，应当坐下来，慢慢地寻找合适的伴舞对象，最好邀请没有带舞伴的人，如果有熟悉的人当然更好了。

同性不宜共舞。根据国际惯例，两位男士共舞等于宣告他们不愿意邀请在场的任何一位女性，这是对女士的不尊重；两位女士也应尽量不共舞。尤其是在有外宾的情况下或是在国际性质的舞会上，更要注意这一点。

2. 邀舞有礼

在舞会上，邀请他人与自己共舞一曲是参加者的必做之事。即使是带了舞伴，一般除了和舞伴跳开始曲、结束曲以外，还是要尽量邀请其他人共舞，与自己的舞伴从舞会开始一直跳到舞会结束的做法是不可取的。有很多人认为“邀舞是男士的专利，女士不宜邀舞”，其实这种观点是不正确的。尤其是对于长者，女士通常可以主动邀舞。不论是男士还是女士邀舞，在邀人共舞时，应当注意以下几个要点。

(1) 了解顺序。国外的正式舞会，第一支舞曲，都是由高位开始，主人夫妇、主宾夫妇首先共舞，第二支舞曲主人、主宾夫妇交换共舞，接下来，男主人还须依次邀请在礼宾序列上排位第二、第三的男士的女伴各跳一支舞曲，而那些被男主人依照礼宾序列相邀共舞的女士的男伴，则应同时回请女主人共舞。

对来宾而言，除了与自己的舞伴共舞之外，一般要邀请女主人共舞，以此表达对主人的感谢之意。对于舞会上新认识的朋友以及以前的老朋友，应当尽量邀舞。舞会上，如果都是上下级的关系，不论男女，下级都应当邀请上级跳舞。关系较好的朋友之间，也不要拘于男士邀请女士跳舞这一规则。

(2) 文明大方。邀请他人共舞，应当力求文明、大方、自然、表情谦恭，不要紧张做作，更不能流于粗俗，如叼着香烟去请人跳舞，十有八九会遭到拒绝。要讲究礼貌待客，千万不要勉强对方，尤其是不要出言不逊，或是与其他人争抢舞伴。若是当你来到被邀舞者面前时，已有人捷足先登了，你也要保持风度，遵守先来后到的顺序，礼让对方。

(3) 讲究技巧。一是可以直接邀请他人共舞，即邀舞者姿态端庄、彬彬有礼地走到被邀者面前，微笑点头，以右手掌心向上，往舞池方向示意，问：“可以和您跳个舞吗?”或“能有幸邀您共舞一曲吗?”对方同意后即可共同步入舞池。如果对方婉言谢绝，也不必介意，此时一句“噢，对不起，打扰了”往往能够显示邀舞者的修养和风度，更容易得到对方的尊重。相反，如果勉强对方，会引起对方的不快。如果是被邀者舞伴同在，则应先向其舞伴点头致意，征得他的同意后，再向被邀舞者邀舞，千万不要将对方的舞伴当做透明人，无视他的存在。

二是可以通过中间人进行引荐认识后，再顺势邀舞。这种方法主要用于个人底气不足、对邀舞成功的把握不大时，或是感觉直接邀请有些不便时。

(4) 选择邀舞对象。在邀请舞伴前，最好能够细心观察，不要急于行事。一般而言，可以选择以下这些人士作为邀舞对象。一是年龄相仿之人，同龄人毕竟容易沟通。二是身高相当之人，身高体形相配，这样跳起舞来才协调且有美感，如果身高差距过大，男士带不动女士或是女士高出一大截，这些都会让人感受到尴尬难堪。三是舞技相当之人。在舞场，“棋逢对手”者会相得益彰，舞步会更自信而从容，个人的技艺也能够更好地发挥。四是气质相同之人。秉性相近者跳起舞来容易相互产生好感，更容易和谐共舞。五是较少被邀请之人，邀请这类人，可以表示一种重视，同时也往往容易邀舞成功。六是对于想认识的人可以大胆地邀其跳舞，以“舞”结友。

3. 拒舞有方

在一般情况下，在舞会上被人相邀时，通常不宜拒绝对方，尤其是女士发出邀请，男士不是万不得已，千万不要拒绝。如果非要回绝他人的邀请时，一定要态度温和，措辞得体，切勿伤害对方的自尊心。

(1) 态度友好。在拒绝他人邀舞时，态度要友好自然，表现要彬彬有礼。不要把对方搁在一旁下不了台，更不要视若不见，置若罔闻。当对方发出邀舞的请求后，被邀者即使不愿意共舞也应当站起身来，将具体原因告知对方，此外真诚的致歉也是必不可少的，可以向对方说一声“实在对不起”。因为他人乐意邀舞，从某种角度上来说，也正是出于对你的尊重。

(2) 措辞得体。拒绝他人时，语言不宜僵硬、粗鲁，不宜对被拒绝的人说“我不认识你”“你是谁呀”，等等。通常，拒绝别人时应说明原因，使用委婉、暗示的话语，如“已经有人邀我了，对不起”“我累了，想单独休息一会儿”“这支舞曲不熟悉”……当邀请者听到这类托词之后，一般能听得出弦外之音。当然，邀请者这个时候也不要穷追不舍。

(3) 注意事项。女士在婉转地拒绝对方的邀请之后，要注意前后言行一致。如果婉拒对方的理由为“累了，想休息一会儿”，可是另一位男士过来邀舞，女士却欣然应允，兴致勃勃地迈入舞池，这样做是不符合礼仪规范的。

从国际礼仪的角度考虑，女士面对两位或者两位以上的邀请者时，最能顾全他们面子的做法是全都委婉地谢绝。如果两位男士一前一后走过来邀请，则可以“先来后到”为标准，接受先到者的邀请，同时诚恳地对后面的人说“很抱歉，下一曲吧”，并要尽量兑现自己的承诺。

4. 迈入舞池

(1) 舞姿优美

迈入舞池时一般要求女先男后，由女士选择跳舞的具体方位。在跳舞的过程中注意保持平衡，步法切勿零碎、杂乱，身体要正、脚步要稳。不要死死盯着对方，双方眼睛自然平视，目光从对方右上方穿过，也不要把头伸到对方的肩上。舞会正在进行中，不可因音乐、气氛的感染而表现得太过放肆，尤其是在跳舞时不要闭上双眼，女士要小心，不要把口红沾到对方的衣襟上或领带上。此外，跳舞时要避免贴面、贴胸、贴腹，即使是情侣也要考虑到商务舞会的工作性质。

舞池是最能体现一个男士绅士风度的地方，男士应左手轻托舞伴的右掌，右手轻扶舞伴的后腰(略高于腰部)，以力量大小变化来领舞，注意右手不要揽得过紧。

对不熟的舞步，不要贸然去跳，除非邀舞的人不在乎你踩他的脚。

(2) 适度交际

参加舞会不能只图跳舞尽兴，还应在跳舞的过程中适当地进行交际。如果是同老朋友共舞，可谈的内容比较多，选择面也比较广，但不可谈论一些容易引发争论的话题。如果是与刚认识者跳舞，不能因为彼此陌生而一言不发，可略作交谈，或者对方的舞技，或者表扬乐队的演奏，等等，当然，也可以进行简短的自我介绍，不过不可打探对方的隐私、贬低对方的舞技，也不可伺机向对方提出单独约会的请求。

5. 一曲舞毕

一支舞曲结束，跳舞者应当首先面向乐队立正鼓掌，以示感谢。接着，男士应送女士回原位，并对女士表示感谢，然后再行离开，千万不要舞曲一结束，马上就去寻找下一个新舞伴。

6. 中场休息

在舞会中场休息时，不要抽烟、乱扔果皮；也不要大声喧哗；不要在场内来回走动；不要拉住朋友长谈不止，毕竟舞会不是谈话的场合，而且也会影响到对方跳舞的兴致。

7. 何时离开

出席舞会，在时间上不像出席会议那样有严格的要求，相对来说比较自由灵活，允许晚去一会儿，也可以中途退场等。至于什么时间离开舞会较为合适，朋友的私人舞会最好要坚持到舞会结束后再离去，这也是对朋友的支持。至于其他的舞会，只要不是只跳了一支曲子显得应酬的色彩过浓就可以了。如果想提早离开会场，悄悄地向主人招呼一声即可，千万不可在大众面前，言明要早走之意，以免破坏其他人的兴致，而使主人难以控制舞会的气氛。

实训活动

一、技能题

请参加一次学院的周末舞会，并根据本任务所学到的知识点评自己在舞会上的礼仪表现。

二、案例题

出色的职业经理人康老板拥有一家正在发展的软件公司。在一个舞会上，他恰好遇到了A电脑公司的总裁林女士。于是，他身兼娱乐和工作的双重任务，决定邀请林女士共舞一曲。他于是向林女士发出了邀请(请设计康老板的邀请词)。不过林女士很累，拒绝了康老板的邀请(请设计林女士的拒绝词)。遭遇挫折的康老板重新回到座位，做起旁观者。临桌吕小姐认出了他，走过来向康老板发出跳舞邀请。康老板此时能否拒绝呢？舞会快结束时，康老板看到林女士还在休息，就再次前去邀舞。康老板的这种行为是否符合舞会礼仪？林女士这次是否可以拒绝呢？

如何做才不失礼呢？

参考文献

1. 韦克俭.现代礼仪教程[M].北京：清华大学出版社，2006.
2. 张百章.公关礼仪[M].大连：东北财经大学出版社，2005.
3. 胡柳.实用礼仪[M].武汉：华中科技大学出版社，2008.
4. 陈福义.礼仪实训教程[M].北京：中国旅游出版社，2008.
5. 朱燕.现代礼仪学概论[M].北京：清华大学出版社，2008.
6. 崔志锋.礼仪[M].北京：科学出版社，2008.
7. 何浩然.实用礼仪[M].合肥：合肥工业大学出版社，2004.
8. 王守福.秘书礼仪[M].北京：高等教育出版社，2003.
9. 杨丽敏.现代职业礼仪[M].北京：高等教育出版社，2007.
10. 金正昆.商务礼仪[M].北京：中国人民大学出版社，2005.
11. 李惠中.现代礼仪讲座[M].北京：中国商业出版社，2002.
12. 吴雨潼.职业形象设计与训练[M].大连：大连理工大学出版社，2008.
13. 季辉.商务礼仪[M].重庆：重庆大学出版社，2008.
14. 何浩然.中外礼仪[M].大连：东北财经大学出版社，2007.
15. 方尤瑜，任曼.现代秘书交际礼仪[M].广州：暨南大学出版社，2007.
16. 喻培元.会展礼仪[M].北京：旅游教育出版社，2007.
17. 赵景卓.商务礼仪[M].北京：中国财政经济出版社，2008.
18. 付红梅.现代礼仪大全[M].北京：中国华侨出版社，2008.
19. 广宇.现代礼仪全集[M].北京：地震出版社，2007.
20. 李兴国.社交礼仪[M].北京：高等教育出版社，2006.
21. 杜创国.现代公关礼仪[M].天津：天津大学出版社，2009.
22. 赵景卓.现代服务礼仪[M].北京：中国物资出版社，2007.
23. 金正昆.公关礼仪[M].北京：北京大学出版社，2005.
24. Sabath，Ann Marie. Business Etiquette In brief[M]. Cincinati：Adams Media，1997.
25. 张宇，艾天姿.国际商务礼仪英文教程[M].北京：北京大学出版社，2010.
26. 中国公关网 http://www.chinapr.com.cn/
27. 中国礼仪网 http://www.welcome.org.cn/